BALI
JAVA • LOMBOK

DUMONT REISE-TASCHENBUCH

Inhalt

LAND & LEUTE

Zwischen Mythos und Moderne

Insel der Götter und Dämonen	12
Steckbrief Bali und Indonesien	13
Landschaften und Naturraum	15
Balis ›Feuerberge‹	15
Spektrum der Landschaften	16
Tropische Pflanzenwelt	16
Die Wallace-Linie	17
Thema: Die Speise der Götter – Reis	18
Die Tierwelt	20
Wirtschaft und Umwelt	22
Ein Land im Umbruch	22
Geschichte im Überblick	24
Thema: Der Puputan von Badung – Das Ende eines Fürstenhauses	26

Kultur und Leben

Balinesische Lebensart	30
Die Familie	30
Die balinesische Dorfgemeinschaft	30
Thema: Alles hat seine Ordnung – Die Anlage eines Familiengehöfts	32
Kastensystem und Sprachstruktur	35
Thema: Mikrokosmos im Makrokosmos –	
* Die Anlage eines Dorfes*	36
Die balinesische Hindu-Dharma-Religion	37
Thema: Von Affenmenschen und Dämonen – Trance auf Bali	40
Balinesische Tempel	41
Thema: Die Anlage eines Tempels	42
Feste und Zeremonien	44
Thema: Der Hahnenkampf – Die Leidenschaft der Balinesen	48

Inhalt

Tänze und Tanzdramen	53
Thema: Die großen Hindu-Epen – »Ramayana« und »Mahabharata«	56
Wayang Kulit – Spiel der tanzenden Schatten	57
Das balinesische Gamelan-Orchester	59
Kunst und Kunsthandwerk	61
Steinmetzkunst	61
Thema: Der Kris	62
Holzschnitzkunst	63
Malerei	63
Essen und Trinken	65
Gaumenfreuden für Götter und Menschen	65
Traditionelle Esskultur	65
Thema: Warung oder restoran?	66
Balinesische Spezialitäten	66
Wasser oder Bier?	67

Tipps für Ihren Urlaub

Bali als Reiseziel	70
Pauschal oder individuell?	70
Die besten Standorte	70
Sport und Entspannung	72
Besondere Highlights	73
Urlaub mit Kindern	74
Reisezeit und Kleidung	75

Inhalt

UNTERWEGS AUF BALI

Süd-Bali

Strände und Ferienorte	80
Kuta und Legian	80
Sanur	88
Nusa Dua	92
Die Schildkröteninsel Serangan	94
Bukit Badung	95
Die Inselhauptstadt Denpasar	98

Südwest- und West-Bali

Zu Heiligtümern der Berge und des Meeres — 106
Im Nordwesten von Denpasar: Sempidi, Lukluk und Kapal – Mengwi und Pura Taman Ayun – Der Affenwald von Sangeh – Blayu und Marga – Tabanan – Krambitan – Pura Luhur Batukau und Jatiluih – Pura Tanah Lot

Von Denpasar nach Gilimanuk — 112
Westlich von Tabanan: Der Bali-Barat-Nationalpark – Medewi Beach und Pura Rambut Siwi – Negara – Pelasari und Belimbingsari – Gilimanuk und Jayaprana – Pulau Menjangan

Zentral-Bali

Ins Zentrum der Insel — 118
Von Denpasar nach Ubud: Batubulan – Celuk und Sukawati – Batuan und Mas – Pengosekan und Peliatan

Ubud und Umgebung	121
Kunstmetropole Ubud	121
Thema: Der Schöpfer des Bali-Mythos – Walter Spies	124

Inhalt

Rund um Ubud: Der Monkey Forest – Die Bambus-Stiftung
  von Ubud – Die Elefantengrotte Goa Gajah – Das Felsrelief von
  Yeh Pulu – Zwischen Bedulu und Pejeng – Die Königsgräber
  von Gunung Kawi – Zu Quellheiligtümern   128
Thema: Ein ›wanderbares‹ Stück Bali   132

Von Ubud nach Bangli   140
Östlich von Ubud: Kemenuh – Pura Puseh Blahbatuh –
  Pura Durga Kutri – Gianyar und Sidan – Bangli

Ost-Bali

Städte und Stätten mit Vergangenheit   146
Klungkung und Umgebung   146
Der ›Muttertempel‹ Pura Besakih   148
Thema: Die Besteigung des Gunung Agung   150
Zwischen Gunung Agung und Amlapura: Muncan und Selat –
  Iseh und Sidemen – Putung – Sibetan und Budakling   151
Zwischen Klungkung und Candi Dasa: Kusamba –
  Die Fledermaushöhle Goa Lawah – Padang Bai – Candi Dasa   154
Das Bali-Aga-Dorf Tenganan   158
Thema: Magische Stoffe – Das Ikat-Verfahren   160

Die Ostspitze von Bali   163
Amlapura und Umgebung: Amlapura – Ujung und Tirtagangga –
  Pura Luhur Lempuyang – Amed – Culik und Tulamben   163
Nusa Penida und Nusa Lembongan   168

Nord-Bali

Der Batur-See und Umgebung   172
In die Berge von Bali: Penelokan und Batur-Vulkan –
Das Bali-Aga-Dorf Trunyan – Zwischen Penelokan und
  Kintamani – Penulisan   172

Inhalt

Der Bratan-See und Umgebung 177
Der ›Heilige Bergsee‹: Pura Ulun Danu – Bedugul – Die Bergseen
  Buyan und Tamblingan – Munduk 177

Die Nordküste von Bali
Singaraja und Umgebung: Singaraja – Lovina Beach 182
Westlich von Singaraja 188
Östlich von Singaraja: Sangsit – Sawan – Kubutambahan –
  Air Sanih – Sembiran – Tejakula 189

Ausflüge nach Java und Lombok
Die Nachbarinsel Java 194
Yogyakarta 194
Die großen Tempelanlagen: Borobudur – Prambanan 198

Die Nachbarinsel Lombok 202
Inselerkundung: Ampenan-Mataram-Cakranegara –
  Lingsar – Narmada – Tetebatu – Kuta – Senggigi – Die Gilis –
  Der Rinjani-Vulkan

REISEINFOS VON A BIS Z
Inhalt 212
Kleiner Sprachführer 222
Register 226

REISEATLAS 231
Abbildungsnachweis/Impressum 240

LAND & LEUTE

»Ein schwebender Klang, wie vom Geläute vieler zusammengestimmmter Glocken; das ist der Gamelan, das balinesische Orchester mit seinem feinen Geflecht von Musik.«
Vicki Baum

Zwischen Mythos und Moderne

Einführung

INSEL DER GÖTTER UND DÄMONEN

Nur eine kurze Überfahrt ist es vom javanischen Hafenort Ketapang nach Gilimanuk auf Bali – nur etwa eine Stunde, und doch ist es ein riesiger Sprung in eine ganz eigenständige Kultur. Wenn man seinen Fuß auf Balis Boden setzt, betritt man eine andere Welt. Eine Welt, in der sich die tropische Natur in verschwenderischer Üppigkeit präsentiert, eine Welt, in der Blumen und Blüten mit dem prachtvollen Ornat der Menschen bei religiösen Zeremonien in einem Feuerwerk an Farben konkurrieren, eine Welt, in der Lebensfreude und die Leichtigkeit des Seins den Alltag der Menschen zu bestimmen scheinen.

Bali ist auch hinsichtlich der Religion eine Insel. Die westlichste der Kleinen Sunda-Inseln ist die einzige der 17 500 Inseln Indonesiens, auf die Muslime keinen Einfluss ausüben konnten.

Während seine Umgebung überwiegend islamisch ist, hat sich auf Bali der Hinduismus behauptet, genauer gesagt der balinesische Hinduismus – eine Mischung aus Hinduismus, Buddhismus, Naturreligionen und Ahnenverehrung. Dass sich auf den Gebieten der Religion und Kultur indische und hindu-javanische Überlieferungen mit noch älteren, eigenständigen Elementen vermischt und bis zum heutigen Tag nahezu unverfälscht erhalten haben, macht das Geheimnis und die Einzigartigkeit Balis aus. Das tägliche Leben wurzelt fest in diesen alten Traditionen.

20 000 Tempel, unzählige Schreine, Pavillons und Pagoden zeugen von der Anwesenheit der überirdischen Heerscharen und ihrem Gefolge von Geistern und Dämonen. Dazu die vielen Feiertage und Feste, die Tempel-›Geburtstage‹ und Totenverbrennungen, die Familien- und Sippenfeste. ›Insel der Götter‹ nennen die Einheimischen ihr Eiland voller Ehrfurcht.

Doch Balis Götter haben inzwischen Konkurrenz bekommen. Vor allem in den Ferienorten im Süden der Insel reiht sich ein Touristentempel an den anderen. Über eine Million Besucher pro Jahr verzeichnet das kleine Eiland, dessen bedeutendster Devisenbringer der Tourismus ist. Bei keinem religiösen Fest entlang der touristischen Hauptroute bleibt heute die Dorf- oder Glaubensgemeinschaft unter sich. Prunkvolle Leichenverbrennungen, Ereignisse von höchster religiöser Bedeutung, werden von lokalen Reiseagenturen vermarktet. Kaum sind sie angekündigt, setzen sich hunderte von Touristen in Bewegung. Bei den Zeremonien drängen dann Scharen von Fotoamateuren oft genug die Angehörigen der Verstorbenen als Statisten an den Rand.

Doch wenn Besucher aus fremden Ländern diskrete Zaungäste beim Odalan bleiben, dem ›Geburtstagsfest‹ des Tempels, empfangen die Einheimischen sie lächelnd und gewähren ihnen die Möglichkeit, hinter den Fassaden des Tourismus das authentische Bali zu entdecken.

Durch die touristische Invasion scheint Bali Gefahr zu laufen, seine Seele zu verlieren. Vielfach ist der Zauber der Insel bereits einer international

STECKBRIEF BALI UND INDONESIEN

Lage und Größe: Bali ist eine der 17 500 Inseln des indonesischen Archipels, der sich von der Malaiischen Halbinsel bis nach Neuguinea erstreckt. Durch eine seichte Meerenge von Java im Westen und eine etwa 35 km breite und sehr tiefe Meeresstraße von Lombok im Osten getrennt, liegt Bali 8° südlich des Äquators. Die Landfläche von Indonesien beträgt rund 2 Mio. km^2, die von Bali knapp 5600 km^2.

Bevölkerung: In Indonesien leben rund 240 Mio. Menschen, davon auf Bali über 4 Mio. Die Bevölkerung teilt sich in etwa 360 Ethnien meist malaiischer Herkunft auf den westlichen Inseln sowie austronesischer Abkunft im Osten des Archipels. Die Bevölkerungsdichte beträgt 105 Einwohner/km^2 (auf Java: ca. 1000 Einwohner/km^2, auf Bali: ca. 700 Einwohner/km^2, in Deutschland: ca. 200 Einwohner/km^2). Das jährliche Bevölkerungswachstum von 2 % ist eines der höchsten der Welt.

Hauptstadt: von Indonesien: Jakarta mit 18 Mio. Einwohnern; von Bali: Denpasar mit 400 000 Einwohnern.

Staats- und Regierungsform: Indonesien ist eine zentralistisch geführte Präsidialrepublik. Oberstes gesetzgebendes Organ ist der Beratende Volkskongress mit 1000 Abgeordneten, zweite legislative Instanz das Repräsentantenhaus mit 400 Abgeordneten. Eine dominierende Rolle spielt die Armee, die sich als wichtiger Garant der äußeren Sicherheit und als Instrument zur Erhaltung der staatlichen Einheit, einer stabilen politischen Ordnung und der gesellschaftlichen Entwicklung sieht.

Verwaltungsgliederung: 27 Provinzen mit überwiegend geringen Selbstverwaltungsbefugnissen; Bali, eine der Provinzen, ist in acht *kabupaten* (Bezirke) eingeteilt, die den früheren Fürstentümern entsprechen: Badung, Bangli, Buleleng, Gianyar, Jembrana, Karangasem, Klungkung, Tabanan.

Wirtschaft: Wichtigste Devisenbringer für Indonesien sind Erdöl und -gas, an Bedeutung gewann in den vergangenen Jahren die exportorientierte verarbeitende Industrie. Über die Hälfte aller Beschäftigten ist im Agrarsektor tätig, der aber nur einen geringen Beitrag zum Bruttosozialprodukt leistet. Hauptprobleme sind ein Rückgang der wirtschaftlichen Produktion, ein drastischer Währungsverfall, eine galoppierende Inflationsrate, enorme Ungleichgewichte bei der Einkommensverteilung, eine extrem hohe Arbeitslosigkeit und Unterbeschäftigung sowie eine hohe Auslandsverschuldung. Der bedeutendste Wirtschaftsfaktor auf Bali ist der Tourismus.

Religion: Rund 87 % der indonesischen Bevölkerung bekennen sich zum islamischen Glauben sunnitischer Richtung, damit ist Indonesien der größte muslimische Staat der Welt. Religiöse Minderheiten sind Christen (ca. 9,5 %), Hindus (2 %, vorwiegend auf Bali) sowie Buddhisten, Taoisten und Konfuzianer (1 %, meist Chinesen). Naturreligionen hängen etwa 0,5 % der Indonesier an.

Einführung

Für Touristen dargeboten, doch ganz authentisch balinesisch – traditionelle Tänze

genormten Tourismuskultur gewichen. Doch jenseits der Urlauberenklaven verläuft das Leben von Reisbauern und Tempelpriestern bis heute in jahrhundertealten Bahnen.

Nur wenige Kilometer abseits von Kuta und Legian, Sanur und Nusa Dua entfaltet Bali seinen exotischen Charme. Kleine verträumte Dörfer, reich geschmückte Tempel, neugierige Kinder, freundliche Dorfbewohner und eine malerische Reisfeldlandschaft – das ist das andere Gesicht der Insel. Bali, dieses Staubkorn auf der Weltkarte, beherbergt ein Kaleidoskop verschiedenster Welten, deren Zusammentreffen alle Sinne verwirrt. Im balinesischen Spannungsfeld zwischen Mythos und Moderne erwartet Besucher eine Fülle faszinierender, aber auch widersprüchlicher und irritierender Eindrücke.

Dass Bali keine ›Insel der Glückseligen‹ ist, hat der 12. Oktober 2002 gezeigt, als kurz vor Mitternacht im beliebten Ferienort Kuta vor zwei gut besuchten Diskotheken ein Sprengsatz explodierte. Dem Terrorakt fielen über 200 Menschen zum Opfer. Als Drahtzieher überführten die Behörden Angehörige der radikal-muslimischen Organisation Jemaah Islamiyah, die Verbindungen zur Terrorgruppe El Qaida von Osama bin Laden unterhalten soll.

Das Attentat scheint das Ende vom Paradies eingeleitet zu haben. Doch die Balinesen, in deren religiösen Vorstellungen zerstörerische Dämonen allgegenwärtig sind, haben gelernt mit Katastrophen umzugehen. Sie sind sich sicher: Wenn sie den Göttern ihre Opfergaben darbringen, steht der Insel wieder eine glückliche Zukunft bevor.

LANDSCHAFTEN UND NATURRAUM

Am Anfang, so will es die Schöpfungsmythologie der Balinesen, war das Wasser. Aber weder gab es Licht noch Wärme, noch Lebewesen. Dann teilten sich die Fluten und überirdische Kreaturen begannen ihr Schöpfungswerk. Mit ihrer Energie und ihren Kräften erschufen sie die Schildkröte Bedawang und setzten sie in den Urozean. Auf ihrem mächtigen Rücken begannen Pflanzen zu sprießen, bildeten sich Flüsse und Seen, Berge und Täler – Bali war entstanden. Als die göttlichen Schöpferwesen ihr Werk vollbracht hatten, zogen sie sich auf die himmelsnahen Vulkane und heiligen Berge zurück. Zuvor jedoch verbannten sie die Dämonen und bösen Geister in die Tiefen des Meeres.

Balis ›Feuerberge‹

Die Schöpfungsgeschichte von Bali scheint noch lange nicht beendet, denn die Götter modellieren weiterhin an dem kleinen Eiland. So hat im März 1963 auf Ost-Bali der Gunung Agung, der als höchster Gipfel der Insel mehr als 3000 m hoch in den Tropenhimmel ragt, Gift und Feuer gespien. Annähernd 2500 Menschenleben forderte die Jahrhundert-Eruption, über eine Viertelmillion Balinesen verloren dabei Haus und Hof. Flammend und donnernd hatten die Götter von ihren mächtigen steinernen Wohnsitzen zu den Menschen gesprochen, um ihnen ihren Unwillen kund zu tun. So deuteten balinesische Priester die Naturkatastrophe.

Wissenschaftler erklären die Vulkanausbrüche und Erdbeben mit der Lage der Inselkette in einer Region, die zu den geologisch instabilsten gehört, dem ›Feuergürtel der Erde‹. Für das ständige Grummeln im Bauch der Erde Balis und vieler anderer indonesischer Inseln machen sie die Kollision der australischen mit der asiatischen Kontinentalplatte verantwortlich.

Noch heute deuten Landschaftsformationen darauf hin, dass Bali einst das östliche Anhängsel von Java war. Nur durch eine sehr schmale und seichte Meeresstraße getrennt, liegt Bali in der Verlängerung der Vulkanachse Javas. Beim Landeanflug auf den Ngurah Rai Airport nahe Denpasar bieten sich bei wolkenlosem Himmel überwältigende Blicke auf die Inselvulkane. Dünne Rauchfahnen, die sich von Zeit zu Zeit aus ihren Kratern kräuseln, erinnern daran, dass sie noch aktiv sind.

So gefährlich die kaum berechenbaren ›Feuerberge‹, wie die Übersetzung des indonesischen Begriffs *gunung api* lautet, sein können, so nützlich sind sie auch. Java und Bali verdanken ihre Fruchtbarkeit nicht nur den regelmäßigen Monsunregen, sondern auch den mineralhaltigen Vulkanaschen, einem natürlichen Dünger, der sich in Jahrtausenden über das Land verbreitete. Letztlich haben diese Vulkanböden die Entwicklung der Hochkulturen auf Java und Bali gefördert.

Landschaften und Naturraum

Spektrum der Landschaften

Die schönsten und reichsten Regionen Balis erstrecken sich südlich der Vulkankette, welche die Insel in Längsrichtung durchzieht. Hier staffeln sich die grünen Nassreisfelder, die *sawahs,* in Terrassen die Berghänge hinauf. Seit Jahrhunderten haben die Balinesen an dieser Kulturlandschaft gearbeitet. Dabei haben sie jeden Quadratmeter Boden umgepflügt und nichts so belassen, wie es die Natur einst geschaffen hatte. Dies ist auch die am dichtesten besiedelte Region der Insel, wo die Dörfer eng aneinander grenzen, wo die wuchernde Hauptstadt Denpasar und die bekannten Ferienzentren liegen.

Auf der paradiesisch grünen Vulkaninsel, die sich in ihrer äußersten Ausdehnung 150 km von West nach Ost und 80 km von Süd nach Nord erstreckt, kommen sich von Flüssen und tiefen Schluchten zerschnittene Berge und weiße oder vulkanisch graue Sandstrände sehr nahe. Ein gutes Drittel des westlichen Bali nimmt das Hochland von Jembrana ein, vom Urwald dicht überzogen, ohne Wege und so gut wie unbewohnt. Hier erstreckt sich Balis einziger Nationalpark, der Taman Nasional Bali Barat.

Der Westspitze vorgelagert ist die kleine Insel Menjangan, bei der mehrere hundert Korallenarten wachsen. Während sich im Westen sowie entlang der nach Norden ziemlich steil abfallenden, nach Süden flach zum Meer hin auslaufenden Bergkette die Landschaft grandios in Szene setzt, weichen manche Regionen Balis mit ihrer kargen Vegetation vom Traumbild tropischer Fülle deutlich ab. So erinnert die südlich vorgelagerte Halbinsel Bukit Badung mit trockenen Savannen und Kakteenfeldern fast ein wenig an Zentral-Australien.

Tropische Pflanzenwelt

»Stecke einen Spazierstock in den Boden und er wird grünen und Früchte tragen«, berichtete ein portugiesischer Seefahrer, der Ende des 16. Jh. balinesischen Boden betreten hatte. Bei gleichbleibend hohen Temperaturen von durchschnittlich 28° Celsius in den tiefer gelegenen Inselregionen und einer extrem hohen Luftfeuchtigkeit wärmt die Tropensonne den fruchtbaren Lavaboden, der von Zeit zu Zeit bei neuen Vulkanausbrüchen Nachschub an mineralreicher Vulkanasche erhält.

Bali – eine Orgie in Grün. Die üppige Tropenvegetation überzieht das Innere der Insel wie ein dichter Teppich, Regenwälder legen sich als samtige Mäntel um die Vulkankegel. Bis zu drei Reisernten im Jahr sind möglich. Dabei erscheinen die fruchtbaren Ebenen wie ein Patchwork aus Grüntönen in allen Schattierungen, wenn sich aneinander grenzende Reisfelder in unterschiedlichen Reifestadien befinden. Die Bauern haben im Laufe der Jahrhunderte die vulkanischen Hänge bis in immer größere Höhen hinauf kultiviert. Über steile Bergflanken schwingen sich heute kunstvolle Reisterrassen, klettern hoch bis zu manchem Gipfel.

Zwischen den Feldern wuchern haushohe Bambushaine, werfen Ko-

Wallace-Linie

Reisterrassen vor dem Gunung Agung

kospalmen ihre Schatten auf die Erde. Wie von Götterhand in die Landschaft gesetzt wirken die meterhohen, buschigen Frangipani-Bäume, die weiße oder karmesinrote Blüten tragen. Diese wie auch die Hibiskusblüten stecken sich Balinesen nach altem Brauch gern hinter das Ohr, nicht nur zur Zierde, sondern auch als Zeichen dafür, dass sie soeben gebetet haben.

Wer zum ersten Mal Bali besucht, staunt über die Vielfalt tropischer Blumen und Blüten, insbesondere über die zahllosen Orchideenarten, die in einem Feuerwerk an Farben explodieren. Aus der tropisch-verschwenderischen Vegetation drängt sich immer wieder der an seinen charakteristischen Luftwurzeln erkennbare Banyan-Baum (Würgefeige – *Ficus bengalensis* – auf Indonesisch *waringin*) ins Blickfeld. In jedem balinesischen Dorf steht zumindest einer dieser als heilig erachteten Bäume, die uralt sind und nicht angetastet werden dürfen.

Die Wallace-Linie

Während seiner achtjährigen Reise quer durch den Malaiischen Archipel verbrachte der englische Biologe Alfred Russel Wallace (1823–1913) mehrere Monate auf Bali. Wallace, der zeitgleich mit seinem weit berühmteren Forscherkollegen Charles Darwin die Evolutionstheorie aufstellte, entdeckte auf Bali die Grenze zwischen zwei Tier- und Pflanzenwelten – die später nach ihm benannte Wallace-Linie.

Diese Trennungslinie, an der sich die Faunen und Floren zweier Kontinente

Landschaften und Naturraum

DIE SPEISE DER GÖTTER – REIS

Für die Balinesen ist Reis ein Geschenk der Götter. Auf Schritt und Tritt wird Besuchern klar, welch große Bedeutung die kleinen weißen Körner für Bali haben. Der Reis hat die Insel geprägt, ihre Landschaft, ihre Kultur und das Leben der Menschen – seit vielen Jahrhunderten. In den Küstenebenen und weiten Tälern erstrecken sich Reisfelder bis zum Horizont. Landeinwärts schmiegen sie sich zunächst sanft geschwungen an die Hänge, um sich dann, je weiter man in die Bergwelt von Zentral-Bali vordringt, geradezu dramatisch als Terrassen an den steilen Flanken von Bergen und Vulkanen übereinander zu stapeln – ›Treppen in den Himmel‹ nennen die Balinesen diese in den Wolken hängenden Terrassenanlagen.

Die *sawahs*, die Felder und Terrassen für den Nassreisanbau, bringen aufgrund der fruchtbaren Vulkanböden auf Bali bis zu drei Ernten im Jahr hervor. Voraussetzung ist jedoch eine ausgeklügelte Bewässerungstechnik, die auf der Insel alte Tradition hat. In den Bergregionen – Reis wird auf Bali bis zu einer Höhe von 500 bis 700 m, auf Java, Sumatra und Sulawesi sogar bis 1500 m angebaut – nutzt man das Wasser gefällestarker Bäche und Flüsse, das durch ein System kleiner Kanäle, Gräben und Bambusrohrleitungen die oberste Etage einer Terrassenanlage erreicht. Diese fungiert dann als Staubecken, aus dem das Nass durch Öffnungen in den Stützwällen auf die tiefer gelegenen Parzellen abgeleitet werden kann.

Die Instandhaltung einer Terrassenanlage kostet viel Mühe. Werden die von Hochwasser, Erdrutschen oder auch unvorsichtigen Wanderern verursachten Schäden an den aus Stein oder Lehm errichteten Umfassungswällen nicht sofort behoben, droht das komplizierte System des Reisanbaus aus dem Gleichgewicht zu geraten.

Trotz mancher Modernisierungsmaßnahmen ist der Reisanbau immer noch Knochenarbeit. So wird bei der Nassreiskultivierung im Terrassenfeldbau im Durchschnitt mit jährlich 1000 Arbeitsstunden pro Hektar gerechnet. Seit den Zeiten der altmalaiischen Einwanderer hat sich die Anbautechnik wenig geändert. Auch heute werden vor allem wegen der topographischen Gegebenheiten kaum Maschinen eingesetzt. Untersuchungen haben ergeben, dass der Ertrag auch durch den Einsatz modernster Hilfsmittel nicht mehr zu steigern wäre. Allerdings sind immer weniger Balinesen der jungen Generation bereit, die Schinderei auf sich zu nehmen. Zunehmend wandern sie aus den ländlichen Regionen in die Ferienzentren ab, um anderweitig und leichter ihren Lebensunterhalt zu verdienen.

Nach der vier bis fünf Wochen dauernden Aufzucht der Reissetzlinge in Keimbeeten werden die Jungpflanzen in Handarbeit in die gepflügten und gefluteten Felder oder Terrassen versetzt. Auf den meisten indonesischen Inseln übernehmen Frauen diese Arbeit, nur auf Bali ist dies ein ›Privileg‹ der Männer. Für jede Wachstumsphase kennen die Balinesen eine Bezeichnung. In der letzten und wichtigsten, wenn die Ähren goldbraun und schwer sind, sagt man, die Reispflanzen seien schwanger. Nach der Reifezeit, die je nach Reissorte drei bis sieben Monate dauern kann, wird das Feld trockengelegt. Man erntet nur die Rispen, die Körner tragen, und nicht wie bei anderen Getreidearten den ganzen Halm. Meist noch auf den Feldern dreschen dann die Frauen die Reisgarben per Hand. Auch das Enthülsen der Reiskörner durch Stampfen mit einem Stößel ist die Arbeit der Frauen.

Traditionell wird auch heute noch der Reis Halm für Halm mit dem Erntemesser, *ani-ani,* geschnitten. Die kleine, sichelförmige Klinge verschwindet in der hohlen Hand. So ›sieht‹ der Reis, den die Balinesen als göttliches Gewächs betrachten, das Messer nicht und wird nicht erschreckt.

Manche alte Traditionen geraten durch die Einführung neuer Agrartechniken und moderner Erntemethoden zusehends in Vergessenheit. Seit den 70er Jahren des 20. Jh. pflanzen viele balinesische Bauern nicht mehr nur ihren *beras bali* genannten Reis, sondern auch Hybridsorten, die in den Laboren des International Rice Research Institute in Los Baños nahe der philippinischen Hauptstadt Manila gentechnisch entwickelt wurden. Durch die Einführung von Hochertragssorten konnten die jährlichen Erntemengen auf über 5 t pro Hektar gesteigert werden.

Doch der Anbau von Hybridsorten erfordert den Einsatz von kostspieligen Düngern, von Phosphat, Stickstoff und Kalium, die den Boden vor Auslaugung bewahren sollen, sowie von Insektiziden und Herbiziden, um Ungeziefer und Krankheitsbefall fern zu halten. Im Geschmack reichen die neuen Langkornreis-Sorten nicht an den Rundkornreis *beras bali* heran, und auch im Nährwert bleiben sie dahinter zurück. Immer mehr Balinesen misstrauen zudem den Chemikalien, da durch den Einsatz von Schädlingsbekämpfungsmitteln die Fische in den *sawahs* eingingen – und die sind eine wichtige Nahrung für die Landbevölkerung. Doch den Balinesen ist klar, dass ohne neue Reissorten die Deckung des Bedarfs nicht möglich wäre. Bei religiösen Zeremonien und Opferdarreichungen kommt für Balinesen jedoch ausschließlich der *beras bali* in Frage.

Gerade beim Reisanbau wird die enge Verknüpfung von Religion und Alltag deutlich: Es gibt Riten, Zeremonien und Opferfeste – alle mit dem Ziel, die Götter um eine reiche Ernte zu bitten und die Geister und Dämonen zu besänftigen. Für diesen Zweck stehen auf den Terrassenfeldern kleine Opferschreine mit Reisstrohdächern, an denen allmorgendlich Frauen Gaben darbringen. An jedem wichtigen Wasserverteiler gibt es kleine Steinaltäre, an denen die Bauern regelmäßig beten, und über dem höchstgelegenen Feld erhebt sich ein Tempel, in dem die Reisbau-Vereinigung *(subak)* mindestens einmal im Landwirtschaftsjahr zusammenkommt. Balinesen und Javaner laden Dewi Sri, die Spenderin des Reises, symbolisch zu jeder ihrer Mahlzeiten ein – als Zeichen der Dankbarkeit lassen sie für die Göttin nach dem Essen ein wenig Reis auf dem Teller zurück.

Landschaften und Naturraum

Bali-Rinder ersetzen den Trecker

treffen, verläuft zwischen Bali und Lombok und setzt sich nördlich davon zwischen Borneo und Sulawesi fort. Obwohl nicht mehr als 35 km Bali und die östliche Nachbarinsel trennen, unterscheidet sich vor allem die Fauna dieser beiden Inseln so stark voneinander, als befände sich ein Ozean zwischen ihnen. An den Abbruchkanten des Sunda-Schelfs liegen die Grenzen der frühen tierischen und vermutlich auch menschlichen Wanderungen.

Die Tierwelt

Besucher von Nationalparks auf Bali und Java halten vergeblich Ausschau nach dem indonesischen Königstiger, denn diese Großkatze ist dort so gut wie ausgerottet. Zu den dezimierten Tierarten gehören auch der Tapir und der nur katzengroße Zwerghirsch Kancil. Dieses scheue, geweihlose Tier gilt als sehr listig und nimmt in vielen indonesischen Märchen den Part unseres Reinecke Fuchs ein. Nur noch in Tierreservaten auf Borneo, Java und Bali lebt der bis zu einer Tonne schwere Banteng, die Wildform des später domestizierten Bali-Rindes.

Während verschiedene Makakenarten, etwa der oft sehr freche und zudringliche Javaner Affe, nach wie vor allgegenwärtig sind, sieht man viele Vogelarten mittlerweile häufiger in Gefangenschaft als in freier Natur. Vor allem die Bewohner Javas, aber auch viele Balinesen lieben Singvögel, die sie in kunstvoll geschnitzten Käfigen halten.

Als heilig verehrt werden Fledermäuse und Flughunde mit Flügelspannweiten von bis zu 1 m sowie verschiedene Schlangenarten, etwa die Königskobra und die in der Nähe des Meerestempels Tanah Lot vorkommende, mit schwarzweißen Querbändern gezeichnete Seeschlange.

Wie in fast allen Regionen Indonesiens wird auch auf Bali der Kerbau, der domestizierte Wasserbüffel, als vielsei-

Tierwelt

tiges Last- und Zugtier eingesetzt. Rotrinder und schwarze Hängebauchschweine sind typische Haustiere, ebenso Enten, die frisch bepflanzte Reisfelder von Schnecken und anderem Ungeziefer frei halten. Hunde undefinierbarer Rassenmischungen, stets kläffende Vierbeiner, sind in balinesischen Dörfern allgegenwärtig.

Weil sie lästige Insekten wie Fliegen und Moskitos vertilgen, sind der kleine, mit Saugnäpfen an den Füßen ausgerüstete Cicak und der bis zu 30 cm große Tokeh (bekannter unter dem Namen Gecko), zwei Eidechsenarten, in jedem indonesischen Haus gern gesehene Gäste. Manche Einheimischen zählen die heiseren Rufe des Tokeh mit, wenn sie wissen wollen, ob sie Glück oder Pech haben werden. Als Glück verheißend gilt eine ungerade Zahl von Lauten.

WIRTSCHAFT UND UMWELT

Jahrhundertelang lebten die Balinesen fast ausschließlich von der Monokultur des Nassreisanbaus. Die Reisterrassen-Landschaft und die Feste und Zeremonien, die sich um den Reisanbau drehen, lassen nur zu leicht übersehen, auf welch schmaler wirtschaftlicher Basis die Kultur der Insel ruht.

Aus Mangel an anderen Arbeitsplätzen sind immer noch rund drei Viertel aller Erwerbstätigen in der Landwirtschaft beschäftigt. Doch obwohl drei Reisernten im Jahr möglich sind und Obst und Gemüse, Tabak und Kaffee, Erdnüsse und Gewürznelken angebaut und exportiert werden, kann die Landwirtschaft die wachsende Bevölkerung immer weniger ernähren.

Im Gegensatz zu anderen indonesischen Inseln besitzt Bali keine bedeutenden natürlichen Ressourcen. Zudem gibt es auf Bali außer dem Kunsthandwerk, das meist von Familien-, Sippen- oder Dorfgemeinschaften ausgeübt wird, kein produzierendes Gewerbe. Kein Wunder also, dass man – ungeachtet der warnenden Stimmen – vor allem über den Tourismus versucht, Devisen einzunehmen.

Mittlerweile lockt Balis Ruf als sonnenverwöhnte ›Insel der Götter und Dämonen‹ jährlich über 1 Mio. Besucher aus aller Welt an. Vielen von ihnen ist aber nicht bewusst, dass Bali mit seiner heilen, bestens organisierten Ferienwelt keine Insel der Glückseligkeit ist, sondern Teil eines krisengeschüttelten Staates, der vor einer ungewissen Zukunft steht.

Ein Land im Umbruch

Als die asiatische Wirtschaftskrise 1997 auch Indonesien erfasste, brachen Proteste aus, in denen sich die über Jahrzehnte angestaute Unzufriedenheit über die politische Situation entlud. Indonesien erlebte eine Revolte nach klassischem Muster: Ein unterdrücktes Volk erhob sich gegen seinen Diktator. Als auf dem Höhepunkt des Volksaufstands im Mai 1998 nach friedlichen Studentendemonstrationen, die von Regierungseinheiten brutal niedergeknüppelt wurden, Angehörige der chinesischen Minderheit und westliche Ausländer panikartig das Land verließen, trat Suharto – seit 1968 Präsident der Inselrepublik – zurück.

Mit dem Rücktritt des ›lächelnden Generals‹ ging in Indonesien eine Epoche zu Ende, die dem Land großen wirtschaftlichen Aufschwung gebracht hatte. Der Wirtschaftsboom kam in Form staatlicher Investitionen allmählich auch den Armen zugute. Selbst auf entlegenen Inseln sind Schulen und eine medizinische Versorgung heute selbstverständlich. Und bis zum ökonomischen Kollaps 1997 war die Versorgung der Bevölkerung mit Grundnahrungsmitteln sichergestellt.

Die Erfolgsbilanz, die auch Suharto-Kritiker anerkennen, musste aber teuer bezahlt werden. Erkauft wurden die in manchen Jahren zweistelligen Zuwachsraten mit einem Raubbau an der Natur, vor allem der Zerstörung der ursprünglichen Regenwälder durch Ab-

Land im Umbruch

Tourismus ist ein wichtiger Wirtschaftsfaktor – Hotel in der Reislandschaft um Ubud

holzung und Brandrodung sowie durch Missachtung der Menschenrechte und soziale Ungleichheit. Die von Thailand und Malaysia ausgegangene Wirtschaftskrise unterspülte die indonesische Variante eines spezifisch asiatischen Politik- und Wirtschaftsmodells – den *crony capitalism* mit einem Geflecht aus Korruption, Vetternwirtschaft und mangelnder Kontrolle.

Der Kollaps der Börsenkurse hatte für viele Indonesier katastrophale Folgen. Durch die Krise wurden die Erfolge der vergangenen drei Jahrzehnte mit einem Schlag zunichte gemacht. Die wirtschaftliche Produktion ging um 20 % zurück, die Inflationsrate stieg dramatisch an. Millionen von Menschen verloren ihre Arbeit und fielen wieder unter die Armutsschwelle. Der Preis für das Grundnahrungsmittel Reis steigt ständig – viele Menschen können sich nur noch eine Mahlzeit am Tag leisten.

Dies ist der Boden, auf dem Wut und Gewalt wachsen. Niemand kann im Falle Indonesiens die Entwicklungen zuverlässig vorhersehen. Steuert das Land in Richtung mehr Freiheit, mehr Pluralismus und mehr Offenheit? Wird es gar – gemessen an der Bevölkerung – zur drittgrößten Demokratie der Welt nach Indien und den USA? Oder steht es am Rande von Chaos und Bürgerkrieg?

GESCHICHTE IM ÜBERBLICK

Vor- und Frühgeschichte

Ab 500 000 v. Chr.	Funde weisen den indonesischen Archipel als eines der am frühesten besiedelten Gebiete der Erde aus (Java-Mensch).
Zwischen 2500–1500 v. Chr	In mehreren Einwanderungsintervallen dringen proto- oder altmalaiische Völker aus dem Gebiet des heutigen Süd-China auf die Inseln vor.
Ab ca. 300 v. Chr.	Die Einwanderung von Jung- bzw. Deuteromalaien aus dem südchinesischen Raum markiert den Beginn der Bronze- und Eisenzeit. Auch Bali ist besiedelt – dies belegt die riesige Bronzetrommel ›Mond von Pejeng‹, die man bei Ubud entdeckte.

Unter indischem Einfluss

Seit dem 1. Jh. n. Chr.	Händler, Brahmanen und buddhistische Mönche bringen indische Einflüsse in den westlichen Teil des heutigen Indonesien.
Zwischen dem 5. und 9. Jh.	Auf Sumatra und Java bilden sich indisch beeinflusste Königreiche heraus. Das bekannteste ist Sri Vijaya, dessen Machtbereich weit über die Grenzen des Malaiischen Archipels hinausreicht. Hinduismus und Buddhismus breiten sich aus. Es entstehen die Tempelanlagen von Borobudur und Prambanan auf Java.
Seit dem 10. Jh.	Auf Bali setzt eine Hinduisierung ein. König Airlangga (1019 bis 1042) vereint Java und Bali unter seiner Herrschaft. Nach Airlanggas Tod entstehen kleine Fürstentümer auf dem unabhängigen Bali.
Ende des 13. Jh.	Auf Java steigt das hinduistische Majapahit-Imperium auf, dessen Einflussbereich im 14. und 15. Jh. ein Gebiet umfasst, das der heutigen Republik Indonesien entspricht. Bali wird dem Großreich 1343 als Provinz angegliedert.

Islamisierung und Kolonisation

Anfang des 16. Jh.	Unter dem Ansturm des Islam bricht das Majapahit-Reich zusammen. Bali wird zur letzten Zufluchtsstätte für die Hindu-Elite Javas und deren Kultur. Hindu-javanische Adelige gründen das Königshaus von Gelgel, dessen Macht sich über ganz Bali erstreckt.
1597	Holländer landen erstmals auf Bali, zeigen aber kein Interesse an einer Kolonisation der Insel.
Mitte des 17. Jh.	Das balinesische Reich zerfällt in etwa ein Dutzend selbstständige Fürstentümer.
1846	Die Niederländer erobern Nord-Bali mit der Hafenstadt Singaraja und unterwerfen weitere Regionen der Insel bis Anfang des 20. Jh.

Geschichte

In Denpasar erinnert ein Denkmal an die Selbstvernichtungsschlacht des Königshauses von Badung, das sich 1906 nicht den holländischen Kolonialherren ergeben wollte

1906	Um der holländischen Kolonisation zu entgehen, zieht das Königshaus von Badung mitsamt dem Hofstaat in die rituelle Selbstvernichtungsschlacht *(puputan)*.
1920–40	Europäische Maler, Musiker und Schriftsteller wie Walter Spies, Adrien Jean Le Mayeur und Vicki Baum lassen sich auf Bali nieder.

Der Zweite Weltkrieg und die indonesische Revolution

1942	Die Japaner erobern Niederländisch-Ostindien.
17. 8. 1945	Zwei Tage nach der Kapitulation Japans verkündet Sukarno die Unabhängigkeit der Republik Indonesien.
1945–49	Die zurückgekehrten Holländer versuchen, ihre Herrschaft mit Waffengewalt wiederherzustellen.

Das unabhängige Indonesien

17. 8. 1950	Die zentralistische Republik Indonesien wird konstituiert und Sukarno zum Präsidenten gewählt.
1963–65	Wirtschaftliche Probleme und eine zunehmende Polarisierung zwischen den Streitkräften, muslimischen Gruppierungen und der Kommunistischen Partei kennzeichnen die innenpolitische Situation.

DER PUPUTAN VON BADUNG
DAS ENDE EINES FÜRSTENHAUSES

Mitte des 19. Jh. war es den Niederländern gelungen, den Norden Balis in ihre koloniale Machtsphäre einzubeziehen, die meisten Rajas im Süden aber zeigten sich widerspenstig. Einen eher unbedeutenden Zwischenfall nahmen die Holländer Anfang des 20. Jh. zum Anlass, auch die noch freien Fürstentümer Süd-Balis unter ihre Herrschaft zu bringen: Im Frühjahr 1904 war die »Sri Muala«, ein kleines Handelsschiff, vor Sanur auf Grund gelaufen. Die Küstenbewohner retteten zwar die Schiffbrüchigen, plünderten aber zugleich das Wrack und nahmen die an Land geschwemmte Ladung in Besitz. Strandraub dieser Art war damals in der indonesischen Inselwelt allgemein üblich und wurde von den Balinesen nicht als ein strafwürdiges Vergehen angesehen. Der Schiffseigner aber, ein chinesischer Kaufmann aus Borneo, war da anderer Meinung und verlangte von der holländischen Kolonialregierung eine Entschädigung sowie eine Bestrafung der Strandräuber.

Die Niederländer leiteten eine übertrieben hohe Forderung an Raja Agung Made von Badung (dem heutigen Denpasar) weiter, in dessen Herrschaftsbereich sich der Vorfall ereignet hatte. Der Fürst weigerte sich jedoch zu zahlen. Die Verhandlungen zogen sich jahrelang hin und wurden zu einer ernsten politischen Affäre aufgebauscht. Schließlich erklärten die Holländer dem Badung-König und seinen Verbündeten den Krieg. Im Herbst 1906 landete eine ›Strafexpedition‹ an Balis Südküste. Mit Kanonenbooten und Marine-Infanterie sollte sie den Widerstand der balinesischen Fürsten brechen. Ein Teil der Bevölkerung floh vor dem Bombardement der Holländer in die Berge. Des Rajas Krieger, mit Krisen und Speeren nur primitiv bewaffnet, stemmten sich den Invasoren entgegen, mussten jedoch schon bald erkennen, dass sie ihrem Feind hoffnungslos unterlegen waren. In dieser verzweifelten Situation gab es für den Raja, seine Familie und sein Gefolge nur eine Lösung – ehrenvoll zu sterben.

Nachdem er den Befehl erteilt hatte, im Palast von Badung Feuer zu legen, zog der Raja mit seinem Hofstaat in selbstmörderischer Absicht dem Feind entgegen. In einem grauenvollen, rituellen Amokangriff, Puputan genannt, rannten rund 2000 Balinesen ungeschützt in die Gewehrsalven der Kolonialtruppen, alle Aufforderungen, sich zu ergeben, missachtend. Und wer dabei nicht umkam, bohrte sich selbst seinen Kris in die Brust oder starb unter den Händen der eigenen Gefährten. Das Königshaus von Badung wurde bei dieser Selbstvernichtungsschlacht ausgelöscht. Beim weiteren Vordringen der Holländer zogen auch andere Fürstenfamilien den ehrenvollen Tod im Puputan einem Leben in Unfreiheit vor, nur die Herrscher von Gianyar und Karangasem kooperierten mit der Kolonialmacht. Mit ihren Waffen waren die Balinesen unterlegen, mit ihrer moralischen Haltung aber haben sie die Holländer für alle Zeiten beschämt.

Geschichte

30. 9. 1965   Kommunisten und sympathisierende Offiziere unternehmen einen Putschversuch, der schon bald von loyalen Truppen unter General Suharto niedergeschlagen wird. Es folgt ein Massaker an 500 000 bis 1 Mio. (mutmaßlichen) Kommunisten; allein auf Bali werden 100 000 Menschen getötet.

1966   Sukarno wird von General Suharto entmachtet.

1968   Der Volkskongress wählt General Suharto zum neuen Staatspräsidenten (Wiederwahlen 1973, 1978, 1983, 1988, 1993 und 1998).

1997   Die asiatische Wirtschaftskrise erfasst Indonesien. Vor allem in den Metropolen von Java kommt es zu Protesten und Straßenkämpfen.

1998   Nach wochenlangem Chaos und den blutigsten Unruhen seit über drei Jahrzehnten tritt Präsident Suharto am 21. 5. 1998 zurück. Auch unter dem neuen Präsidenten Bacharuddin Jusuf Habibie, der als ein Zögling Suhartos gilt, flackern in Jakarta und anderen Großstädten auf Java und Sumatra immer wieder Unruhen auf.

1999   Die Oppositionspartei PDI-P unter Megawati Sukarnoputri, der Tochter des ersten Staatschefs und Gründervaters der Nation, geht bei den ersten freien Parlamentswahlen seit 44 Jahren als Sieger hervor. Nach der Unabhängigkeitserklärung von Ost-Timor ermorden proindonesische Banden tausende von Zivilisten.

2000   Indonesien geht mit einer demokratisch gewählten Regierung ins neue Jahrtausend: Der gemäßigte Muslimführer Abdurrahman Wahid ist Präsident, Vizepräsidentin ist Megawati Sukarnoputri.

2001   In einem Machtkampf setzt die Volksversammlung Präsident Abdurrahman Wahid wegen schlechter Regierungsführung und angeblicher Korruption einstimmig ab und wählt dessen Stellvertreterin Megawati Sukarnoputri zum neuen Staatsoberhaupt.

2002   Jakarta entlässt die Provinz Ost-Timor in die Unabhängigkeit. Erster Präsident wird der ehemalige Rebellenführer Xanana Gusmao.

2002   Im beliebten Ferienort Kuta explodieren am 12.10. vor zwei gut besuchten Diskotheken Bomben und reißen über 200 Touristen in den Tod. Als Drahtzieher überführen die Behörden muslimische Extremisten mit Verbindungen zu El Qaida, der Terrororganisation von Osama bin Laden.

5. 10. 2004   Der frühere General Susilo Bambang Yudhoyono gewinnt die ersten direkten Präsidentschaftswahlen in Indonesien deutlich.

26. 12. 2004   Über 100 000 Menschen sterben, als ein durch ein Seebeben ausgelöster Tsunami die Provinz Aceh auf Nord-Sumatra verwüstet; Bali, Java und Lombok sind von der Flutkatastrophe nicht betroffen.

2007   In Indonesien laufen die Vorbereitungen für den 100. Jahrestag der indonesischen Unabhängigkeitsbewegung im August 2008; zugleich lädt das Tourismusministerium zum ›Visit Indonesia Year 2008‹

Kultur und Leben

Dorfprozession bei Amed

BALINESISCHE LEBENSART

Die Familie

Im Dorf und in der Familie spielt sich das Leben der Balinesen ab. Eltern, Kinder und Großeltern wohnen unter einem Dach zusammen, nicht selten gesellt sich ein Vetter dazu, der gerade keine Arbeit hat und mitversorgt werden muss. Da es in Indonesien kein Sozialversicherungssystem westlichen Musters gibt, bildet die Großfamilie das soziale Netz. Sie garantiert jedem Mitglied Absicherung bei Altersgebrechlichkeit und Krankheit.

Balinesen leben in einer Welt des Teilens und Teilhabens – die Bindung an die Familie und die damit einhergehenden Pflichten haben Vorrang gegenüber den Bedürfnissen des Individuums. Gehorsam und Anpassung gelten als selbstverständliche Tugenden.

Nichts ist den familienorientierten Balinesen so wichtig wie Kinder – je mehr desto besser, allen bevölkerungspolitischen Kampagnen zum Trotz. Familienplanung ist für die meisten Balinesen indiskutabel, können sie im Alter doch des Respekts und der Fürsorge ihrer Kinder sicher sein. Vor allem Söhne werden herbeigesehnt. Deren Aufgabe ist es, nach dem Tode der Eltern alle für die Befreiung derer Seelen vorgeschriebenen Riten zu vollziehen. Eine kinderlose Ehe gleicht einer Katastrophe, Kinderlosigkeit ist ein Scheidungsgrund.

Auf Bali sind die Kleinsten die Größten im Familienklan. Sie werden reichlich mit Liebe, Zuwendung und Nestwärme verwöhnt. Ein balinesisches Kind wird bemuttert und umhegt. In den ersten Lebensjahren werden die Kleinen viel getragen, herumgereicht, berührt. Wie selbstverständlich gleiten sie in die Welt der Erwachsenen hinein, indem sie von klein auf bestimmte Aufgaben im elterlichen Hof verrichten müssen. Strafen wie Schelte oder gar Schläge gibt es so gut wie nie, denn den Erwachsenen gelten Kinder als Reinkarnation verstorbener Vorfahren und damit als besonders rein und verehrungswürdig.

Anders als in westlichen Ländern, wo man Kinder schon früh ermuntert, Meinungen und Wünsche zu äußern und ihre Persönlichkeit zu entfalten, lernen Balinesen von Kindesbeinen an, sich in die sozialen Strukturen einzufügen und ihre Stellung in der Großfamilie einzunehmen. Im Sinne der sozialen Harmonie müssen Kinder lernen, Streit zu vermeiden und Gespür für das ›Gesicht‹ anderer zu entwickeln.

Die balinesische Dorfgemeinschaft

Bali ist bis auf die wenigen städtischen Zentren eine Insel der Bauern geblieben. Nach wie vor leben über 80 % aller Balinesen auf dem Lande. In den Dörfern, oft nur wenige Kilometer abseits der touristischen Zentren, folgt das Leben wie eh und je dem Rhythmus von Saat und Ernte, unterbrochen nur von einem der häufigen Feste.

Dorfgemeinschaft

Gemeinschaftlicher Waschtag in Lovina

Zwar ist auf Bali die Familie der Kern der Gesellschaft, aber das Familienleben verläuft in anderen Bahnen als im Westen. So verbringen die Mitglieder einer balinesischen Familie verhältnismäßig wenig Zeit miteinander. Ein Großteil des Lebens spielt sich in der Dorfgemeinschaft ab, die mit ihren Institutionen, Vereinen und Genossenschaften eine weitgehend in sich geschlossene Welt ist. Die Dorfgemeinschaft fordert von ihren Mitgliedern Mitarbeit, viele Pflichten und manche Opfer, allerdings bietet sie auch jedem, der in Not gerät, Halt.

Beinahe jede Tätigkeit wird in der Gruppe verrichtet, ob es sich um die Verwaltung des Dorfes, die Bestellung der Felder oder die Organisation von Tempelfesten und Familienfeiern handelt. Der soziale Status eines Menschen wird weniger von seinem materiellen Besitz bestimmt als vielmehr durch seinen Einsatz bei gemeinschaftlichen Aufgaben. Das erklärt, warum auf Bali das Streben nach Ruhm und Anerkennung nur schwach ausgeprägt ist. Balinesen empfinden es als beschämend, wenn das eigene Verhalten von der Gruppennorm abweicht. Und die schwerste Strafe, die einer Person drohen kann, ist die Verstoßung aus der Dorfgemeinschaft.

Die meisten balinesischen Dörfer haben bis heute eine erstaunliche Autonomie bewahrt, sie sind kleine ›Dorfrepubliken‹ mit einer funktionierenden Selbstverwaltung. Die Bevölkerung bildet eine Sozialgemeinschaft, deren Zusammenleben auf dem *adat* basiert – dem vorhinduistischen Gewohnheitsrecht, in dem gesellschaftliche und re-

Balinesische Lebensart

ALLES HAT SEINE ORDNUNG
DIE ANLAGE EINES FAMILIENGEHÖFTS

Die von mannshohen Lehm- oder Steinmauern umgebenen traditionellen balinesischen Familienanwesen mögen Europäern wie abweisende Festungen erscheinen. Für Balinesen sind sie jedoch ein sichtbares Zeichen für das enge Zusammengehörigkeitsgefühl des Familienverbandes. Da auf Bali alles mit allem in Verbindung steht, weisen auch die Familiengehöfte – wie die Tempelanlagen und Dörfer sowie als kleinste Einheit der menschliche Körper – die gleiche Dreiteilung wie der Makrokosmos auf (s. S. 38ff.). Mögen einfache Balinesen kaum Einblick in kosmische Gesamtzusammenhänge haben, eines ist ihnen klar – ihr Körper, ihr Gehöft, ihr Tempel, ihr Dorf, ihre Welt bilden eine Einheit. So wird denn auch das Familienanwesen nicht nur zu einem Spiegelbild des menschlichen Körpers, sondern auch zu einem Abbild des dreigeteilten Universums.

Von den Dorfstraßen, zu denen die Mauern der Gehöfte parallel verlaufen, führen Treppen zu schmalen, überdachten Eingangsportalen. Hinter jedem Hofeingang befindet sich eine kleine querstehende Mauer. Sie dient nicht nur als Blickfang, sondern soll vor allem nachts Dämonen und bösen Geistern den Zutritt verwehren. Diese können sich nach balinesischer Vorstellung nur geradeaus bewegen und würden sich an der *aling aling* genannten Sperre in ihrer Raserei die Köpfe einrennen.

Um den Innenhof mit üppiger Blumenpracht gruppieren sich die Gebäude, deren Anordnung einer imaginären, vom Berg zum Meer verlaufenden Achse folgt. Immer ausgerichtet auf den balinesischen Göttersitz, den heiligen Gunung Agung, liegen an der bergzugewandten Seite das verschließbare Wohnhaus der ranghöchsten Familienmitglieder sowie der Familien- oder Hausschrein (*merajan* für den Adel, *sanggah* für das Volk), in dem den Göttern und Ahnen Erherbietung bekundet wird. Bei wohlhabenden Balinesen nimmt der Schrein bisweilen die Ausmaße eines kleinen Tempels an. Das Heiligtum, das aus einem oder mehreren kleineren, mit Reisstroh gedeckten Schreinen besteht und oft zusätzlich durch eine niedrige Mauer vom profanen Teil des Gehöfts abgegrenzt wird, entspricht der göttlichen Sphäre oder, wenn man das Gehöft mit dem menschlichen Körper vergleicht, dem Kopf. In Adelsfamilien besitzt das Haus der Familienoberhauptes Außenterrassen, an denen sich dessen sozialer Status erkennen lässt – je höher der Rang, desto mehr Terrassen. Im zentralen Teil des Anwesens verfügt jedes zur Großfamilie gehörende verheiratete Paar über ein, zumeist einräumiges eigenes Wohn- und Schlafhaus.

Die spirituelle Ausrichtung setzt sich im Innern der Gebäude fort: Die Betten in den aus Ziegeln und Holz gebauten Häuschen sind stets so aufgestellt, dass beim Schlafen der Kopf bergwärts weist, auf die Welt der Götter, oder wenigstens nach

Anlage eines Familiengehöfts

Osten, wo die Sonne aufgeht, die nächstgünstige Position. Die als unrein geltenden Füße müssen dagegen immer in Richtung Meer zeigen. Alle anderen Bauten im zentralen Bereich, in der Regel halboffene Pavillons *(bales)* mit Plattformen zum Ruhen, stehen als Aufenthaltsräume, in denen sich das gesellige Leben abspielt, dem ganzen Familienverband zur Verfügung. Übertragen auf die Körper-Kosmos-Symbolik, sind die Wohn- und Schlafgemächer sowie die Gemeinschaftspavillons die mittlere Welt bzw. die Arme. Die wegen des Tierblutsals unrein geltende Küche und der Reisspeicher sowie der Schweinekoben, der Hühnerstall und die Abfallgrube sind stets auf der meerwärts gelegenen Kelod-Seite angeordnet, wobei erstere den Beinen entsprechen, letztere dem After.

Die Gebäude in einem Familienanwesen zeichnen sich nicht unbedingt durch architektonische Schönheit aus, sondern durch eine bemerkenswert raffinierte Bauweise. So werden die Stämme der Kokospalme, die man als Stützpfosten für die oft mit Reisstroh oder Palmwedeln eingedeckten Dächer verwendet, stets mit dem schweren Wurzelende nach unten eingebaut. Dadurch ist eine ständige Entwässerung der Naturdächer gewährleistet. Außerdem wird die spirituelle Orientierung beibehalten – Fuß unten, Kopf oben. Ein fälschlicherweise verkehrt herum aufgestellter Pfosten würde bei den Bewohnern, so glauben die Balinesen, ständige Kopfschmerzen verursachen.

Den komplizierten Bauvorschriften zufolge müssen die verschiedenen Abmessungen des Familienanwesens immer in Relation zu den Körpermaßen des *kepala keluarga*, des Familienoberhaupts stehen. Nachdem ein der alten Baukunst kundiger Architekt vom Familienoberhaupt die notwendigen Maße genommen hat, bestimmt er unter Berücksichtigung der Kastenzugehörigkeit und des Vermögens des Bauherrn sowie der örtlichen Gegebenheiten, wie etwa der Himmelsrichtung und des Wasserflusses, die Länge der Umfriedungsmauer oder die Größe der einzelnen Häuser und Pavillons.

So berechnet der Experte beispielsweise die Länge der Umfassungsmauer, indem er die Armspanne (gemessen von Mittelfinger bis zu Mittelfinger bei seitlich ausgestreckten Armen), das Ellenbogenmaß und die Faustbreite des Familienoberhaupts addiert und mit einem nach komplizierten Regeln ermittelten Faktor multipliziert. In dieser ›Baugesinnung‹ spiegelt sich das Bestreben der Balinesen wider, mit ihrer Umwelt in Harmonie und Gleichklang zu leben. Wer die Dinge verdreht, wird dies schnell am eigenen Leib verspüren – er wird krank oder ihm widerfährt allerlei Unbill.

Einerseits findet man dieses Konzept in der Architektur verschiedener Luxushotels wieder – bei dem Four Seasons in Jimbaran oder dem Oberoi in Legian –, andererseits halten sich mit zunehmendem westlichem Kultureinfluss immer weniger Inselbewohner an die überlieferten Bauvorschriften. »Aber nach dem nächsten Erdbeben oder Vulkanausbruch«, so prophezeite einmal ein Dozent für traditionelle balinesische Architektur an der Udayana-Universität in Denpasar, »werden alle wieder so bauen wie in alten Zeiten.«

Balinesische Lebensart

Die Feldarbeit wird gemeinsam verrichtet

ligiöse Normen zusammengefasst sind, das soziale Pflichten und Rechte bis in kleinste Details festschreibt.

Adat-Zeremonien bestimmen Lebensstationen wie Geburt, Heirat oder Tod. *Adat* gibt den Bauern Anleitungen für die Feldbestellung und die Ernte, nach *Adat*-Normen werden Siedlungen, Wohnhäuser und Kultstätten angelegt. Es gibt im Dorf niemanden, der Anordnungen treffen kann, da alle wichtigen Fragen durch das *adat* geregelt sind. Abweichungen von den ungeschriebenen, aber tief verinnerlichten *Adat*-Regeln könnten das Dorfgefüge in Chaos stürzen. Daher muss sich jeder den Interessen der Gemeinschaft unterordnen. Fehlverhalten eines einzelnen Menschen würde das Ansehen des gesamten Dorfes schädigen.

Durch *gotong royong* wird das Zusammengehörigkeitsgefühl ständig erneuert. So heißt das System der einmütigen Zusammenarbeit und gegenseitigen Hilfeleistung etwa beim Bau oder der Instandhaltung von Straßen und Bewässerungsanlagen.

Die Gemeinschaftsarbeit wird in den Vertretungen der *banjar* koordiniert, wie die kleineren Bezirke, in die größere Dörfer untergliedert sind, genannt werden. Einem *banjar* gehören 50 bis 100 Familien an. Ein Balinese kann nur dann Mitglied in einem solchen Selbstverwaltungsgremium werden, wenn er sesshaft ist und geheiratet hat. Einmal im Monat treffen sich die Mitglieder im *bale banjar,* der Versammlungshalle, um über alle Dorfangelegenheiten zu beratschlagen. Dazu gehören die Aufsicht über das Straßen- und Wegenetz, die Verwaltung lokaler Einkünfte, die Organisation von Festen und Prozessionen sowie der Bau und die Pflege von Tempeln. In den Händen dieser ›Exekutivräte‹ liegt auch die niedere Gerichtsbarkeit.

Das balinesische Reisanbausystem gilt als eines der effektivsten der Welt, es erfordert jedoch die Zusammenarbeit aller Bauern – dafür sorgen die *subak*. Alle Landbesitzer, die auf eine einzige Wasserquelle angewiesen sind, gehören einem *subak* an, der sicherstellt, dass jeder Reisbauer einen angemessenen Anteil des Wassers erhält. Der *subak* legt den Arbeitsrhythmus der Mitglieder fest, bestimmt, wann die Felder geflutet werden und wann man mit dem Pflügen, Setzen und Ernten zu beginnen hat.

In diesen beiden Ratsversammlungen nimmt man sich Zeit, alle Probleme in ausführlichen Beratungen zu erörtern. Es wird versucht, unter Berücksichtigung aller Einzel- und Gruppeninteressen einstimmige Beschlüsse herbeizuführen, die alle Beteiligten zufrieden stellen. *Rukun* nennen die Balinesen dieses Bestreben, auftauchende Spannungen und Gegensätze sofort zu harmonisieren.

Kastensystem und Sprachstruktur

Jeder Bauer, Händler oder Priester, jede Frau und jedes Kind hat einen fest definierten Rang in der balinesischen Gesellschaft. Mit der Hinduisierung Balis wurde auch die indische Kastenordnung übernommen, allerdings wird sie auf Bali undogmatischer gehandhabt als im Ursprungsland. Zwar werden Kastenprivilegien allgemein akzeptiert und der Umgang mit Menschen der eigenen Kaste wird bevorzugt, doch sind Abgrenzungen eher locker. So sind Hochzeiten über die Schranken einer Kaste hinweg erlaubt. Auch kann jeder Balinese seinen Beruf frei wählen. Eine Ausnahme ist das Priesteramt, das nur Mitgliedern der höchsten Kaste offensteht. Der Unterschied zum indischen Kastenwesen besteht darin, dass es auf Bali keine ›Unberührbaren‹ (Paria) gibt.

Die Kastenzugehörigkeit eines Balinesen spiegelt sich im Titel wider, der im vollen Namen enthalten ist. Wie in Indien bilden auch auf Bali die brahmanischen Priester *(pedanda)* die Spitze der Kastenpyramide *(brahmana);* sie führen den Titel Ida Bagus (für Männer) bzw. Ida Ayu (für Frauen). Dann folgt die Kaste des Hochadels, die Nachkommen der ehemaligen Herrscherfamilien *(satria),* mit den Titeln Anak Agung, Ratu oder Cokorde. Die dritte Kaste *(wesia)* setzt sich aus Angehörigen des niederen Adels zusammen, zu dem früher auch die Krieger zählten. Ihren Titel, Gusti oder Ngurah, findet man heute in den Namen vieler Künstler.

Die drei obersten Kasten, denen rund 7 % der Balinesen angehören, werden unter der Bezeichnung *triwangsa* zusammengefasst. Am unteren Ende der gesellschaftlichen Hierarchie steht die Kaste des einfachen Volkes, der Bauern und Handwerker *(jaba)*, der etwa 93 % der Bevölkerung angehören. Hier werden die Kinder nach der Reihenfolge ihrer Geburt benannt. Für Jungen und Mädchen gilt

MIKROKOSMOS IM MAKROKOSMOS
DIE ANLAGE EINES DORFES

Wenn man als Urlauber irgendwo auf Bali in einem Dorf ausgesetzt würde, fiele es einem schwer zu sagen, wo man sich befindet, denn eine *desa*, die indonesische Bezeichnung für Dorf, gleicht, abgesehen von Lage und Größe, der anderen wie eineiige Zwillinge einander. Ein balinesisches Dorf besteht nicht etwa aus einer willkürlichen Ansammlung von Gehöften und Gebäuden, vielmehr folgt der Grundriss strengen Anordnungsprinzipien, die in kosmologischen Vorstellungen wurzeln.

Alle balinesischen Dörfer sind in ihrer Anlage auf das kosmische Gesamtsystem (s. S. 38ff.) ausgerichtet. Das bedeutet, dass man bei der Planung die imaginäre zwischen dem Meer (dem Reich des Bösen) und den Bergen (der Sphäre des Göttlichen) verlaufende Achse beachtet. Die Hauptstraße eines Dorfes verläuft immer von der Meerseite Richtung Berge und wird meist im rechten Winkel, also in Ost-West-Richtung, von kleineren Querstraßen gekreuzt.

Der kosmischen Ordnung entsprechend ist das Dorf in drei Zonen gegliedert, mit jeweils einem Tempel, der die Bedeutung der Zone repräsentiert. Zugleich symbolisieren die drei Zonen den Lebenslauf eines Menschen, von den Bergen zum Meer hin, Geburt, Leben und Tod. Im bergwärts gewandten Oberdorf steht der Ursprungstempel (Pura Puseh). Er ist Brahma, dem Schöpfer der Welt, und den vergöttlichten Gründerahnen geweiht. Um den Platz, der an einem zentralen Schnittpunkt zwischen der Hauptstraße und einer Nebenstraße entstand, gruppieren sich als bedeutendste öffentliche Gebäude der dem Welterhalter Vishnu gewidmete Dorftempel (Pura Desa) und die Versammlungshalle (Bale Agung oder Bale Banjar), ein wichtiger Treffpunkt der örtlichen Männerwelt, sowie in wohlhabenderen Dörfern der Musikpavillon (Bale Gong), in dem das Gamelan-Orchester und die Tanzgruppe probt, und der Palast des lokalen Aristokraten (Puri).

Jedes Dorf, das etwas auf sich hält, hat eine Halle für Hahnenkämpfe. Fast immer steht im Zentrum ein Banyan-Baum, in dessen Schatten sich die Dorfbewohner häufig zum Plausch treffen. Der Banyan gilt als heilig und dient auch oft als natürlicher ›Trommelturm‹, an dem die meist aus einem ausgehöhlten Baumstamm hergestellte Signaltrommel (Kulkul) hängt. In unterschiedlichem Rhythmus geschlagen, ruft sie zu Tempelfesten oder Dorfversammlungen, warnt bei Feuer oder anderen Unglücksfällen und signalisiert den Bauern am Morgen den Beginn der Feldarbeit. Im Zentrum des Dorfes wird mindestens einmal in der Woche ein Markt abgehalten, der eine Domäne der Frauen ist. Außerhalb des Dorfes liegt meerwärts der Totentempel (Pura Dalem), Heimstatt der Todesgöttin Durga. In dessen Nähe befinden sich der Begräbnis- und Verbrennungsplatz. An den Straßen reihen sich dicht an dicht die Familienanwesen, die zum Schutz vor bösen Geistern mit einer hohen Lehm- oder Steinmauer umgeben sind (s. S. 32f.).

gleichermaßen Wayan, seltener Pudu oder Gede, für das erstgeborene Kind. Zweitgeborene werden Made, Kadek oder Nengah getauft, Drittgeborene Nyoman oder Komang und Viertgeborene Ketut. Dann beginnt das Namenskarussell wieder von vorn. Zur Unterscheidung von Jungen und Mädchen stellt man bisweilen den Namen ein I (männlich) oder ein Ni (weiblich) voran.

Das Kastensystem hat auf Bali zur Entwicklung einer komplizierten Sprachstruktur geführt. Man unterscheidet im Balinesischen zwei Sprachebenen: die Respektsprache *alus* sowie die Vulgär- oder Volkssprache *kasar.* Für ein- und denselben Begriff gibt es zwei lautlich verschiedene, inhaltlich aber gleichbedeutende Wörter, eines der *Alus-* und eines der *Kasar-*Ebene. Der Unterschied liegt allein in dem zum Ausdruck gebrachten Status, der die Gesprächspartner in der Kastenhierarchie innehaben.

Das *Kasar-*Niederbalinesische, einer der zahlreichen malaiisch-polynesischen Dialekte, ist die Alltagssprache der meisten Balinesen. Will ein *jaba* mit einer Person von höherem Rang (oder über sie) sprechen, so darf er nur das *Alus-*Hochbalinesische verwenden. Andererseits redet ein Mitglied einer Adelskaste in der Volkssprache mit einem *jaba* (oder über ihn). Daneben gibt es das aus beiden Sprachen gemischte Mittel-Balinesische, das höflicherweise dann angewandt wird, wenn die Standeszugehörigkeiten der Gesprächspartner nicht klar sind.

Eine vierte Variante, das *kawi,* eine Ritualsprache in fast reinem Sanskrit, lebt im traditionellen balinesischen Schauspiel weiter, in der Literatur sowie in den *mantra,* den Gebetsformeln der Brahmanen. In der Praxis verschwindet heute der strikte Sprachgebrauch jedoch ebenso allmählich wie das Kastenwesen. Als offizielle Amtssprache wird durchweg das von Kastenrücksichten freie Nationalidiom Bahasa Indonesia gesprochen.

Die balinesische Hindu-Dharma-Religion

Den balinesischen Alltag bestimmen die Rituale einer tief verwurzelten Religiosität, die den Menschen seelisches Gleichgewicht gibt. So beginnt kein Balinese den Tag ohne ein Opfer: Körbchen, aus Bananenblättern geflochten, mit gefärbtem Reis und frischem Obst gefüllt und mit Blüten geschmückt, werden vor die Haustür gestellt oder in den Familientempel gebracht, Räucherwerk angezündet, damit Böses fern bleibt und Gutes eintreten kann.

Fünfmal täglich muss den Hausgöttern, aber auch Geistern und Dämonen geopfert werden. Selbst in Touristenzentren wie Kuta und Legian liegen die Opfergaben vor Hotels und Restaurants, Kneipen und Andenkenläden. Auf Bali durchdringt der Glaube das Denken und Fühlen der Menschen, die keinen Unterschied zwischen weltlichen und religiösen Aspekten kennen.

Als im 16. Jh. der Islam über den Hinduismus triumphierte, wurde Bali Zufluchtsort für Hindu-Intellektuelle und -Aristokraten. Die balinesische Ausprägung des Hinduismus ist aber genauso wenig ›rein‹ wie der Islam auf

Balinesische Lebensart

Priester bei einer Opferzeremonie

den Nachbarinseln, denn der Hindu-Glaube vermengte sich mit dem vorhinduistischen Gedankengut der Balinesen.

Besonders ausgeprägt ist der altmalaiische Glaube an die allmächtigen Kräfte der Natur und an die Beseeltheit der Umwelt sowie die Verehrung der Ahnen, das Bemühen, mit den vergöttlichten Vorfahren in immerwährender Verbindung zu bleiben. Die später hinzugekommenen Glaubensformen, insbesondere der Mahayana-Buddhismus und der Hinduismus, haben diese alten Vorstellungen nicht verdrängt, sondern verschmolzen mit ihnen zu einem komplexen, aber harmonischen Gebilde, dem einzigartigen Hindu-Dharma-Glauben *(agama hindu dharma),* dem fast 94 % der Balinesen anhängen.

Nach der Vorstellung der Balinesen herrscht im Universum eine wohlgegliederte Ordnung. Dieser Konzeption zufolge ist die Welt zweigeteilt, was in Gegenüberstellungen wie Himmel und Erde, Sonne und Mond, Tag und Nacht, Götter und Dämonen, Leben und Tod zum Ausdruck kommt. Hell und Dunkel, Rein und Unrein, Gut und Böse – eines ist so wichtig wie das andere. Nur das harmonische Gleichgewicht dieser Gegensätze macht jedwede Existenz möglich.

Die Aufrechterhaltung der kosmischen Harmonie, die Suche nach dem Gleichgewicht zwischen Gut und Böse ist das höchste Ziel jedes Balinesen. Daher muss den entgegengesetzten Kräften Beachtung geschenkt, Dämonen wie Göttern gleichermaßen gehuldigt werden. Vor allem die Dämonen

Hindu-Dharma-Religion

muss man gewogen stimmen. Man bringt ihnen täglich Opfer dar.

Der heilige Gunung Agung, der höchste Berg der Insel, ist als Sitz von Shiva das Zentrum des Universums und Mittelpunkt des Systems der Weltharmonie. Am Agung-Gipfel richtet sich jegliche Orientierung aus. Ganz gleich, wo man sich auf Bali befindet, die Richtung vom Betrachter aus zum heiligen Vulkan ist immer eine zum Himmel verlaufende, positive Linie, die *kaja* genannt wird. *Kelod* dagegen bedeutet flussabwärts, meerwärts. Es ist die Richtung, in der das Dunkel liegt, in der Dämonen und böse Geister lauern.

Die Schönheit der Strände hat die Balinesen nie gefesselt. Das Meer war seit jeher die Heimstatt von Wesen der Unterwelt. Daher fürchten die Balinesen das Meer. Zwischen den beiden spirituellen Gegenpolen liegt wie ein Zankapfel, um den sich die Mächte des Guten und des Bösen im ewigen Widerstreit befinden, die ›Mittlere Welt‹, in der die Balinesen leben.

Da es nach dem Glauben der Balinesen nichts Beziehungsloses gibt, findet sich das System der Dreiteilung auch bei Dörfern, Tempeln und Gehöften, die alle entlang einer imaginären, zwischen Meer und Bergen verlaufenden Achse angelegt sind. Auch der Körper des Menschen besitzt die gleiche Ordnungsstruktur wie das Universum: Die Oberwelt findet ihre Entsprechung im Kopf, die Mittelwelt im Rumpf, die Unterwelt in den Füßen.

Trotz der Göttervielfalt ist die *agama hindu dharma* – ganz im Einklang mit der indonesischen Verfassung, die den Glauben an ›den allmächtigen und alleinigen Gott‹ festlegt – eine monotheistische Religion, in der nur ein Gott existiert – Sanghyang Widhi Wasa. Dieser ›Göttliche Herrscher über das Schicksal‹ wird nicht als eine oberste Gottheit verehrt, sondern als über dem Kosmos waltender Ordnungsstifter verstanden, in dem alle balinesischen Gottheiten sowie die vergöttlichten Ahnen und Naturkräfte zu einer Einheit verschmelzen.

Die wichtigste Erscheinungsform des Allerhöchsten ist die hinduistische Dreieinigkeit *(trisakti* oder *trimurti)* Brahma-Vishnu-Shiva. Als Brahma ist Sanghyang Widhi Wasa Schöpfer des Universums, als Vishnu Lebensspender und Bewahrer und als Shiva Todbringer und Zerstörer, der durch Vernichtung jedoch erst die Voraussetzung für die Neuentstehung schafft. Verschiedene Farben symbolisieren diese drei Gottheiten: Rot steht für Brahma, Schwarz für Vishnu und Weiß für Shiva.

Verkörperungen des einen allmächtigen Gottes sind auch die Gattinnen der Trisakti-Gottheiten. Brahmas Gefährtin ist Dewi Saraswati, die Göttin der Weisheit. Vishnu hat zwei Begleiterinnen: Dewi Sri, die als Göttin der Fruchtbarkeit auf Bali besonders verehrt wird, und Dewi Lakshmi, die Göttin des Glücks und des Wohlstands. Shivas ambivalenter Charakter spiegelt sich auch in seiner Gemahlin Parvati wider, die in Gestalt der Todesgöttin Dewi Durga, aber auch als Göttin der Liebe und der Schönheit, Dewi Uma, erscheinen kann. Daneben gibt es hunderte Gottheiten, die nur in einem Dorf oder in einer Region verehrt werden, stets jedoch Manifestationen von Sanghyang Widhi Wasa sind.

Trance auf Bali

VON AFFENMENSCHEN UND DÄMONEN
TRANCE AUF BALI

»Ke-tschak, Ke-tschak, Ke-tschak ...« – die Männer der Kecak-Gruppe (s. S. 55f.) wiegen sich im Rhythmus ihres hypnotisierenden Sprechgesangs, der immer lauter, schneller und eindringlicher wird. Der Feuerreiter lässt Anzeichen der einsetzenden Trance erkennen. Er keucht, verdreht ekstatisch die Augen, er zittert am ganzen Körper. Zwei Männer binden ihm ein ›Steckenpferd‹ aus Stroh und Lianen zwischen die Beine.

Plötzlich galoppiert der Trancetänzer, Reiter und Pferd in einer Person, über den Tempelvorhof, stürmt auf den Platz zu, wo Helfer aus benzingetränkten Kokosnusshälften ein Feuer entfacht haben. Ein Funkenregen stiebt auf, als der Feuerreiter barfuß über die glimmenden Schalen hinwegfegt. Der Besessene strauchelt und fällt ins Feuer. Bereitstehende Wächter zerren ihn hoch, überwältigen ihn schließlich nach heftigem Kampf. An Armen und Beinen wird der schweißüberströmte Feuerreiter festgehalten, gestreichelt und beruhigt. Ein Tempelpriester tritt hinzu und besprengt den Mann mit geweihtem Wasser. Langsam kommt der Trancetänzer wieder zur Besinnung, seine Gesichtszüge entspannen sich. Seine Füße sind rußgeschwärzt, doch ohne Spuren von Brandwunden. Leise spricht der Priester auf den Mann ein, bis dieser sich erhebt und unsicheren Schrittes entfernt.

Außer diesem Sanghyang Jaran genannten ›Tanz‹ gibt es noch andere Trancetänze auf Bali, bei denen es mitunter erschreckend roh zugeht, je nachdem, wessen Geist in den Tänzer fährt. ›Affenmenschen‹ springen in Trance mit affenähnlichen Bewegungen umher, erklimmen hohe Baumwipfel und turnen dort mit erstaunlicher Behändigkeit herum. ›Schweinemenschen‹ wälzen sich durch die Einwirkung eines Dämons im Schlamm, kriechen auf allen Vieren im Dreck herum und verschlingen allerlei Abfälle. In anderen Trancezuständen bringen die Beteiligten Blutopfer dar. Besessen von bösen Geistern beißen sie lebenden Hühnern den Kopf ab, zerreißen mit bloßen Händen die Tiere und verschlingen sie samt Knochen und Eingeweiden.

Trance hat auf Bali verschiedene Funktionen. Zum einen handelt es sich um tief religiöse Erlebnisse, durch welche die Menschen in direkte Verbindung mit den Göttern und Ahnen treten. Balinesische Trancetänze können aber auch Beschwörungs- und Austreibungsrituale sein, welche die Gemeinschaft von bösen Dämonen befreien soll. Die bisweilen auftretende blinde Raserei lässt sich überdies als soziales Überdruckventil interpretieren, durch das die Menschen in Stresssituationen ›Dampf‹ ablassen können. In Extremfällen kommt es sogar dazu, dass Leute gänzlich die Kontrolle verlieren. Blindwütig beginnen sie dann um sich zu schlagen und jeden zu attackieren, der sich ihnen in den Weg stellt: *Amok* nennt man diesen Zustand im Malaiischen.

Den überirdischen Heerscharen steht ein ebenso komplexes Reich von bösen Geistern und Dämonen, Hexen und Ungeheuern gegenüber, von deren Wohlwollen es entscheidend abhängt, ob man im Leben, das mit dem Tod nicht endet, Glück und Erfolg hat. Auch die Mächte der Unterwelt werden von den Balinesen als Teil des kosmischen Ordnungssystems akzeptiert, da ohne ihre Existenz das Gleichgewicht der spirituellen Welt gefährdet wäre.

Im Mittelpunkt ihrer religiösen Vorstellungswelt steht der Glaube, dass das *karma pala* eines Menschen – die Gesamtheit seiner Taten – über seine Seele *(atman)* und damit über sein Schicksal im nächsten Leben entscheidet, unterliegen sie doch als Hindus dem unaufhörlichen Kreislauf der Wiedergeburten *(samsara)*. Das Dasein auf Erden ist zwar nur ein zeitweiser Aufenthalt für die vorübergehend verkörperten Seelen, ist aber wichtig, weil sich durch die Lebensführung die Art der Wiedergeburt – auf einer höheren oder tieferen Stufe der Schöpfung – entscheidet. Nur durch ein fehlerfreies Leben im Sinne der Hindu-Dharma-Religion ist es möglich, sich aus dem Zyklus der Reinkarnationen zu befreien und das Ziel, die Vereinigung des eigenen *atman* mit dem höchsten göttlichen Prinzip, zu erreichen.

Balinesische Tempel

Nirgends auf der Welt gibt es so viele Tempel auf so engem Raum. Offizielle Quellen nennen rund 20 000 registrierte Tempel. Zählt man die Familien- und Sippentempel hinzu, kommt man auf eine schier unvorstellbare Summe. Doch sind die Tempel keine Relikte einer vergangenen Epoche, sondern Stätten der Verehrung und des Gebets, Orte der Spiritualität. Daher die Sorgfalt, Tempel zu erhalten, neue zu errichten und der Prunk des jährlichen Odalan-Tempelfestes, des Gedenkens an die Tempelweihe (s. S. 44ff.).

Als Orte der Begegnung von Menschen und Göttern sowie vergöttlichten Ahnen dienen die Heiligtümer nicht nur als Gebetsstätten, sondern auch als Plätze, an denen Göttern Opfer dargebracht werden. Sie werden eingeladen, zu Tempelfesten von ihren Sitzen in den Bergen herabzusteigen auf ihre irdischen Sitze, die Altäre und Meru in den Tempeln. Unsichtbar verweilen sie während des Festes auf ihren prachtvoll geschmückten Thronen. Nach dem Ende des Tempelfestes, wenn die Gottheiten in die obere Welt zurückgekehrt sind, bleiben die Tempel für den Rest des Jahres unbespielte Bühnen.

Mehrmals täglich bringen Balinesen in ihrem Familien- oder Haustempel, der sich in den Anwesen immer an der bergwärts gewandten Seite befindet, den Göttern ihre Opfer dar. Das Heiligtum besteht meist aus vier mit Reisstroh gedeckten, kleineren Schreinen innerhalb eines Gevierts, das mit einer niedrigen Mauer umfriedet ist. Als Stätte der Ahnenverehrung kommt dem Schrein des Ursprungs die größte Bedeutung zu.

Jedes Dorf auf Bali besitzt als Kultzentren und religiöse Bezugspunkte drei Haupttempel, die entlang der imaginären Berg-Meer-Achse ausge-

Balinesische Lebensart

DIE ANLAGE EINES TEMPELS

Da die Gesetze der Tempelkonstruktion den Himmel als Dach vorschreiben, sind Balis Tempel keine geschlossenen Gebäude, sondern offene, in verschiedene Höfe gegliederte und nur von Wällen umfriedete Plätze mit vielen Altären, Schreinen und Pavillons sowie zahlreichen Pagoden, den Meru. Dies deutet die Bezeichnung Pura an, ein Begriff aus dem Sanskrit, der befestigte Stadt heißt. Die gleiche Bedeutung hat übrigens das Wort Puri, die balinesische Bezeichnung für Palast.

So groß die Tempelkomplexe auch sein mögen, stets folgen sie im Grundriss einem festgelegten Schema. Ein Pura besteht aus drei (auf Nord-Bali zumeist aus zwei) durch Tore verbundenen Höfen, die als spirituell reine Kultstätten mit Mauern gegen die unreine, von Dämonen bevölkerte Außenwelt abgegrenzt sind. Auf Süd-Bali sind Tempelgevierte meist ebenerdig, im Norden steigen sie auf Terrassenstufen an. Die architektonisch am aufwändigsten gestalteten Bauwerke sind die oft monumentalen Tore, welche die Höfe miteinander verbinden.

Einen balinesischen Tempel betritt man durch ein gespaltenes Tor (Candi Bentar). In dem javanischen Beisetzungsdenkmal Candi wurde ursprünglich die Asche von Fürsten aufbewahrt und angebetet. Das Bauwerk hat die Candi-Form beibehalten, ist jedoch samt aller Schmuckelemente axial durchtrennt. In der Spaltung des Candi Bentar kommt zum Ausdruck, dass alle Erscheinungen des Lebens auf Gegensätzen beruhen und nichts Einzelnes wirklich vollkommen ist. Das Tor ist immer meerwärts *(Kelod)* ausgerichtet. Betritt man den Tempel, geht man zu den Göttern im Allerheiligsten also immer bergwärts, in *Kaja*-Richtung.

Tempelanlage

Der erste Hof symbolisiert die irdische Welt. Hier befinden sich neben den Reisspeichern eine Küche für die Zubereitung der Speiseopfer, verschiedene Pavillons als Ruheplätze für die Gläubigen und meist auch die Hahnenkampfarena. In einer Ecke steht manchmal ein Turm oder ein Banyan-Baum mit einer hölzernen Signaltrommel, die geschlagen wird, um die Gläubigen in den Tempel zu rufen oder die Ankunft der Götter zu verkünden.

Durch ein meist reich verziertes, im Gegensatz zum Eingangsportal oben geschlossenes Tor gelangt man in den zweiten Hof. Flankiert wird das vor allem auf Süd-Bali bei weitem prachtvollste Monument des Tempels von zwei steinernen Wächterdämonen (Raksasa) oder, bei Unterweltstempeln, von Wächterhexen (Rangda). Diese Statuen sollen ebenso wie die über den Portalen eingelassenen Dämonenfratzen übel wollende Wesen aus der unteren Sphäre am Eintritt hindern. Als zweiter Schutzwall erhebt sich gleich hinter dem Durchgang eine Steinmauer, um die Tempelbesucher herumgehen müssen, an der sich böse Geister und Dämonen jedoch die Köpfe einrennen, da sie in ihrer blindwütigen Raserei nicht fähig sind, nach links oder rechts auszuweichen. Der zweite Hof bildet die Schleuse zum Allerheiligsten. Meist steht hier eine große, offene Versammlungshalle für die Banjar-Mitglieder (Bale Agung). In anderen Pavillons werden die Gamelan-Instrumente oder verschiedene Requisiten, die für rituelle Handlungen wichtig sind, aufbewahrt.

Das eigentliche Heiligtum befindet sich in einem dritten Hof oder in dem abgegrenzten hinteren Teil des zweiten Hofes. Dieser innerste Bereich ist für die Götter reserviert. An der bergwärts gewandten Seite reihen sich Altäre, Schreine und Pagoden – die Ehrensitze für die Gottheiten während ihres Aufenthalts auf Erden. Nie fehlt im Allerheiligsten der Padmasana. Auf diesem steinernen Lotosthron (Padma – Lotos), der auf der mythologischen Schildkröte Bedawang ruht und von den Urschlangen Antaboga und Basuki umschlungen wird, nimmt bei Tempelzeremonien das allerhöchste Wesen, Sanghyang Widhi Wasa, Platz, entweder in seiner Erscheinungsform als Shiva oder als Sonnengott Surya.

Ebenfalls im innersten Tempelbezirk stehen der Bale Pesimpangan, ein gemeinschaftlicher ›Empfangspavillon‹ für Götter, die keinen Ehrensitz im Tempel haben, der Bale Piasan, in dem die Speiseopfer aufgestellt werden, sowie der Bale Pawedaan, der erhöhte Bambussitz des Pedanda-Oberpriesters. In einem geschlossenen Schrein bewahren die Priester die Tempelreliquien auf – Steinskulpturen, Krise, heilige Lontar-Schriften oder Lingam, steinerne Phallussymbole des Shiva.

Im innersten Tempelbezirk erheben sich auch als Symbole für den kosmischen Himmelsberg Mahameru, den Sitz der hinduistischen Götter, die Meru: Holzpagoden, die auf steinernen Sockeln ruhen, mit unterschiedlich vielen sich nach oben verjüngenden Dächern, die mit Reisstroh, Palmwedeln oder Wellblech eingedeckt sind. Ein Meru gibt Aufschluss darüber, welchen Rang die Gottheit in der Hierarchie einnimmt. Je höher die Gottheit, desto mehr Dächer, deren Anzahl immer ungerade ist und höchstens elf beträgt. Diese stehen allein Shiva zu, neun sind für Brahma oder Vishnu reserviert.

Balinesische Lebensart

richtet sind. Da die Götter hoch oben auf den Bergen wohnen, liegt der **Pura Puseh** (Nabeltempel) im oberen Dorfviertel, an der *Kaja*-Seite. Das Heiligtum, das dem Schöpfergott Brahma und den vergöttlichten Dorfgründern geweiht ist, bildet den rituellen Mittelpunkt des Dorfes. Während ihres Besuchs auf Erden dient der Pura Puseh den Göttern als Wohnsitz.

Stets in der gefahrvollen *Kelod*-Richtung, also meerwärts, außerhalb des Dorfes und meist nahe dem Begräbnis- und Verbrennungsplatz, liegt der **Pura Dalem.** Die Kultstätte, die der Todesgöttin Durga geweiht ist, dient der Kontaktaufnahme mit den dämonischen Wesen der Unterwelt. Zwischen dem Meer und dem Dorf gelegen, schützt der Pura Dalem auch gegen böse Geister. Während der Pura Puseh schön und licht erscheint, ist der Pura Dalem düster und unheimlich. Doch sind beide Tempel gleich wichtig für die Aufrechterhaltung des spirituellen Gleichgewichts im Dorf.

Als Tempel der ›Mittleren Welt‹ liegt der zentrale Dorftempel **Pura Desa** (auch Pura Bale Agung), in dem sich Himmlisches und Irdisches vermischen, zwischen Ober- und Unterweltstempel. Dieses Vishnu, dem Lebensspender, geweihte Heiligtum ist Schauplatz religiöser Zeremonien sowie wichtigster Versammlungsort der Gemeinde.

Die meisten balinesischen Tempel dienen nicht der Allgemeinheit, sondern werden nur von bestimmten Gruppen genutzt. Eine Ausnahme bilden die neun so genannten **Reichs-, Staats- oder Nationaltempel,** auch Himmelsrichtungstempel genannt.

Verbindungen zwischen einzelnen Tempeln werden hergestellt, indem man in einem Tempel Besuchsschreine für die Gottheiten anderer Tempel errichtet. So weiht man in Familientempeln Schreine den Göttern der drei Dorftempel, womit die Verbindung zwischen Haus und Dorf garantiert wird. Wichtig ist die Verknüpfung der Tempel mit dem zentralen Heiligtum Pura Besakih, dem Muttertempel am Gunung Agung. Diese wird gewährleistet, indem die zahlreichen Gruppen der hindu-balinesischen Glaubensgemeinschaft Schreine im ›Tempel aller Tempel‹ errichten und unterhalten.

Feste und Zeremonien

Unablässig scheinen die Menschen mit den Vorbereitungen für ein Fest beschäftigt zu sein, seien es Tempelgeburtstage, Totenverbrennungen oder Familien- und Sippenfeste. Der offizielle Festkalender von Bali verzeichnet etwa 200 feierliche Anlässe pro Jahr, von denen einige an vielen Orten der Insel gleichzeitig begangen werden.

Odalan – der Tempel-›Geburtstag‹

Zu den Höhepunkten des dörflichen Festkalenders gehören die alljährlich mit großem Prunk begangenen Odalan-Feste, die Feier der Weihe der Dorftempel. Die Folge dieser Feste reißt praktisch nie ab, und die Chancen, eine solche Zeremonie mitzuerleben, sind auch für Touristen recht gut. Im Mittelpunkt eines meist drei Tage

Feste und Zeremonien

dauernden Tempelfestes steht die Einladung an die Tempelgötter sowie die Gott gewordenen Ahnen und deren Empfang auf den heiligen Ehrensitzen. Doch findet beim Odalan auch die rituelle Reinigung des Tempels und des Dorfes statt. Gleichzeitig werden böse Geister besänftigt oder vertrieben.

In wochenlangen Vorbereitungen wird der lange Zeit verwaiste Dorftempel von der ganzen Gemeinde hergerichtet und geschmückt. Während die Männer des Dorfes die Tempelanlage säubern, Gestelle aus Bambusrohr errichten und Wedel von den Kokospalmen schlagen, stellen die Frauen Opfergaben für die Götter sowie Flecht- und Steckwerke aus Palmblättern her. Typische Palmblattdekorationen sind die *lamak,* bis zu 10 m lange Palmblattschleppen, mit denen Opfernischen und Bambusaltäre geschmückt werden. Den heiligen Gunung Agung verkörpern die meterhohen, gebogenen Bambusstangen *penjor,* an denen aus Palmblättern geflochtene Girlanden und Rosetten baumeln.

Besonders prächtig gestalten die Frauen die Reisopfer *(sarad).* Aus Reismasse formen sie Figuren, die in Kokosöl gebacken, bunt bemalt und auf einen mit Stoff bespannten Rahmen gehängt werden. In den *sarad* dominiert die Cili-Figur, eine stilisierte Darstellung der Reisgöttin Dewi Sri und zugleich Symbol der Fruchtbarkeit und des Glücks. Spektakulär wirken die bis zu 20 kg schweren, turmartigen Kunstwerke, *gebogan,* deren Bestandteile – Reiskuchen, exotische Früchte, Blumen, hart gekochte Eier, mitunter sogar gebratene Enten und Hühner – am Stamm einer Bananenstaude befestigt werden. Vergängliche Kunstwerke sind sie allesamt, denn sie werden nur einmal gebraucht – nichts darf zweimal geopfert werden.

Vor Beginn der Weihefeier werden die kultischen Gegenstände und Hoheitsschirme aus einem Schrein im innersten Tempelbezirk geholt und in einer Prozession zum nächsten Gewässer getragen, wo Priester an ihnen eine rituelle Waschung vornehmen. Vor den Festlichkeiten reinigen Priester auch die einzelnen Gebäude des Tempels mit Weihwasser *(tirtha).* Männer und Frauen schmücken die Altäre und Schreine mit Tuchfriesen und Fahnen sowie dem zu Hause angefertigten Zierrat. Die Wächterdämonen und -hexen kleidet man in schwarz-weiß karierte Tücher, deren magische Kraft sie in die Lage versetzt, übel wollende Geister vom Heiligtum fern zu halten.

Sobald alles zum Empfang der Gottheiten bereit ist, laufen wie von der Hand eines unsichtbaren Regisseurs gelenkt, Kulthandlungen, Opferdarreichungen und Ritualtänze in einer perfekten Choreografie ab. Als Zeremonienmeister sitzen die Hohepriester *(pedanda)* auf erhöhten Bambusthronen, läuten Glocken und beginnen *mantras* zu rezitieren, wobei sie ihren Sprechgesang mit einer Zeichensprache der Hände, den *mudras,* untermalen. Weihrauchschleier steigen nun in die Höhe, Leitern gleich, die den Gottheiten den Abstieg aus ihren himmlischen Gefilden erleichtern sollen.

Endlich ist es so weit, die göttlichen Wesen haben die Einladung angenommen und auf ihren Ehrensitzen Platz

Balinesische Lebensart

genommen. Schläge auf die Kulkul-Trommel verkünden die Ankunft der Götter und rufen alle Gläubigen zum Tempel.

Ununterbrochen ziehen festlich gekleidete Menschen zum Dorfheiligtum. Frauen balancieren kunstvoll arrangierte Opfertürme auf ihren Häuptern zum Tempel. Im heiligen Tempelbezirk, der von den Klängen des Gamelan-Orchesters widerhallt, werden die Gaben von den Hilfspriestern in Empfang genommen, von einem *pedanda* mit heiligem Wasser gesegnet und den Gottheiten präsentiert.

Was nach der Götterspeisung übrig bleibt, darf am Ende des Tempelfestes von den Opfernden mit nach Hause genommen und dort als geweihtes Mahl verzehrt werden. Nach der Darreichung der Opfergaben fallen die Gläubigen vor dem Hohepriester auf die Knie, senken die Köpfe und falten die Hände zum Gebet.

Balinesische Tempelfeste sind eine Mischung religiöser Hingabe und weltlicher Lebensfreude, sie sollen Götter wie Menschen gleichermaßen erfreuen. Der Tempelvorhof sowie die nähere Umgebung des heiligen Ortes ähneln während des Odalan einem Dorfplatz am Markttag. Traditionell schlagen hier heiratsfähige Mädchen einen Imbissstand auf, um von den jungen Männern des Dorfes gesehen zu werden, und natürlich auch, um selbst Ausschau nach einem passenden Partner zu halten. Während tagsüber im äußeren Tempelbezirk Hahnenkämpfe stattfinden, sind die Nächte Tanzdramen und Schattenspielen gewidmet. Besonders heilige Tänze finden nur im innersten Bereich des Tempels statt, wo man in der letzten Nacht des Odalan auch die Götter verabschiedet.

Die wichtigsten Feiertage

Voller Freude auf ihren Bali-Urlaub steigen Touristen am Ngurah Rai-Flughafen aus dem Jet – und stellen erstaunt fest, dass die Insel wie ausgestorben ist. Auf den Straßen fährt kein Taxi und kein Bus, kein Licht brennt, keine Menschenseele lässt sich blicken, alle Geschäfte und Restaurants sind geschlossen. Was ist passiert?

Ganz einfach – die ankommenden Besucher sind ›Opfer‹ des Nyepi-Festes geworden, des dreitägigen Neujahrsfestes, das die Balinesen während der Frühjahrs-Tagundnachtgleiche im März oder April feiern. Während sich alle anderen Inselfeste nach dem 210 Tage umfassenden balinesischen Pawukon-Kalender richten, wird **Nyepi** nach dem Mondkalender festgelegt.

Um das neue Jahr sauber beginnen zu können, hält man am letzten Tag des alten Jahres eine Reinigungszeremonie ab. Alle bösen Geister und Dämonen sollen zumindest zeitweise von Bali vertrieben werden. Reiche Opfergaben sollen die Mächte der Unterwelt aus ihren Verstecken locken. Während sich die Geister und Dämonen an den Köstlichkeiten laben, sind sie schutzlos und können von Hohepriestern durch magische Zauberformeln von der Insel verbannt werden. Gleichzeitig finden überall auf der Insel Hahnenkämpfe statt, bei denen es sich ursprünglich um Blutopfer an die Dämonen handelte.

Feste und Zeremonien

In der folgenden Nacht sind alle auf den Beinen, um mit Trommeln, Gongs, Zimbeln und Knallkörpern an der Vertreibung der bösen Geister teilzuhaben. Jetzt ist auch Zeit für die Paraden der *ogoh ogoh,* der übermannsgroßen Pappmachéfiguren, die als Symbole alles Bösen Dämonen und Hexen darstellen. Am ausgelassensten ist das Treiben entlang der Jalan Gajah Mada in Denpasar. Der Zug durch die Straßen endet auf einem abgeernteten Reisfeld oder am Strand, wo die meterhohen Gebilde in Brand gesetzt werden.

Nach dem nächtlichen Radau herrscht am zweiten Nyepi-Tag absolute Stille – das bedeutet auch das Wort *nyepi.* Nichts regt sich, man arbeitet nicht, Radio und Fernsehen werden nicht angeschaltet, selbst die Küche bleibt kalt. Die Gläubigen bleiben zu Hause und widmen sich dem Gebet und der Meditation. Auch Touristen müssen diesen Tag im Hotel verbringen. Ausnahmen sind lediglich Fahrten vom und zum Flughafen. Dämonen, die mit unheilvollen Absichten zurückkehren, sollen glauben, die Insel sei verlassen, und unverrichteter Dinge wieder abziehen. Der dritte Tag ist der Besinnung gewidmet, neuerdings nutzt man ihn auch für Familientreffen.

Drei Tage vor Nyepi findet ein **Melasti-Fest** statt, eine inselweite Reinigungszeremonie, bei der die Gläubigen an die Strände ziehen. In Prozessionen, die von Gamelan-Orchestern begleitet werden, bringen sie Tempelreliquien, in denen die Seelen der Götter während ihres Besuchs auf Erden leben, ans Meer, wo sie von Priestern rituell gereinigt werden. Besonders spektakulär ist

Zum Melasti-Fest ziehen die Gläubigen an die Strände

Gefiederte Gladiatoren

DER HAHNENKAMPF
DIE LEIDENSCHAFT DER BALINESEN

Überall auf dem Lande kann man Männer am Wegesrand kauern sehen, die liebevoll ihre Kampfhähne massieren oder herausputzen. Einige füttern ihre Gockel mit klein gehackten Skorpionen, um ihnen Kraft zu geben. Vor den Gehöften reihen sich filigran geflochtene Korbglocken, in welche die gefiederten Gladiatoren nach sorgfältiger Fütterung und Pflege gesetzt werden. Jedes Dorf, das etwas auf sich hält, besitzt einen *wantilan,* eine an der Seite offene, überdachte Holzkonstruktion mit aufsteigenden Sitz- und Stehplätzen, die sich um den Kampfplatz gruppieren. Dörfliche Tempelfeste ohne den Hahnenkampf sind undenkbar. Die Unheil bringenden Geister der unteren Sphäre müssen mit Hahnenblut besänftigt werden, damit sie die nachfolgenden religiösen Zeremonien nicht stören. Heute steht weniger das religiöse Ritual, sondern die Wettleidenschaft im Mittelpunkt der Hahnenkämpfe. Wegen der offiziell verbotenen Passion hat so mancher Haus und Hof verloren.

Schon von weitem verkündet frenetischer Lärm, dass ein Hahnenkampf im Gange ist. Die Ränge der Arena sind bis auf den letzten Platz besetzt. Am Rand des Kampfplatzes sitzen die Schiedsrichter, unter deren Aufsicht die Paarungen zusammengestellt und die rasiermesserscharfen, bis zu 10 cm langen Stahlsporen ausgesucht werden. Während die Besitzer ihre Hähne auf den Kampf vorbereiten, melden die Wettlustigen wild gestikulierend ihre Einsätze. Ganze Tages- oder gar Wochenlöhne werden gesetzt.

Sobald die schützende Lederhülle von den Klingen entfernt wird und die Kampfhähne durch die Luft fliegen, erreicht die Begeisterung der sonst beherrschten Balinesen einen Höhepunkt. Das Reglement für den Kampf ist einfach und brutal. Nur einer darf überleben. In blitzschnellen Attacken schlagen sich die Tiere klaffende Wunden, verbeißen sich in den Kämmen. Meist endet das Gemetzel schon nach wenigen Augenblicken mit dem Tod eines der Kontrahenten. Steht aber nach vier Runden (das bedeutet eine Kampfzeit von fünf bis sechs Minuten) noch kein Sieger fest, werden die Gegner zum Finale unter einen Korb gesetzt, der sie zu Berührung zwingt. Der getötete Verlierer wird vom Besitzer des Siegers stolz nach Hause getragen und wandert meist in den Kochtopf. Gelegentlich verfüttert man ihn aber auch an den siegreichen Hahn, wodurch auf magische Weise die Kräfte seines ehemaligen Widersachers auf ihn übergehen.

Hahnenkampf auf Bali wird von westlichen Psychologen als ein Ventil für aufgestaute Aggressionen interpretiert. Keiner indonesischen Regierung gelang es, den ›Volkssport‹ der Balinesen auszumerzen, obwohl der Hahnenkampf in anderen Teilen des Archipels verboten ist. Seit 1982 sind offiziell nur noch solche Kämpfe erlaubt, die aus rituellen Gründen nötig sind. Dennoch finden, oft unter den Augen der Polizei, nicht genehmigte Turniere fast täglich auf der Insel statt.

Feste und Zeremonien

das Melasti an den Stränden Seseh und Canggu zwischen Kuta und Pura Tanah Lot.

Die wichtigsten Feiertage des liturgischen Jahres der Balinesen konzentrieren sich auf die zwei Wochen um die **Galungan- und Kuningan-Tage.** Nach balinesischer Überlieferung steigt am Galungan-Tag das allerhöchste Wesen, Sanghyang Widhi Wasa, mit anderen Gottheiten und den Seelen der Vorfahren vom Himmel zu den irdischen Tempeln herab, wo sie die Lebenden mit ihrer Anwesenheit erfreuen, bis sie zehn Tage später, am Kuningan-Tag, in ihre himmlischen Gefilde zurückkehren.

Die Tage vor Galungan gelten als gefährlich, da vor Ankunft der Götter auch Unheil bringende Wesen aus der Unterwelt heraufsteigen. Ihnen müssen während der Festperiode ebenso Opfer dargebracht werden wie den Göttern der himmlischen Sphäre, denn während der Galungan-Kuningan-Tage sollen das Göttliche und das Dämonische im Gleichgewicht gehalten werden, damit Frieden und Harmonie auf Erden herrscht.

Der Göttin der Weisheit, der Literatur und Kunst ist der nach ihr benannte **Saraswati-Tag** gewidmet. In den Tempeln segnen Priester alte Lontar-Schriften mit Weihwasser. Schüler und Studenten danken der Göttin dafür, dass sie ihnen Möglichkeit gewährt zu lernen und zu studieren. Eine Zeremonie zu Ehren von Dewi Saraswati findet im Pura Jagatnatha in Denpasar statt.

Der Saraswati-Tag fällt immer auf den letzten Tag eines **Pawukon-Zyklus** und leitet eine weitere Abfolge heiliger Tage ein. Frühmorgens am ersten Tag des neuen Pawukon-Jahres ziehen Balinesen an die Strände, zu Flüssen und zu Quellen, um sich mit rituellen Bädern körperlich sowie mit Gebeten und innerer Einkehr spirituell zu reinigen.

Am nächsten Tag wird die Reisgöttin Dewi Sri verehrt, dann darf keinerlei Arbeit in den Reisfeldern verrichtet werden. Am dritten Tag finden Opferrituale für Gold und Schmuck statt. Am **Pagerwesi-Tag** endet die Festperiode. Vor allem auf Nord-Bali gedenkt man dann des imaginären Zaunes *(pagerwesi* – eiserner Zaun), der Bali seit Menschengedenken vor Invasoren und einem Überhandnehmen der Mächte des Bösen bewahrt hat. Gleichzeitig erbittet man von den Göttern Schutz und Sicherheit für die Familie und das Dorf.

Als besonders heilig gelten auch die alle 35 Tage stattfindenden **Tumpek-Feste,** an denen bestimmte Gruppen der hindu-balinesischen Glaubensgemeinschaft dem allerhöchsten Wesen in seinen vielen Erscheinungsformen Dankesopfer darbringen.

Neben den Jahresfesten werden in den neun Reichstempeln **Zehnjahresfeiern** begangen, so genannte Landreinigungszeremonien. Als Fest aller Feste gilt das **Eka Dasa Rudra,** das nur alle 100 Jahre einmal im Tempel von Besakih stattfindet. Während der mehrwöchigen Feierlichkeiten kommen alle Balinesen mit Opfergaben zum großen Muttertempel. Auf dem Höhepunkt des Jahrhundertfestes werden Tiere geopfert – eines von jeder der auf Bali vorkommenden Arten. Mit diesen Opfern soll das Universum gereinigt werden.

Balinesische Lebensart

Zeremonien im Leben eines Menschen

Bedeutende Stationen und Wendepunkte im Leben, die man für magisch gefährdet hält, werden mit Feiern und Zeremonien begangen, die für das spirituelle Wohlsein der Menschen sorgen. Der Kreislauf der so genannten Übergangsrituale beginnt bereits vor der Geburt, wenn man bei ersten Zeremonien das ›Lebendigwerden‹ des Fötus im Mutterleib feiert und das Wohlwollen der Götter erbittet. Da Schwangere als kultisch unrein gelten, müssen sie Tempel und Reisfelder meiden.

Mit der Geburt eines Kindes kommen auch seine ›vier Geschwister‹ zur Welt – Plazenta, Nabelschnur, Fruchtwasser und Blut. Ein Ritual bestimmt die Behandlung und den Verbleib der persönlichen ›Schutzgeister‹. Nach der Entbindung müssen sie in einer gelb gefärbten Kokosnussschale am Eingang zum Schlafgemach vergraben werden, und zwar rechts der Tür bei Jungen und links davon bei Mädchen.

Da für Balinesen dieser Ort im späteren Leben eine besondere spirituelle Bedeutung hat, bringen sie hier an Festtagen Opfer dar. Reinigungszeremonien *(sorongan* bzw. *dapatan)* für Kind und Mutter finden am 12. und 42. Tag nach der Geburt statt. Wenn das Baby 42 Tage alt ist, stellen es die Eltern unter die Obhut der Hausgötter, denen sie fortan durch Opfergaben ihre Dankbarkeit für den Schutz des neuen Lebens zeigen.

Säuglinge werden fast ständig auf Händen bzw. in einem Hüft- oder Schultertuch getragen, denn als Reinkarnation eines Gott gewordenen Ahnen darf ein neugeborenes Kind mindestens drei Monate lang nicht mit dem unreinen, dem Dämonischen nahen Erdboden in Berührung kommen. Frühestens am ›halben‹ Geburtstag, nach 105 Tagen, wird das Kind zum ersten Mal auf die Erde gesetzt.

Mit dieser Zeremonie wird der Übergang von der göttlichen in die menschliche Sphäre vollzogen. Die Mutter des Kindes bringt Opfergaben in den Pura Desa, um den Göttern mitzuteilen, dass das Dorf ein neues Mitglied bekommen hat. Bei der **Drei-Monatsfeier** nimmt ein Priester den ersten Haarschnitt vor. Der Säugling bekommt zudem Fußringe sowie Arm- und Halsbänder zum Schutz vor bösen Geistern. Nach 210 Tagen, am ersten Geburtstag, den die Familie mit einem Fest feiert, erhält das Kind vom Vater seinen Namen.

Vor allem Balinesen höherer Kasten richten für Mädchen anlässlich der ersten Monatsblutung eine **Pubertätszeremonie** aus. Drei Tage muss sich das Mädchen in Klausur begeben, bevor es mit Weihwasser gereinigt wird und, sichtbar zur Frau gereift, in ein kostbares Goldbrokatgewand gehüllt und mit einem Blumenkranz geschmückt in die Gemeinschaft zurückkehrt.

Zwischen Pubertät und Heirat müssen sich Mädchen und Jungen der sehr schmerzhaften Prozedur der **Zahnfeilung** unterziehen. Ein Priester schleift sechs obere Zähne, die vier Schneide- und die zwei Eckzähne, so weit ab, bis sie eine gerade Linie bilden. Mit dieser Zeremonie soll die Macht sechs schlechter Eigenschaften

Feste und Zeremonien

– Faulheit, Habgier, Fleischeslust, Jähzorn, Dummheit und Eifersucht –, die nur Dämonen mit langen spitzen Zähnen eigen sind, reduziert werden. Dabei müssen die Zahnspäne gesammelt werden, denn auch sie enthalten etwas Seelenhaftes. In einem Gefäß als Talisman aufbewahrt, schützen sie vor bösen Mächten.

Die Jugendlichen gelten nach dieser Zeremonie als Erwachsene und sind heiratsfähig. Ohne flach geschliffene Zähne darf kein Toter eingeäschert werden, denn er gilt als Dämon, der vom Kreislauf der Wiedergeburten ausgeschlossen ist. Aus Kostengründen begnügt man sich heute bisweilen damit, nur die beiden Eckzähne anzufeilen.

Wie das Abfeilen der Zähne werden **Hochzeitszeremonien** so prächtig gefeiert, wie es sich die Familie nur leisten kann. Oft finden bei Hochzeiten zur Unterhaltung des ganzen Dorfes nachts Theater- und Tanzaufführungen statt. Nach der Eheschließung folgt die Frau meist ihrem Gemahl in dessen Familienhof, falls beide verschiedenen Kasten entstammen, wechselt sie auch in dessen Kaste.

Auf Bali ist die **Leichenverbrennung** die prunkvollste aller Familienfeiern. Zwar bedeutet auch auf Bali das Ableben eines geliebten Menschen schmerzvollen Abschied, doch markiert der Tod nicht das Ende, sondern einen Neubeginn. Fundament des balinesischen Hinduismus ist der Glaube an den Kreislauf von Leben, Sterben und Wiedergeburt.

Nach hinduistischer Vorstellung ist der Leib das Gefäß der Seele, nur wenn er durch die reinigende Kraft des Feuers zerstört wird, kann sich diese von der alten Inkarnation lösen und eine neue, bessere eingehen. Der Tod wird nicht als ein endgültiges Dahinscheiden betrachtet, sondern als ein Übergang in eine andere Form des Seins. So ist die Einäscherung keine Zeremonie der Trauer und der Klage, sondern ein Anlass zur Freude.

Oft sind hunderte Menschen wochenlang mit den Vorbereitungen beschäftigt. Vor der Feuerbestattung müssen ein Transport- und ein reich geschmückter Verbrennungssarg hergestellt werden. Wichtig sind Symbolfiguren, die Eigenschaften des Verstorbenen darstellen und ihn auf dem Weg in die jenseitige Welt begleiten sollen.

Am großen Tag dann wird der Leichnam in einem Verbrennungsturm *(bade)*, der auf einer Bambusplattform steht, vom Familienanwesen zum Verbrennungsplatz gebracht. Mit dem mehrfach gestaffelten Pagodendach ähnelt der *bade* einem Meru, einem balinesischen Tempelturm. Die Zahl der Stockwerke hängt von der Kastenzugehörigkeit des Verstorbenen ab – elf stehen Brahmanen zu, *satria* und *wesia* hingegen nur sieben.

Während Angehörige der *Jaba*-Kaste ihre Himmelfahrt in einstöckigen Trageschreinen beginnen, sind die Verbrennungstürme für Verstorbene aus der Oberkaste meist riesige Bauwerke, die eine Höhe von 10 m und mehr erreichen können. Reich geschmückt mit Lametta, Glanzpapier, Blumensträußen und geschnitzten Dämonenmasken zur Abwehr Unheil bringender Geister, symbolisiert der Bambusturm den balinesischen Kosmos. Oft sieht man am

Balinesische Lebensart

Verbrennungszeremonie – ein Fest für das ganze Dorf

bade auch Darstellungen von Vishnus Reittier Garuda, der die Seele in die himmlischen Gefilde emportragen soll.

Die Prozession zum Verbrennungsplatz ist ein spektakuläres Schauspiel. Die oft tonnenschweren Verbrennungstürme für eine fürstliche Kremation werden von bis zu 200 jungen Männern unter Geschrei und Gelächter durchs Dorf getragen. An jeder Kreuzung und Weggabelung dreht man den *bade* einige Male im Kreis herum. Dies soll, verbunden mit häufigen Richtungsänderungen, die bösen Geister verwirren. Doch auch die Totenseele soll jede Spur zurück verlieren.

Am Verbrennungsplatz, der sich meist in der Nähe des Unterwelttempels befindet, bettet man den Leichnam in einen Kremationsschrein um, der ebenfalls auf den gesellschaftlichen Status des Verstorbenen hinweist. Je nach Kastenzugehörigkeit ist dies ein Sarkophag in Form einer weißen Kuh (für Brahmanen-Priester), eines schwarzen Stieres (für Angehörige des Hochadels), eines Hirsches oder geflügelten Löwen (für Mitglieder des niederen Adels) oder eines Fabelwesens, halb Elefant, halb Fisch (für einen *jaba*). Leute der untersten Kaste müssen sich mit einfachen Holzkisten begnügen.

Nach einer festgelegten Zeremonie, während der weiß gekleidete Oberpriester Gebetsformeln rezitieren und die sterblichen Überreste mit Weihwasser besprengen, beenden die Flammen den irdischen Werdegang. Sowohl Verbrennungsturm als auch -schrein werden in Brand gesetzt. Innerhalb weniger Minuten ist von den Kunstwerken, deren Herstellung Monate gedauert und ein Vermögen gekostet hat, nur noch ein Aschehaufen übrig. Alle Materie ist vergänglich, nur die Seele hat ewigen Bestand.

Nach der Kremation wird die weiße Knochenasche von der Holzasche getrennt und am folgenden Tag in einer Prozession zum Meer oder zu einem Fluss gebracht, um sie dem Wasser zu übergeben. Auf die Feuerreinigung folgt die Reinigung durch das Wasser. Jetzt erst ist die Seele von allen irdischen Bindungen befreit, kann zu den Göttern aufsteigen und in einem der Nachfahren wiedergeboren werden.

Tänze und Tanzdramen

Mit Ausnahme der eigens für Touristen arrangierten Veranstaltungen finden Tanzaufführungen stets im Rahmen festlicher religiöser Ereignisse statt. Weder Fernsehen noch Video oder andere moderne Errungenschaften haben vermocht, die Beliebtheit der Tanzzeremonien zu schmälern.

Wegen der religiösen und sozialen Bezüge war die Entwicklung der balinesischen Tanzkunst nie auf die Fürstenpaläste beschränkt. So steht denn der volkstümliche Tanzstil Balis in deutlichem Gegensatz zu den klassischen Tänzen Javas, bei denen es sich um ein aristokratisches Hofzeremoniell handelt. Während bei den gemessenen und beschaulichen Zeremonialtänzen, wie sie in Yogyakarta oder Surakarta lebendig sind, langsame, kontrollierte, fließende Bewegungen vorherrschen, sind die Darbietungen auf Bali dynamisch und leidenschaftlich.

Heute bieten in den Ferienzentren Hotels und zahlreiche Bühnen Vorführungen klassischer Tänze an, meist gekürzte, dem Geschmack der ausländischen Besucher angepasste Versionen. Trotz aller Kommerzialisierung haben diese Darbietungen ein hohes künstlerisches Niveau.

Dank der Aufführungen vor einem großen Publikum hat die balinesische Tanzkultur eine wahre Renaissance erlebt. Heute besitzt fast jedes Dorf eine eigene Tanzgruppe und ein eigenes Gamelan-Orchester. Schätzungen zufolge gibt es auf Bali rund 5000 Tanzensembles mit jeweils 30 bis 70 Mitgliedern, die tagsüber ihrem Broterwerb als Bauern und Handwerker nachgehen. Mit den Aufführungen für Touristen verdienen sich viele das Geld für die Erhaltung oder Neu-Anschaffung von Musikinstrumenten sowie der kostbaren Kostüme und Masken.

Gelegentlich werden diese Schautänze, zu denen auch das Tanzspiel Janger, der so genannte ›Affentanz‹ Kecak und der Solotanz Kebyar gehören, im Rahmen von Tempelfesten aufgeführt, dann aber nur im äußeren Tempelbezirk. Die heiligen Kult- und Opfertänze finden nur im inneren Tempelbereich statt, zu dem Fremde keinen Zutritt haben.

Zu den bekanntesten Tänzen gehört der **Baris,** den früher alle königlichen Sprösslinge männlichen Geschlechts beherrschen mussten. Er war ursprünglich ein Opfertanz, mit dem die Götter vor einem Kampf um Beistand und Segen gebeten wurden. Vorgeführt wird der Baris von mehreren in weiße oder schwarz-weiß karierte Gewänder

Balinesische Lebensart

gehüllte Männer, die eine dreieckige Kopfbedeckung und Speere oder Schwerter tragen. Beim Baris folgen nicht die Tänzer der Musik, das Gamelan-Orchester untermalt mit an- und abschwellender Lautstärke sowie ständig wechselnden Rhythmen das stilisierte Kampfgeschehen.

Der bei Bali-Besuchern beliebte **Barong-** oder **Kris-Tanz** ist eine symbolische Darstellung des Konflikts zwischen Gut und Böse. Die beiden Hauptakteure Barong und Rangda kommen aus der jenseitigen Welt und stehen einander in ewiger Feindschaft gegenüber. Trotz seines wilden Aussehens und seiner Furcht erregenden Gebärden verkörpert der Barong, ein drachenähnliches Ungeheuer mit Löwenmähne, gewaltigen Eckzähnen und hervorquellenden Augen, als Beschützer der Menschheit das positive Prinzip. Machtvoll kämpft er gegen die noch mehr Furcht einflößendere Hexe Rangda, als Königin der unteren Welt die Inkarnation des Bösen.

Das Barong-Drama wird – abgesehen von den für Touristen inszenierten Veranstaltungen in Batubulan bei Denpasar – aufgeführt, wenn das Böse die Oberhand gewinnt und der Dorfgemeinschaft ernste Gefahr droht.

Der in den 1930er Jahren auf Nord-Bali entstandene, in Tranceceremonien wurzelnde **Janger** wird von je einem Dutzend Mädchen und Jungen sowie einem Leittänzer dargeboten. Den Themen liegen Episoden aus dem »Mahabharata« zugrunde (s. S. 56).

Bei dem pantomimischen Maskentanz **Jauk** ist der Solotänzer an keinen festen Handlungsablauf gebunden, hat also Spielraum für Improvisationen. Durch plötzliche Wendungen und ruckartige Bewegungen des Tänzers entsteht eine Spannung, die anderen balinesischen Tänzen gänzlich fehlt. Die musikalische Untermalung des Gamelan-Orchesters richtet sich nach dem Tänzer, der als Verkörperung einer Dämonengestalt eine weiße Maske mit Furcht erregenden Fangzähnen sowie Handschuhe mit langen Krallen trägt. Der Jauk hatte die gleiche Funktion wie die steinernen Wächterdämonen und -hexen an den Tempelportalen – er diente als Unheil abwehrender Ritus.

Weil bei ihm auch Zuschauer einbezogen werden, bildet der volkstümliche **Joged Bumbung** die große Ausnahme unter den balinesischen Tänzen. Zu den Klängen eines Bambus-Gamelan tanzt eine Solotänzerin einige Motive des Legong, bevor sie durch Berühren mit ihrem Fächer einen der zuschauenden Männer zum Mittanzen auffordert. Handelt es sich bei dem Partner um einen tanzerfahrenen Balinesen, so kann sich daraus ein improvisiertes Tanzspiel von hohem künstlerischen Niveau entwickeln, das nicht selten auch erotische Elemente beinhaltet. Wählt die Tänzerin jedoch einen Ausländer aus dem Publikum, so nimmt der Tanz zur großen Erheiterung der Zuschauer sehr schnell komische Züge an.

Die meisten balinesischen Tänze sind erdverbunden – der Gestik und Mimik kommt eine sehr viel größere Bedeutung zu als der Beinarbeit. Dies gilt vor allem für den **Kebyar Duduk,** einen Solotanz. Bei diesem Sitztanz werden die Beine nicht bewegt. Allein mit Oberkörper und Kopf sowie mit

Tänze und Tanzdramen

Barong – einer der spektakulärsten balinesischen Tänze

dem Spiel der Augen drückt der Tänzer die Launen und Stimmungen eines heranwachsenden Jünglings aus. Seine Bewegungen müssen die komplizierten Klangbilder des Gamelan-Orchesters widerspiegeln, Hörbares visualisieren.

Kaum einen Bali-Besucher lässt die Dramatik und Virtuosität der Darsteller des ›Affentanzes‹ **Kecak,** Balis einzigem Tanz ohne Gamelan, unbeeindruckt. Ursprünglich ein wichtiger Bestandteil magischer Beschwörungs- und Reinigungszeremonien, wurde der Kecak nur in Zeiten drohender oder herrschender Epidemien zur Vertreibung der Krankheitsdämonen getanzt. In der heutigen Form ist er eine Kreation der 1930er Jahre.

An der Transformation des Kecak war der deutsche Maler Walter Spies maßgeblich beteiligt, der mit balinesischen Tänzern die Choreografie des Kecak für den Film »Die Insel der Dämonen« übernahm. Die lautmalerische Ekstase des Kecak begleitet heute Episoden aus dem »Ramayana«. Eine Männergruppe, die um eine von Fackeln oder Öllampen beleuchtete Tanzfläche hockt, übernimmt den Part des von Hanuman geführten Affenheeres, was dem Kecak den Beinamen eingebracht hat. Charakterisiert wird dieses Rhythmusspiel, das bisweilen von über 100, nur mit einem schwarzweiß gewürfelten Hüfttuch bekleideten Männern dargeboten wird, durch sich ständig wiederholende Bewegungen des Kopfes, der Arme und des Oberkörpers. Die Akteure versetzen mit ihren monotonen »Ke-tschak, Ketschak«-Rufen einen der Darsteller in

Hindu-Epen

DIE GROSSEN HINDU-EPEN »RAMAYANA« UND »MAHABHARATA«

Auf Bali werden alte Epen, Legenden und Märchen durch Tänze und Tanzdramen sowie durch das Schattenspiel immer wieder zum Leben erweckt. Die beliebtesten Erzählungen sind die Sanskrit-Dichtungen des »Ramayana« und des »Mahabharata«. Die großen Hindu-Epen verbreiteten sich mit den indischen Religionen über das südöstliche Asien, von Thailand und Kambodscha über Malaysia bis nach Indonesien. Das Grundmotiv ist der ewig währende Kampf zwischen den Mächten des Guten und des Bösen.

Im »Ramayana« verkörpern Rama, Sita und Lakshmana, unterstützt vom weisen Affen Hanuman, das positive Prinzip. Als Inkarnation Vishnus stellt Rama den Idealmenschen dar – er ist tapfer, edel und tugendhaft. Seine schöne Frau Sita verkörpert die perfekte Gemahlin, ein Vorbild ehelicher Treue und Liebe. Ramas Bruder Lakshmana versinnbildlicht brüderliche Ergebenheit und Tapferkeit. Als Widersacher und Repräsentant des Bösen tritt der Dämonenkönig Ravana mit seiner Gefolgschaft übel wollender Riesen auf. In rund 24 000 Doppelversen beschreibt das »Ramayana« die Geschichte des Helden Rama, die Entführung und spätere Befreiung seiner Gattin Sita. Das Heldenepos entstand vermutlich zwischen dem dritten vorchristlichen und dem zweiten nachchristlichen Jahrhundert als Zusammenfassung noch älterer Mythen.

Mit rund 100 000 Doppelversen gilt das »Mahabharata« als längste zusammenhängende Dichtung der Welt. Der Kern, der etwa im vierten vorchristlichen Jahrhundert entstand, wird dem Dichter Vyasa zugeschrieben, im Laufe der nachfolgenden acht Jahrhunderte kamen neue Episoden hinzu. Das »Mahabharata« schildert den Machtkampf zwischen zwei Zweigen der königlichen Bharata-Dynastie, den edlen Pandava und den missgünstigen Kaurava, die wiederum das Gute und das Böse versinnbildlichen. Nach Intrigen und kriegerischen Auseinandersetzungen kommt es zur Entscheidungsschlacht, aus der die Pandava siegreich hervorgehen. Sie verzichten jedoch auf den Thron, um sich einem asketischen Leben zuzuwenden. Die wichtigsten Figuren dieses Heldengedichts sind als Verkörperung des Guten Arjuna, sein Bruder Bima und Krishna, eine Inkarnation Vishnus und Schwager Arjunas, sowie als Symbol des Bösen Duryodhana, der Führer der Kaurava.

In den Handlungsablauf sind religiös-moralische Gespräche eingeflochten, welche die Grundlagen der hinduistischen Religion verdeutlichen. Einer der Dialoge ist die »Bhagavadgita«, das Zwiegespräch zwischen dem Helden Arjuna und seinem Schwager Krishna, in dem sich der Gott Vishnu verkörpert. Arjuna ist voller Zweifel und Schmerz über den bevorstehenden Bruderkrieg, doch Krishna befreit ihn von den Skrupeln, gegen die eigenen Verwandten die Waffen zu erheben.

Trance. Dieser ist nun in der Lage, über glimmende Kokosnusshälften zu laufen, ohne sich dabei die Füße zu verbrennen (s. S. 40).

Fester Bestandteil touristischer Tanzveranstaltungen ist der **Legong.** Diesen anmutigsten unter den Tänzen Balis gibt es in verschiedenen Variationen. Am bekanntesten ist der Anfang des 19. Jh. entstandene Legong Kraton, der ursprünglich zur Unterhaltung der Raja-Familie diente. Drei in Goldbrokatgewänder gehüllte Tänzerinnen, die als Kopfschmuck eine Krone aus Frangipani-Blüten tragen, stellen eine Legende aus dem 13. Jh. dar.

Zur Eröffnung von Legong-Aufführungen wird heute häufig der **Pendet** getanzt, oft von fünf oder sechs Jahre alten Mädchen.

Ein sehr populärer Solo-Maskentanz, der im Rahmen von Legong-Aufführungen für Touristen gezeigt wird, ist der **Topeng Tua.** Bei der bedächtigen Tanzpantomime imitiert der Akteur die unsicheren und schmerzhaften Bewegungen eines Greises.

Wayang Kulit – Spiel der tanzenden Schatten

Das flackernde Licht eines Öllämpchens wirft Schatten auf eine Leinwand. Sie gestikulieren, zucken, tanzen, kämpfen gegeneinander. Bisweilen verschwindet eine Figur und eine andere taucht auf. Ohne Mühe erkennen die Zuschauer die Kombattanten: den edlen Fürsten, die zarte Prinzessin, den tapferen Krieger, den bösen Dämonenkönig. Begleitet wird das Schattenspiel von einem Gamelan-Orchester, das sich bei dramatischen Szenen zu stürmischen Rhythmen steigert. Ab und zu huscht eine Fledermaus durch den nachtschwarzen Himmel. Es ist bereits weit nach Mitternacht, aber keiner der Zuschauer kann sich losreißen von diesem Ritual, das die Kultur Balis vielleicht am deutlichsten widerspiegelt. Niemand weiß, wie lange das Spiel dauern wird, vielleicht bis drei oder vier Uhr morgens. Aber keiner wird nach Hause gehen, bevor nicht der Puppenspieler den *kekayon,* das Symbol für die Weltachse, in die Mitte vor die Leinwand gestellt hat – das Zeichen dafür, dass die lange Vorstellung zu Ende ist.

Trotz Fernsehen, Video und Kino erfreut sich das jahrhundertealte Wayang Kulit, das Schattenspiel mit flachen Puppen aus Leder *(wayang* – Schatten, *kulit* – Leder), auch heute noch einer ungebrochenen Popularität, nicht nur auf Bali und Java, sondern fast überall in der indonesischen Inselwelt. Ursprünglich war das aus vorhinduistischer Zeit stammende Wayang Kulit eine magisch-kulthafte Handlung, die dazu diente, böse Geister zu bannen sowie Kontakt mit den Ahnen aufzunehmen, die symbolisch in Gestalt der Schatten auf der Leinwand erscheinen. Auch heute noch ist es weit mehr als Puppentheater oder Volksbelustigung. Es gilt noch immer als eine magische Handlung, mit der die Verbindung zwischen den drei kosmischen Sphären hergestellt sowie die Ordnung des Universums erneuert und gestärkt wird.

Handelt es sich nicht um Vorführungen für Touristen, werden Schatten-

Balinesische Lebensart

Das Spiel der Schatten – Wayang Kulit

spiele nicht zu beliebigen Zeiten aufgeführt, sondern stets im Rahmen religiöser Zeremonien, etwa bei Tempelfesten, Hochzeiten und Totenverbrennungen. Eine Wayang-Kulit-Vorführung dauert normalerweise die ganze Nacht hindurch, von der Abenddämmerung bis zum Morgengrauen, wobei der Handlungsverlauf gegen Mitternacht seinen Höhepunkt erreicht. Die Themen stammen der hindu-javanischen Epoche, vor allem aus dem »Ramayana« und »Mahabharata« (s. S. 56). Grundmotiv ist der ewig währende Kampf zwischen den Mächten des Guten und des Bösen.

Die Schlüsselfigur bei einem Schattenspiel ist der *dalang*. Er ist eine hoch angesehene Persönlichkeit im Rang eines priesterlichen Zeremonienmeisters, der auf magische Weise die Verbindung zwischen der Sphäre der Menschen und der oberen oder unteren Welt herstellt. Ein guter *dalang* führt nicht nur gleichzeitig bis zu acht Figuren, sondern spricht auch alle Rollen, wozu er die verschiedenen Sprachebenen fließend beherrschen muss. So sprechen in einem Schattenspiel Personen von Stand im alt-javanischen Kawi und die Gottheiten in Sanskrit, während die Narren dem Publikum die Geschichte in ihren auf Nieder-Balinesisch abgegebenen Kommentaren verständlich machen.

Der *dalang* ist zudem Dirigent des hinter ihm sitzenden Gamelan-Orchesters – die Zeichen zum Einsatz gibt er, indem er mit einem Hämmerchen, das er zwischen die Zehen geklemmt hat,

an die Requisitenkiste klopft. Eindrucksvoll ist seine Gedächtnisleistung, denn er muss sämtliche Texte auswendig beherrschen.

Während der Aufführung sitzt der *dalang* hinter einem Holzrahmen, der mit einem weißen, transparenten Stoff bespannt ist. Über seinem Kopf brennt ein Öllämpchen oder eine Glühbirne, deren Licht die Schatten der Puppen auf die Leinwand wirft. Die zweidimensionalen, aus gegerbtem Büffelleder gefertigten Wayang-Kulit-Figuren steckt der *dalang* mit Haltestielen aus Horn in zwei

Gamelan-Orchester

und Reife zum Ausdruck, wohingegen Rot für Aggression und Unbeherrschtheit steht. Ein kompletter Figurensatz besteht aus rund 300 Lederpuppen.

Das balinesische Gamelan-Orchester

Folgt man auf Bali den Klängen eines Gamelan-Orchesters, so kann man sicher sein, auf eine Tempelzeremonie, eine religiöse Prozession oder auf eine Tanzaufführung zu stoßen. Wenn auch die Ursprünge dieser Musik, deren Bezeichnung sich von *gamel* (Hammer) ableitet, wohl in Java zu suchen sind, prägen sich die Klänge doch nirgendwo nachhaltiger ein als auf Bali.

Für abendländische Ohren klingen die Gamelan-Melodien zunächst ungewohnt. Einen Zugang findet man als Europäer nur schwer, da Melodik, Rhythmik und Harmonik anderen Gesetzen folgen als in der westlichen Musik. So basieren die beiden Tonleitern, das heitere Fünftonsystem Slendro und das ernste siebentonige Pelog, auf uns nicht vertrauten Intervallen. Anders als die westliche Musik besitzt die Musik Balis nicht den Charakter einer selbstständigen Kunst, sondern dient in erster Linie zur Begleitung der Ritualtänze und Tanzdramen sowie zur musikalischen Untermalung der Schattenspiel-Darbietungen.

Bananenstämme, zu seiner Rechten die Guten, zu seiner Linken die Bösen.

Die Gestalten und deren Charaktere können die Zuschauer während des Spiels an der Gesichtsform erkennen, im ›Ruhezustand‹ zudem an Symbolfarben. Während bei edlen Gestalten wie Göttern und Helden Nase und Stirn eine gerade Linie bilden und die Augen mandelförmig sind, zeichnen sich Dämonen und Bösewichter durch Knollennasen und Glotzaugen aus. In einer schwarzen Gesichtsfarbe kommen positive Eigenschaften wie Besonnenheit

Auf Bali gibt es rund 300 große und mehrere tausend kleinere Gamelan. Am häufigsten zu hören ist das große Gamelan Gong (auch Gong Gede). Es besteht aus 30 bis 40 Musikern, die bis zu 80 Instrumente spielen.

Balinesische Lebensart

Der Klang des Gamelan bleibt Bali-Besuchern noch lange im Ohr

Während in westlichen Orchestern Saiten- und Blasinstrumente dominieren, ist ein Gamelan ein Ensemble von Schlagspielen. Die rhythmisch kontrapunktierenden **Kendang,** mit beiden Händen geschlagene Trommeln, geben die Tempi vor. Der erste Kendang-Spieler gibt als Leiter des Orchesters die Einsätze.

Wichtige Instrumente zum Spielen der Kernmelodie sind die **Gender** (Metallofone mit Bambus-Resonanzkörpern, bei denen der Musikant mit einem Hämmerchen die schwebend aufgehängten Metallstäbe anschlägt und sie mit der Hand sofort wieder abdämpft), die **Gambang** (Xylofone mit Holztasten) und die **Reyong** (lang ausklingende Kesselgongspiele, die aus Doppelreihen kleiner liegender Gongs bestehen). Größere Bronzegongs bringen die Grundstruktur des Musikstücks zum Ausdruck. Nicht fehlen dürfen die **Cengceng** (kleine Handzimbeln) und als einzige Blasinstrumente die **Suling** (Bambusflöten). Besondere Akzente setzen die **Rebab** (zweisaitige Streichinstrumente, die den Celli verwandt sind).

Die Vielschichtigkeit der Gamelan-Melodien und ihre rasante Tonfolge ergeben sich aus dem Zusammenspiel, bei dem eine Gruppe der Musiker auf ein Zeichen des Orchesterleiters hin eine andere ergänzt oder ablöst. Solodarbietungen sind beim Gamelan nicht gefragt, sondern die Fähigkeit, sich in das Orchester einfügen zu können. Gamelan-Musiker kennen keine Noten, die Klangbilder werden im Gedächtnis gespeichert und von Generation zu Generation weitergegeben.

KUNST UND KUNSTHANDWERK

Mitte des 17. Jh. zerfiel Bali in ein Dutzend Fürstentümer. Die ständig im Fehdezustand lebenden Rajas wetteiferten auch bei der Ausschmückung ihrer Paläste und Tempel, in der Qualität der Musik und der Tänze, mit denen sie die Götter hofierten und ihre Gäste unterhielten. Auch der rangniedrigste Untertan war verpflichtet, hierzu seinen Beitrag zu leisten.

So lernte jeder Balinese ungeachtet der Kastenzugehörigkeit die Steinmetz- oder Holzschnitzkunst, die Malerei oder den Tanz. Begabung als Bildhauer oder Maler, Tänzer oder Musiker scheint Balinesen so selbstverständlich zu sein, dass man Künstlern keine Sonderstellung einräumt und für Kunst auch keine Bezeichnung hat. Natürlich sind sie angesehene Mitglieder der Gemeinschaft, aber sie gehen im Alltag einem Hauptberuf nach, meist dem des Reisbauern oder Handwerkers.

Ursprünglich begriff man auf Bali jegliches künstlerische Tun als ein Wirken im Auftrag der Götter. Die Religion erforderte eine stetige Erneuerung der Verbindung mit den Gottheiten und vergöttlichten Ahnen, und so entfalteten die Menschen alle ihre künstlerischen und handwerklichen Fähigkeiten in der Erfüllung dieser Pflicht.

Steinmetzkunst

Eines fällt Besuchern balinesischer Tempel und Fürstenpaläste sofort auf – die verschwenderische Ausstattung mit steinernen Schmuckornamenten. Vor allem die Fassaden nord-balinesischer Tempel werden von einem nahezu lückenlosen Mantel aus Reliefs, Steinfiguren, Arabesken und anderen Zierelementen überzogen.

Typisch ist die Verschmelzung von Relief und Vollplastik: Köpfe, die zu frei stehenden Statuen gehören könnten, gliedern sich in Basreliefs ein, diese gehen oftmals in die dreidimensionale Gestaltung der Bauplastik über. Im üppigen Ornament spiegelt sich ein Aspekt balinesischer Weltanschauung wider: Wie sich der Einzelmensch harmonisch in die Gemeinschaft einzugliedern hat, so muss auch das einzelne Schmuckelement als Detail des Dekors zum Gesamteindruck beitragen.

Thematisch dominieren bei den Flachreliefs im Süden Balis Szenen aus den Hindu-Epen »Ramayana« und »Mahabharata« (s. S. 56), während man im Norden Darstellungen aus dem Alltagsleben oder westlich inspirierte Themen einbezieht. An den Wänden nord-balinesischer Tempel entdeckt man häufig erotische Motive. Einen exponierten Platz unter den Ornamenten nimmt das alt-indische Hakenkreuz ein, ein Symbol für Glück, Fruchtbarkeit und Wohlstand.

Während es in jedem balinesischen Tempel fantasievolle Bildnisse von Dämonen und Hexen gibt, die mit ihrem Furcht erregenden Aussehen Unheil bringende Wesen abwehren sollen, sucht man vergeblich nach Götterstatuen. Anders als in den hinduistischen Tempeln Indiens werden auf Bali die

Magischer Dolch

DER KRIS

Der Kris, der traditionelle Dolch des indonesischen Archipels, ist viel mehr als eine einfache Stichwaffe. Einstmals war er das wichtigste Attribut eines jeden erwachsenen Mannes und versinnbildlichte dessen soziale Stellung. Mehr noch, er galt als ein ›beseeltes‹ Objekt, als ›zweites Ich‹ seines Besitzers, als eine Verbindung zu den Ahnen und als Schutz vor Feuer, Unwetter, Krankheit und anderem Unheil. Obwohl die magisch-religiöse Funktion des Kris im Laufe der Jahrhunderte an Bedeutung verloren hat, spielt der Dolch auf Bali noch immer bei vielen Zeremonien eine ganz besondere Rolle.

Der Bräutigam trägt den Kris bei der Hochzeitsfeier, der Knabe bei der Zahnfeilung und der *dalang* bei den Schattenspielaufführungen (stets auf dem Rücken, in den Gürtel gesteckt). Da sich in ihm die Kraft der Ahnen konzentriert, ist ein Kris das wertvollste Erbstück, das ein Sohn besitzen kann. Er wird sorgsamst gehütet und im heiligen Familientempel aufbewahrt. Für fremde Hände ist er absolut tabu. In traditionsbewussten balinesischen Familien betet man vor wichtigen Entscheidungen auch heute noch zu dem magisch geladenen Familien-Kris, an bestimmten Feiertagen bringt man ihm Opfer dar.

Als heiligstes Teil an einem Kris gilt die doppelschneidige Klinge, die stets die mythische Naga-Schlange und die ihr innewohnende magische Kraft symbolisiert, entweder im Zustand der Ruhe und Kontemplation (gerade Form) oder in Bewegung (gewellte beziehungsweise geflammte Form). Die Klingen kostbarer Dolche werden in einem sehr langwierigen und komplizierten Verfahren aus stark nickelhaltigem Meteoreisen und normalem Eisen zusammengeschmiedet (damasziert) und mit feinen, kunstvollen Ornamenten versehen. Nicht weniger aufwändig gestaltet sind die aus Holz, Elfenbein oder Edelmetall bestehenden Griffe, die häufig bekannte Figuren der hindu-balinesischen Mythologie zeigen. Auch Material und Machart der Kris-Scheiden mussten früher unbedingt dem sozialen Status des Trägers entsprechen.

Da die Schmiedekunst nach alten Überlieferungen den Menschen einst von den Göttern anvertraut wurde, war und ist die Herstellung eines Kris ein von aufwändigen Zeremonien begleiteter sakraler Akt. Der Kris-Schmied (auf Bali *pande wai*, auf Java *empu*), eine hoch geachtete Persönlichkeit mit priesterähnlicher Funktion, darf seine Arbeit nur an einem Glückstag beginnen und muss vor und während des Schmiedens Opfer bringen.

Mittlerweile ist die Herstellung von Krisen eine aussterbende, nur noch von wenigen Spezialisten praktizierte Kunst. Die meisten Waffenschmiede sind inzwischen Kunsthandwerker ohne magische Berufung, die billige Imitationen oder Fantasiedolche für den Touristenmarkt produzieren. Einen Pseudo-Kris kann man im Souvenirgeschäft für ein paar Euro erstehen. Ein beseelter Kris hingegen ist unverkäuflich.

Götter als geistige Mächte und nicht als Wesen verehrt.

Der weiche, vulkanische Tuffstein ist zwar ein ausgezeichneter Werkstoff, zersetzt sich jedoch bei der Luftfeuchtigkeit rasch. Da die Balinesen sich verpflichtet fühlen, ihre Tempel zu unterhalten, steht das Steinmetzhandwerk in dauerhafter Blüte.

Holzschnitzkunst

Neben traditionellen Schnitzereien wie Gefäßen und Schlitztrommeln für den kultischen Gebrauch schufen balinesische Holzschnitzer früher Helden- und Dämonenfiguren sowie andere Elemente zur Ausschmückung ihrer Tempel und der Fürstenpaläste.

Erst Mitte des 20. Jh. löste sich die Holzschnitzerei von den Vorbildern aus der Architektur – die Schnitzerei entwickelte sich zu einer eigenständigen Kunstgattung. Eine Quelle der Inspiration für Holzschnitzer ist die Welt der Sagen und Mythen mit Helden, Fabelwesen und Dämonen. Charakteristisch sind lang gestreckte, überschlanke Figuren. Als Material dient häufig Ebenholz. Aus lokalem Weichholz hergestellte, bemalte Schnitzereien, etwa Früchte und Tiere, sind sehr preiswert und werden in Massenproduktion gefertigt.

Handwerklich solide geschnitzte Holzmasken kann man überall kaufen. Doch sie haben nichts mit den heiligen Masken zu tun, die, begleitet von Ritualen an astronomisch günstigen Tagen, nur für zeremonielle Anlässe geschaffen werden.

Malerei

Noch bis weit in die 30er Jahre des 20. Jh. hinein führte die Malerei auf Bali ein Schattendasein. Seither spielt sie jedoch eine wichtige Rolle unter den Kunstformen, was in erster Linie auf westliche Einflüsse zurückzuführen ist. Die traditionelle balinesische Malerei war in einem strengen, formalen Gestaltungsschema erstarrt und diente fast ausschließlich der Ausschmückung von Tempeln und Palästen.

Das Wayang Kulit beeinflusste die klassische Malweise, zweidimensionale Menschendarstellungen ähnelten den Schattenspielfiguren (daher auch die Bezeichnung Wayang-Stil). Die Maler schöpften ihre Motive aus der Hindu-Mythologie. Auch heute wird der im 17. Jh. entstandene Wayang-Stil noch gepflegt.

Parallel zur Malerei entwickelte sich beim Kopieren älter Manuskripte eine grafische Kunst, die Lontar-Malerei, die heute noch einige Spezialisten im Bali-Aga-Dorf Tenganan beherrschen. Mit einer Eisenfeder ritzen sie alt-balinesische Texte in der Ritualsprache Kawi mit kleinstformatigen Illustrationen in 3 cm breite und 40 bis 60 cm lange Blätter der Lontar-Palme und schwärzen die Gravuren anschließend mit einem Gemisch aus Öl und Ruß. Die Einzelblätter, in längliche Streifen geschnitten, werden dann zwischen zwei verzierte Holzdeckel eingebunden. Alte Lontar-Manuskripte bewahrt man in der Bibliothek des Kirtya-Instituts in Singaraja auf.

Ein Wandel vollzog sich in der balinesischen Malkunst Anfang der 30er

Kunst und Kunsthandwerk

Gemälde von Arie Smit, der die Schule der jungen Künstler gründete

Jahre des 20. Jh. unter dem Einfluss europäischer Künstler. Walter Spies und Rudolf Bonnet regten einheimische Künstler an, mit neuen Stilelementen und Inhalten zu experimentieren. Stoffe und Naturfarben wurden von Papier und Tusche bzw. von Leinwand und Tempera abgelöst. Formal vollzog sich der Übergang von zwei- zu dreidimensionalen Darstellungen, wobei die Vorliebe für das Ornamentale bei der detailgenauen Gestaltung von Bäumen und Blüten erhalten blieb.

Es entwickelte sich eine Synthese aus mythologischen Motiven mit wirklichkeitsnahen Elementen, in welcher der Realismus immer breiteren Raum einnahm. Neben die Götter und Dämonen traten Alltagsszenen aus dem Leben der Dorfgemeinschaft. Erstmals entstanden eigenständige Stile. Während Gemälde früher meist in gemeinschaftlicher Arbeit hergestellt wurden, setzte sich jetzt ein individueller Arbeitsstil durch und balinesische Maler signierten nun auch ihre Werke.

In Ubud, das als Zentrum der Malerei auf Bali gilt, gründeten Bonnet und Spies 1936 mit Unterstützung des Aristokraten Cokorda Gede Agung Sukawati und in Zusammenarbeit mit dem Künstler I Gusti Nyoman Lempad die Künstlervereinigung **Pita Maha** (Großes Bestreben). Hauptanliegen dieser etwa 125 Mitglieder zählenden Gruppe war die Förderung junger Künstler sowie die Organisation von Verkaufsausstellungen.

Die Nachfolgeorganisation **Ratna Warta** fördert noch heute junge Nachwuchskünstler. In Penestanan bei Ubud entstand Ende der 1950er Jahre unter der Ägide des holländischen Malers Arie Smit die Schule der jungen Künstler. Einen Überblick über die Entwicklung der balinesischen Maler im 20. Jh. vermitteln die Kunstmuseen in Ubud.

ESSEN UND TRINKEN

Gaumenfreuden für Götter und Menschen

Odalan – bereits am frühen Morgen des Jahrestages der Tempelweihe herrscht im Vorhof des Pura Desa Hochbetrieb. Einige Männer und Frauen schlachten ein Schwein, andere bearbeiten auf großen Hackbrettern das Fleisch, wieder andere zerkleinern Zwiebeln und Gemüse. Unter Anleitung des Küchenchefs wird geschält und geschnitten, gehackt und gemörsert, gebraten und gegrillt.

Bald füllen Rauchschwaden aus Feuern von Kokosnussschalen das Tempelareal. Es duftet nach frisch gebratenen Hühnchen und Saté, Holzspießchen mit gegrillten Fleischwürfeln von Huhn oder Schwein. Für den Geschmack und die Haltbarkeit der Speisen sorgen Gewürze und Kräuter wie Chili und Ingwer, Muskat und Gewürznelken, Kardamon und Gelbwurz, Zitronenblätter und Garnelenpaste. Ein feines Aroma erhalten viele Gerichte durch die Zugabe von Kokosmilch. In der Luft hängt der würzig-süßliche Duft von Kretek, der mit Gewürznelken aromatisierten Zigaretten. Bei all dem Treiben in der Tempelküche herrscht Lärm.

Auf Betrachter wirkt das alles chaotisch. Dabei läuft der Kochbetrieb nach Vorschriften ab, die festlegen, welche Gerichte nach welchen Rezepten zubereitet werden müssen. Wichtig ist, dass die farbliche Komposition der Menüs, die von hohem Symbolgehalt ist, strikt eingehalten werden.

So stehen manche Speisen – je nachdem, welchen Farbton sie aufweisen – mit bestimmten Göttern in Zusammenhang. Bei keinem balinesischen Festmahl darf *lawar* fehlen, eine Mischung aus Fleisch mit zerkleinertem Gemüse, Gewürzen und Schweineblut. Tendiert die Farbe des Gerichts mehr zu Rot, besteht eine Verbindung zum Schöpfergott Brahma, überwiegt Grün, ist die Speise mit Vishnu, dem Welterhalter, verknüpft.

Weitere kulinarische Köstlichkeiten sind in Bananenblättern gegarte Ente und über offenem Feuer gegrilltes Spanferkel. Zu jedem Festbankett gehört auch *saté lilit*, meist höllisch scharfes Hühner- oder Fischhack am Spieß.

Die Zubereitung der Speisen für die Götter und die zu Gast geladenen Ahnen ist den Männern vorbehalten. Frauen sind in der Tempelküche allein für die riesigen Reisportionen zuständig. Gekocht, zu Reishügeln aufgeschichtet, symbolisieren sie den kosmischen Himmelsberg Meru.

Traditionelle Esskultur

Während bei einer religiösen Zeremonie ein gemeinsames Mahl nicht fehlen darf, messen Balinesen im Alltagsleben dem Essen im Familienkreis keine Bedeutung bei. Zum einen, weil dies nicht ihrer traditionellen Esskultur entspricht, zum anderen, weil aufwändige Mahle die finanziellen Möglichkeiten der meisten Familien übersteigen.

Imbissstände oder Restaurants

WARUNG ODER RESTORAN?

Die Imbissstände unter freiem Himmel, die nicht nur preiswerte, sondern auch frische authenische balinesische Gerichte anbieten, werden *warung* genannt. Oft formieren sich die meist auf ein Gericht spezialisierten Ein-Mann-Küchen von den frühen Abendstunden an zu Nachtmärkten. Auch als Tourist sollte man seine eventuelle Abneigung gegen die zahllosen mobilen Essensstände bald ablegen, denn sie sind meist gar nicht übel, und den Magen und damit wertvolle Urlaubstage kann man sich auch in ›guten‹ Restaurants verderben.

Ein *warung* kann auch ein kleines Lokal sein, etwa eine Bretterbude mit einem Tisch und zwei Bänken davor, die ein Sonnendach überspannt. Andere billigere Restaurants, die man gehäuft an der Peripherie von Märkten oder in der Nähe von Busbahnhöfen findet, tragen zumeist die Bezeichnung *rumah makan* (Haus, in dem man isst). Insbesondere während der Mittagshitze ist es in diesen einfachen, oft von Ventilatoren gekühlten Lokalen wesentlich angenehmer als in den *warung*. Deutlich besser ausgestattet, etwa mit einer Klima-Anlage, sind die *restoran*, auf deren Speisekarten neben indonesisch-balinesischen häufig auch europäische Gerichte stehen. Messer sucht man in allen Lokalitäten vergeblich, denn es wird alles bereits kleingeschnitten serviert. In *warung* ersetzen häufig die Finger, und zwar die der rechten Hand, das Besteck.

Auf dem Lande kochen Frauen morgens vor der Feldarbeit die Speisen für den ganzen Tag vor. Diese werden dann zu einem Buffet aufgebaut, von dem sich jeder bedient, wann immer er Hunger hat. Im Gegensatz zu den oft Stunden dauernden Festbanketten, ist für Balinesen im Alltag Essen nichts anderes als Nahrungsaufnahme: Man isst schnell und allein.

Basis der meisten Mahlzeiten ist *nasi putih,* weißer, gedünsteter Reis. Als Beilage kommt bei einfachen Leuten Gemüse auf den Tisch, nur ab und zu Fleisch und ganz selten Fisch. Balinesen verzehren die kalten oder lauwarmen Gerichte mit den Fingern der rechten Hand. Sehr beliebt zum Frühstück ist Reisbrei mit ein wenig Huhn. In Bananenblättern gegarten Reis nehmen Bauern mit zur Arbeit auf den Feldern.

Balinesische Spezialitäten

Touristen, die auf Bali balinesisch essen möchten, stehen oft vor einem Problem – fast überall wird heute international gekocht. Auf den Speisekarten dominieren Spaghetti Marinara oder Wiener Schnitzel und Fish and Chips oder dem westlichen Geschmack angepasste indonesische Gerichte. Für Fremde ist die reine balinesische Küche vor allem wegen der Schärfe recht ungewohnt. Wirklich authentische balinesische Speisen findet

Balinesische Spezialitäten

man selten, weil sie meist nur für große Feste zubereitet werden.

Mittlerweile gibt es aber auch in den Touristenzentren Restaurants, die inseltypische Spezialitäten anbieten. Wird man nicht fündig, macht man es am besten den Einheimischen nach und probiert die Speisen der mobilen Garküchen.

Wasser oder Bier?

Tee ist das populärste und neben (Mineral-) Wasser auch billigste Getränk. Man trinkt ihn heiß oder mit Eiswürfeln gekühlt (*teh panas* oder *teh es),* mit oder ohne Zucker (*teh manis* oder *teh pahit).* Das zweite Nationalgetränk, Kaffee, wird ähnlich wie türkischer Mokka mit Bodensatz zubereitet. Fruchtsäfte, etwa Orangensaft *(air jeruk)* erhält man oft frisch gepresst. Als Erfrischung sehr zu empfehlen: *es kelapa muda,* der mit Eiswürfeln gekühlte Saft junger Kokosnüsse.

Während bei Touristen die einheimischen, unter holländischer, dänischer und deutscher Lizenz gebrauten Biere sehr beliebt sind, trinken Balinesen gern den leicht säuerlichen Palmwein *tuak* oder den Reiswein *brem*. *Arak*, ein aus *tuak* oder *brem* destillierter Branntwein, eignet sich besonders gut für Cocktails und Longdrinks. Aus den an der Nordküste reifenden roten Trauben wird der Hatten-Wein, ein leichter Rosé, gekeltert.

Fast Food auf Balinesisch – Reis in einem Bananenblatt

Tipps für Ihren Urlaub

Für Wanderer ideal –
die Reisfeldlandschaft um Tirtagangga

Tipps für Ihren Urlaub

BALI ALS REISEZIEL

Pauschal oder individuell?

Viele Urlauber buchen ihren Bali-Aufenthalt bereits zu Hause, was sich unbedingt empfiehlt, wenn man in einem **Top-Hotel** nächtigen will. Individualreisende werden dort deutlich stärker zur Kasse gebeten als Pauschalurlauber. Vor der Reservierung sollte man nach *special rates* fragen oder Reisekataloge zum Vergleich heranziehen.

Wer gehobene Hotels über große Veranstalter bucht, kann viel sparen. Preisnachlässe erhält man häufig auch bei **Online-Reservierungen,** die aber meist nur bei Hotels der oberen Kategorien möglich sind. Allerdings lassen sich auch Mittelklasse-Häuser oft über Internet-Agenturen zu Preisen reservieren, die bis zu 75 % unter den so genannten *published rates* liegen (s. ›Informationen im Internet‹, s. S. 216 f.).

Für Budget-Reisende gibt es einfache Familienpensionen, *losmen* oder *homestays* genannt, die meist nicht vorab gebucht werden können. In der Nebensaison oder bei längeren Aufenthalten kann man **Rabatte** bis zu 50 % aushandeln.

Die besten Standorte

... für den Badeurlaub

Strand- und Badeleben genießt man am besten an den kilometerlangen Sandstränden von Kuta und Legian. Hier gibt es Unterkünfte und Restaurants aller Preiskategorien. Allerdings türmt sich am **Kuta Beach** und **Legian Beach** wie auch an vielen anderen Strandabschnitten der Südküste, wo ein schützendes Riff fehlt, die Brandung oft meterhoch. Vor allem ungeübte Schwimmer sollten sich nie allzu tief ins Wasser wagen, auch nicht an bewachten Strandabschnitten.

An der sanfteren Nordküste können auch Kinder am kilometerlangen, flach abfallenden, grausandigen **Lovina Beach** gefahrlos baden. Dasselbe gilt für Strände an der Südküste, die von Riffen geschützt werden, etwa bei **Sanur** und **Nusa Dua**. Allerdings ist dort Baden nur bei Flut möglich, da bei Ebbe der Strand bis hinaus zum Riff einem Watt gleicht. Kaum mehr vorhanden ist der Strand von **Candi Dasa**. Dort trüben scharfe Korallen die Badefreuden. Wunderschöne, in den letzten Jahren erschlossene Sandstrände hingegen gibt es auf **Lombok** vor allem bei Senggigi und Kuta sowie auf den Lombok vorgelagerten Inseln **Gili Air**, **Gili Meno** und **Gili Terawangan**.

... für kulturell Interessierte

Für Reisende, die der Kunst und Kultur wegen nach Bali kommen, ist **Ubud** der ideale Standort. Das Städtchen hat die höchste ›Dichte‹ an Malern, Musikern und Tänzern auf Bali. Allabendlich spielen Gamelan-Orchester, und jeden Abend kann man hier einen anderen traditionellen balinesischen Tanz ken-

Die besten Standorte

Ubud ist nicht nur eine Kunstmetropole – Wanderer genießen die Reisfeldlandschaft

nen lernen. Überdies vergeht kaum eine Woche, in der nicht eine Tempelzeremonie oder ein anderes religiöses Fest stattfände.

... für Naturfreunde und Wanderer

Auch für Naturliebhaber bietet sich **Ubud** als Standort an, denn es liegt in einer Reisfeldlandschaft, die mit einem engen Netz von Pfaden und wenig befahrenen Straßen zahlreiche Möglichkeiten für Spaziergänge, Wanderungen und Radtouren bietet. Ein gutes Terrain finden Wanderer auch in der Reisfeldlandschaft um **Tirtagangga** im Osten der Insel und in der Bergwelt um **Munduk** nordwestlich vom Bratan-See, allerdings ist dort die touristische Infrastruktur weniger gut entwickelt.

... für lange Nächte

Das größte Angebot finden Nachtschwärmer in **Kuta, Legian** und **Seminyak**. Dort geht in zahlreichen Bars, Clubs, Diskos und Pubs die Post ab. Während der Trockenzeit trifft man sich in den Open-Air-Diskotheken, von denen viele am Strand liegen. Im Gegensatz zum quirligen Kuta-Legian-Seminyak geht es im Nachtleben von

> **Im Tempel**
>
> Bei Tempelbesuchen muss man angemessen gekleidet sein: Wer nicht *sarong* und *selendang* (Tempelschal) trägt, muss diese Kleidungsstücke gegen Gebühr leihen.

Sanur, **Nusa Dua** und anderen Ferienorten eher gesetzt zu.

... für ruhige Urlaubstage

Stille Orte liegen im Hinterland, etwa die von der schönen Reisfeldlandschaft umgebenen Dörfer **Sidemen** und **Tirtagangga** im Osten. Ruhige Urlaubstage am Meer verbringt man in **Candi Dasa** und am **Lovina Beach** sowie im Fischerdorf **Amed.**

Sport und Entspannung

Bergsteigen

Die aktiven Vulkane **Gunung Batur** und **Gunung Agung** auf Bali sowie **Gunung Rinjani** auf Lombok sind Ziele für Bergsteiger. Während der Batur auch von Ungeübten ›bezwungen‹ werden kann, erfordern der Agung und der Rinjani eine gute körperliche Konstitution. Agenturen bieten Bergwanderungen am **Gunung Batukau** an. Bergtouren organisieren Bali Adventure Tours (Sanur, Tel. 0361/72 14 80, Fax 0361/72 14 81, www.baliadventuretours.com) und Sobek – The Adventure Specialists (Sanur, Tel. 0361/28 70 59, Fax 0361/28 94 48, www.balisobek.com).

Golf

Einen Neun-Loch-Golfplatz gibt es in **Sanur** (Grand Bali Beach Hotel, Tel. 0361/28 85 11), einen 18-Loch-Golfplatz in **Nusa Dua** (Bali Golf & Country Club, Tel. 03 61/77 17 91) und bei **Tanah Lot** (Nirwana Bali Golf Club, Tel. 0361/81 59 60). Zwischen Bratan- und Buyan-See liegt der **Bali Handara Golf Course,** der als einer der weltweit schönsten 18-Loch-Plätze gilt (Bali Handara Kosaido Country Club, Tel. 0362/2 21 82).

Kochkurse

Bei Kochkursen lernt man nicht nur exotische Kräuter und Gewürze kennen, man erfährt auch viel über die Bedeutung von Mahlen bei religiösen Zeremonien. Kochkurse bieten Casa Luna Cooking School (Jl. Bisma, Ubud, Tel./Fax 0361/97 32 82, www.casaluna bali.com), Sua Bali (Desa Kemenuh, Gianyar, Tel. 0361/94 10 50, Fax 0361/94 10 35, www.suabali.com) und Warung Bambu Pemaron (Jl. Hotel Puri Bagus, Pemaron, Lovina Beach, Tel. 0362/2 70 80).

Kreuzfahrten

Benoa Port ist Ausgangsort von Kreuzfahrten zu den Inseln Lembongan und Penida sowie in die Inselwelt östlich von Bali.

Mountainbiking

Mountainbikes kann man in allen Touristenzentren mieten. Längere Distanzen und Bergstrecken lassen sich auch samt Fahrrad in Bemos bewältigen.

Surfen

Als Wellenreiterparadiese gelten der auch für Anfänger geeignete Abschnitt zwischen **Kuta** und **Legian** und das

Besondere Highlights

Kuta Reef, nördlich von Kuta der Strand von **Canggu** und nordwestlich der von **Medewi**. Ziele erfahrener Surfer sind die Strände bei **Ulu Watu** auf der **Bukit Badung-Halbinsel**. Zu einem Surf-Zentrum hat sich Jungutbatu auf **Nusa Lembongan** entwickelt. ›Surf Shops‹ verleihen Surfboards und Zubehör.

Tauchen und Schnorcheln

In eine wundersame Unterwasserwelt taucht man bei der **Insel Menjangan** ein, die zum Bali-Barat-Nationalpark gehört. Vor **Amed** locken Korallenbänke, vor **Tulamben** das Wrack eines im Zweiten Weltkrieg versenkten Schiffes. Bei **Nusa Lembongan** kann man Unterwassergrotten erforschen. Bekannt für ihren Fischreichtum sind die steil abfallenden Riffwände vor **Nusa Penida**. Gute Tauch- und Schnorchelgründe findet man am **Lovina Beach**, bei **Sanur, Nusa Dua** und **Padang Bai** mit der Insel Pulau Kambing sowie bei den Inseln **Gili Air, Gili Meno** und **Gili Terawangan**.

Tennis

Fast alle besseren Hotels haben Tennisplätze, auf denen auch Besucher gegen Gebühr spielen können. Meist kann man dort auch die Schläger leihen.

Wellness

Im Urlaub etwas für die Schönheit und Gesundheit tun – das liegt im Trend. Auf Bali gibt es zahlreiche Spa-Hotels, wobei der Name ›Spa‹ – abgeleitet von

---

Hotels für Taucher

Zwei Hotels an der Nordostküste haben sich besonders auf Taucher eingestellt. Sie bieten Tauchexkursionen unterschiedlicher Schwierigkeitsgrade sowie Kurse für Anfänger, die von deutschsprachigen Tauchlehrern geleitet werden: Alam Anda in Sambirenteng (s. S. 191) und Tauch Terminal in Tulamben (s. S. 167). Ein empfehlenswerter Veranstalter von Tauchkursen und Tauchsafaris: BIDP Bali Diving, Sanur, Tel. 0361/28 50 65, www.bidp-balidiving.com.

---

sanus per aquam (gesund durch Wasser) jedoch missverständlich ist. Nicht Wasser, sondern Heilmassagen stehen im Mittelpunkt der Anwendungen, ergänzt durch Kräuterdampfbäder, Ganzkörperpeelings, Gesichtsbehandlungen, Masken und Packungen, die meist auf traditionellen balinesischen Techniken basieren. Wer nicht den ganzen Urlaub im Wellness-Hotel verbringen will, kann sich auch in romantischen *Day Spas* verwöhnen lassen. Zum Angebot vieler Hotels gehören auch Meditation und Yoga.

Besondere Highlights

Zu den kulturellen Highlights von Bali gehören **Tempelanlagen,** insbesondere der ›Muttertempel‹ Pura Besakih an den Ausläufern des heiligen Vulkans Gunung Agung. Durch ihre eindrucksvolle landschaftliche Lage und die be-

Tipps für Ihren Urlaub

Nasser Spaß auch für kleine Bali-Reisende – der Waterbom Park in Kuta

sondere Atmosphäre am späten Nachmittag faszinieren die **Meerestempel Pura Luhur Ulu Watu** und **Pura Tanah Lot** sowie das Bergheiligtum **Pura Luhur Batukau.**

Landschaftliche Höhepunkte sind die ›Feuerberge‹ der Insel, allen voran der ›Götterberg‹ Gunung Agung, mit 3142 m der höchste Gipfel. Eine der großartigsten Vulkanlandschaften Indonesiens breitet sich um den Gunung Batur aus: weite, zerklüftete Lavafelder sowie der halbmondförmige Batur-See. Üppig grün präsentiert sich die Landschaft um die Seen Bratan, Buyan und Tamblingan, die Teile eines riesigen, erloschenen Vulkankraters ausfüllen. Sehenswert ist die Landschaft Balis auch dort, wo die Menschen sie zu ihrem Nutzen umgeformt haben, dort, wo sich die grünen Nassreisfelder, die sawahs, in Terrassen die Berghänge hinaufstaffeln. Besonders schöne Reisterrassen findet man bei **Jatiluih** und **Pupuan** im Westen sowie bei **Sidemen** und **Tista** im Osten.

Urlaub mit Kindern

Das größte Problem für die Kleinen ist der lange Flug. Auf Bali angekommen, fühlen sich die meisten Kinder sehr wohl. In den Touristenzentren gibt es familienfreundliche Hotels mit schönen Tropengärten, die oft auch über Kinderpools, Spielplätze oder Kindergärten verfügen. In jedem Hotel und Restaurant gibt es dienstbare Geister, die gegen ein Trinkgeld bereit sind, Babysitter zu spielen.

Neben Märkten und Stränden, wo Kinder leicht einheimische Spielkameraden finden, zählen vor allem Besuche von Vergnügungs-, Freizeit- und Tierparks zu den großen Attraktionen. Mit Rutschen und Planschpools in einem großen Garten bietet der **Waterbom Park** in Kuta Badespaß.

Sehr beliebt sind auch der **Vogelpark Taman Burung**, der **Reptilienzoo Rimba Reptil** und der **Bali Zoo Park** bei Batubulan sowie die **Schmetterlingsfarm** bei Tabanan. Ein Erlebnis für die ganze Familie sind Ausritte auf Sumatra-Elefanten im **Elephant Safari Park** in Taro (Info bei Bali Adventure Tours, Tel. 0361/72 14 80, www.baliadventuretours.com). Ein ›Muss‹ ist der Besuch von einem der **Affenwälder** aber Vorsicht – manche Tiere kratzen und beißen!

Bei Tempelfesten sind Kinder ebenfalls willkommen – der Etikette entsprechend in *sarong* und *selendang* gekleidet. Großen Spaß haben Kinder auch am spannenden Barong-Tanzspiel in Batubulan oder am Schattenspiel Wayang Kulit.

Die Strände von Kuta und Legian sind wegen der Brandung ungeeignet für die Kleinen. Ideal sind die flachen Strände von Sanur und Nusa Dua sowie der Lovina Beach.

Reisezeit und Kleidung

Von Oktober bis März weht auf Bali der Westmonsun. Er bringt den Regionen südlich der zentralen Gebirgskette erhebliche Niederschläge mit Maxima in den Monaten Dezember und Januar.

Während der Feuchtperiode ist es nicht immer regnerisch und trüb. Oft fällt der Regen nachts oder morgens, danach zeigt sich der Himmel wieder in strahlendem Blau. Auf Nord-Bali halten sich während der Regenzeit die Niederschläge in Grenzen. Die feuchtesten Monate sind auch die heißesten, zumal die Temperaturen wegen der hohen Luftfeuchtigkeit von bis zu 95 % drückend wirken.

Charakteristisch für die Übergangsphase vom West- zum Südostmonsun (etwa April bis Mitte Mai) sind heftige Gewitterregen. Von Mitte Mai bis September bringt der relativ trockene Südostmonsun sonnenreiche, nur ab und zu von kurzen Tropengewittern unterbrochene Tage. In der Trockenzeit werden die hohen Temperaturen tagsüber durch Seebrisen und nachts durch Bergwinde gemildert. Als trockenster und mit einer Durchschnittstemperatur von 26 °C ›kühlster‹ Monat gilt Juli.

Bestes Reisewetter, aber auch **Hochsaison**, herrscht auf Bali **von Juni bis August**. Im Süden von Bali wird es im Dezember und Januar, wenn dort viele Australier ihren Urlaub verbringen, voll und laut.

Da Bali auch ein **Einkaufsparadies für Sommertextilien** ist, sollte man möglichst wenig Kleidung mitnehmen. Es empfiehlt sich legere, aber ›schickliche‹ Freizeit- oder Straßenkleidung. Elegantere Abendgarderobe wird in Hotels und Restaurants der oberen Kategorien erwartet. Bei Festen ersetzt ein über dem Gürtel getragenes Batikhemd das Sakko. Wärmere Kleidungsstücke sowie gutes Schuhwerk sind für das Bergland erforderlich.

Sinnvoll kann es sein, schon im Heimatland einen Zwischenstecker für Elektrogeräte zu besorgen.

UNTERWEGS AUF BALI

Ein Leitfaden für die Reise und viele Tipps für unterwegs.

Genaue Beschreibungen von Städten und Dörfern, Sehenswürdigkeiten und Stränden, Ausflugszielen und Reiserouten.

Bali erleben: Ausgesuchte Unterkünfte vom Losmen bis zum Fünf-Sterne-Hotel, Restaurants, Besichtigungstouren und Wanderungen.

Süd-Bali

Auslegerboote am
Strand von Sanur

Reiseatlas S. 238-239

Süd-Bali

Reiseatlas: S. 238

STRÄNDE UND FERIENORTE

Kuta und Legian sind Inbegriff für Badeurlaub, Shopping und lange Disko-Nächte. Sanur wartet mit gepflegtem Strandbetrieb für Erholungssuchende auf, denen Kuta und Legian zu lebhaft sind. Als luxuriöse Hoteloase präsentiert sich Nusa Dua. Hoch über dem Südkap thront das Felsenheiligtum Pura Luhur Ulu Watu, in dessen Umgebung sich einige der besten Surfreviere von Bali erstrecken.

Kuta und Legian

Reiseatlas: S. 238, C 3

Der in einer langen Kurve vom Ngurah Rai Airport über Kuta und Legian bis Seminyak reichende, 10 km lange feinsandige Kuta Beach gehört zu den schönsten Küstenstreifen des indonesischen Archipels.

Von Reisenden wurde das Fischerdorf Kuta Anfang der 1960er-Jahre entdeckt. Mit sicherem Gespür dafür, wo es besonders schön ist auf der Welt, bildeten Hippies und Globetrotter die touristische Vorhut. Angelockt von den traumhaften Surfbedingungen, folgten schon bald Wellenreiter aus aller Welt, vor allem aus dem nahen Australien. Schließlich erkoren die Späher der Tourismusindustrie Kuta zum Standort für Feriensiedlungen. Der Ort entwickelte sich schnell und wildwüchsig. An das einst verschlafene Fischerdorf erinnert heute nur noch der Name.

Wer Bali sucht und als Erstes im hektischen Kuta landet, dem ist ein Kulturschock gewiss. Auf der parallel zum Strand verlaufenden, abgasgeschwängerten Hauptstraße Jalan Legian knattern Motorräder, quälen sich Stoßstange an Stoßstange Autos und Busse. Entlang der Gehwege schieben sich die Touristen, umlagert von fliegenden Händlern. Gamelan-Orchester kämpfen ebenso verzweifelt wie vergeblich gegen ohrenbetäubenden Hard Rock, der aus Bars und Diskotheken dringt. Verstellt ist der Blick aufs Paradies durch Hotels, Souvenirgeschäfte und Restaurants, die sich an der Flaniermeile sowie in den Nebenstraßen aneinander reihen. Am Tag grassiert hier das Shopping-Virus, nachts werden viele vom Disko-Fieber befallen.

In der Nacht vom 12. auf den 13. Oktober 2002 verwandelte sich das Freizeitparadies in ein Schreckensszenario. Vor der Diskothek Sari Club und der Kneipe Paddy's explodierte ein gewaltiger 150-Kilogramm-Sprengsatz und riss über 200 Menschen, darunter sechs deutsche Touristen, in den Tod. Hinter dem bislang schwersten Attentat, das es je in Südostasien gegeben hat, vermuten die Ermittler muslimische Extremisten, denen das ›gottes-

Reiseatlas: S. 238

Kuta und Legian

lästerliche‹ Treiben in den Kneipen und Diskos auf Balis freizügigen Partymeilen schon seit langem ein Dorn im Auge war.

Seminyak, Canggu und Seseh

Schon längst hat die Entwicklung auch auf Legian weiter im Norden übergegriffen, mit dem Kuta mittlerweile zur größten ›Ferienfabrik‹ Balis verschmolzen ist. Aber obwohl die Zahl der Sonnenhungrigen in die Zehntausende geht, herrscht am kilometerlangen **Kuta Beach** keine Enge wie an vielen mediterranen Stränden.

Und wer von Legian über das ehemalige Fischerdorf **Seminyak** eine Stunde lang am Strand nach Norden wandert, kann durchaus den Eindruck gewinnen, der einzige Tourist auf Bali zu sein. Dort verebben die hohen Wellen der Brandung an langen Sandstränden, die der Tourismus noch nicht vereinnahmt hat. Überdies sind die Strände bei den Dörfern **Canggu** und **Seseh** für Balinesen magische Orte, an denen Opfer- und Reinigungszeremonien abgehalten werden. Allerdings müssen bei der Wanderung einige Flussmündungen, die bei Flut recht tief sind, durchquert werden.

Jimbaran Beach

Ein ruhiger und sauberer, etwa 2 km langer Sandstrand erstreckt sich an der halbmondförmigen Bucht von **Jimbaran** südlich vom Flughafen. Allerdings bewirkt hier, wie auch am Kuta Beach, die oft meterhohe Brandung des Indischen Ozeans gefährliche Unterströmungen, die schon manchem Schwimmer zum Verhängnis wurden.

Im Vergleich zu den nur wenige Kilometer entfernten Touristenhochburgen Kuta und Legian ist Jimbaran eine Oase der Ruhe, allerdings gibt es nur eine Hand voll sehr gute und entsprechend teure Hotels.

Bali Government Tourist Information Centre: Jl. Benasari 7, Kuta, Tel. 0361/75 40 90, Mo–Sa 9–17 Uhr.

Four Seasons Resort [1]: Jimbaran, Tel. 0361/70 10 10, Fax 0361/70 10 20, www.fourseasons.com. Luxushotel, das einem balinesischen Dorf nachempfunden wurde, mit drei Restaurants und zwei Pools, jede der Villen steht auf einem 200 m² großen Grundstück und besitzt einen Privatpool. Villa 600–2800 $.
Bali Oberoi [2]: Jl. Kayu Aya, Seminyak, Tel. 0361/73 03 61, Fax 0361/73 07 91,

Gaumenschmaus am Jimbaran Beach

Lebhaft wird es am Jimbaran Beach ab dem späten Nachmittag, vor allem an Wochenenden, wenn in über einem Dutzend **Open-Air-Restaurants** die Köche ihre Kokosnussschalengrills entfachen. Man sitzt an Holztischen am Strand und genießt frischen Fisch und Meeresfrüchte, während ein tropischer Sonnenuntergang den Himmel verzaubert. Zu den beliebtesten Strandlokalen gehören Warung Roma und Warung Bakti.

Süd-Bali

Reiseatlas: S. 238

www.oberoihotels.com. Traumhafte Bungalowanlage an einem ruhigen Strandabschnitt nördl. von Legian in einem Garten, mit spektakulärem Pool-Areal und mehreren Gourmet-Restaurants. DZ ab 270 $, Villa ab 415 $, mit Privatpool bis 950 $.

The Elysian [3]: Jl. Sari Dewi, Seminyak, Tel. 0361/73 09 99, Fax 0361/73 75 09, www.theelysian.com. Angesagtes, minimalistisch-puristisch gestaltetes Design-Hotel, in dessen Architektur lokale Elemente gekonnt modern umgesetzt sind; 26 Villen mit einem oder zwei Schlafzimmern, Restaurant und Pool. Villa ab 325 $.

Santika Beach Hotel [4] Jl. Dewi Sartika, Kuta-Tuban, Tel. 0361/75 12 67, Fax 0361/75 12 60, www.santikabali.com. Komfortables Strandhotel, balinesischer Stil, Pool, elegantes Restaurant mit Meerblick. DZ 120–130 $, Bungalow 175 $.

Bali Intan Cottages [5] Jl. Melasti 1, Legian, Tel. 0361/75 17 70, Fax 0361/75 18 91. Stilvolles Bungalowhotel in Strandnähe, mit Restaurant und Pool. DZ 120–160 $.

Bali Rani Resort [6]: Jl. Kartika Plaza, Kuta, Tel. 0361/75 13 69, Fax 0361/75 26 73, www.baliranihotel.com. Komfortable Zimmer, zwei Restaurants, Pool, 5 Min. vom Strand. DZ 95–150 $.

Ramayana Resort [7]: Jl. Bakungsari, Kuta, Tel. 0361/75 18 64, Fax 0361/75 18 66, ramayana@dps-mega.net.id. ›Klassiker‹ unter den Hotels der mittleren Kategorie, zentral, aber strandnah, mit Pool und Spa sowie ausgezeichnetem Seafood-Restaurant. DZ 65–95 $.

Poppies Cottages I [8]: Poppies Lane I, Kuta, Tel. 0361/75 10 59, Fax 0361/75 23 64, www.poppiesbali.com. Stilvolles Bungalowhotel, zentral, aber ruhig, schöner Garten mit Pool, 300 m zum Kuta Beach, nur wenige Schritte zu den Restaurants, Läden und Diskos an der Jl. Legian. DZ 65–85 $.

Übernachten
1. Four Seasons Resort
2. Bali Oberoi
3. The Elysian
4. Santika Beach Hotel
5. Bali Intan Cottages
6. Bali Rani Resort
7. Ramayana Resort
8. Poppies Cottages I
9. Legong Keraton Beach Cottages
10. Sari Beach Inn
11. Pendawa Inn
12. Ramah Village
13. Un's
14. Three Brothers Bungalows
15. Komala Indah 2

Essen und Trinken
16. Bali Seafood
17. La Lucciola
18. Ketupat
19. The Living Room
20. Aroma Café
21. Gado Gado
22. Poppies
23. Made's Warung
24. Mama's Restaurant
25. Mini
26. Thai Kitchen
27. TJ's
28. Dayu II
29. Pasar Malam

Legong Keraton Beach Cottages [9]: Pantai Berawa, Canggu, Tel. 0361/73 02 80, Fax 0361/73 02 85. Große, stilvolle Zimmer mit Bambusmobiliar in doppelstöckigen Gästehäusern sowie Bungalows im balinesischen Stil mit Klima-Anlage an einem ruhigen Strandabschnitt,

Süd-Bali

Reiseatlas: S. 238

Power-Brunch am Legian Beach

Am nördlichen Abschnitt des Legian Beach nahe der Open-Air-Disko Double Six liegen die **Strandlokale Tekor, Zanzibar, Benny's Café, Blue Ocean** und **Kafe Warna.** Hier treffen sich vom späteren Vormittag an Nightlife-Geschädigte zum Katerfrühstück. So helfen Rührei mit Räucherlachs oder ein Müsli mit frischem Obst den meisten wieder auf die Beine. In den Lokalen kann man auch bei einem Sundowner den berühmten Sonnenuntergang über der Kuta Bay genießen.

weit weg von Kuta, mit Terrassenrestaurant und Pool. DZ 75–85 $.
Sari Beach Inn [10]: Jl. Padma Utara, Legian, Tel. 0361/75 65 57, Fax 0361/75 16 35, www.saribeachinn.com. Familienfreundliches Hotel am Strand mit stilvoll möblierten, klimatisierten Zimmern, Restaurant und Pool, frühzeitig reservieren, da sehr beliebt. DZ 60–70 $.
Pendawa Inn [11]: Jl. Kartika Plaza, Kuta, Tel. 0361/75 23 87, Fax 0361/75 77 77, pendawab@indosat.net.id. Ruhige Unterkunft in einem Garten mit z.T. klimatisierten Zimmern und Bungalows, schöner Pool, 10 Min. zum Strand, Motorrad- und Autoverleih. DZ 25–55 $.
Ramah Village [12]: Gang Keraton, Seminyak, Tel. 0361/73 10 71, Fax 0361/73 07 93, www.balirama. com. Abseits vom Betrieb in Seminyak verstecken sich im Tropengrün 18 mit Bambusmobiliar ausgestattete Bungalows mit einem oder zwei Schlafzimmern sowie Wohnzimmer und Küche. 5 Min. zum Strand und zu den Restaurants und ›Szene-Treffs‹ an der Jl. Raya Seminyak. Mit kleinem Pool. Bungalow 15–50 $.
Un's [13]: Jl. Benasari, Kuta, Tel. 0361/75 74 09, Fax 0361/75 84 14, www.unshotel.com. Oase im Kuta-Trubel, zentral, aber ruhig, 5 Min. vom Kuta Beach, geräumige Zimmer mit Deckenventilator oder Klima-Anlage, mit Garten und Pool. DZ 25–36 $, Bungalow 60 $.
Three Brothers Bungalows [14]: Jl. Legian Tengah, Legian, Tel. 0361/75 15 66, Fax 0361/75 60 82. Bungalows in balinesischem Stil mit Klima-Anlage oder Ventilator, mit Restaurant, Pool und schönem Garten, 5 Min. zum Strand. DZ 25–35 $.
Komala Indah 2 [15]: Jl. Benasari, Kuta, Tel. 0361/75 14 22. Familiäre Pension mit einfach ausgestatteten Bungalows, ruhig, 5 Min. zum Strand. DZ 50 000–85 000 Rp.

Bali Seafood [16]: Jl. Kartika Plaza, Kuta-Tuban, Tel. 0361/75 39 02, tgl. 12–24 Uhr. Die Gäste wählen auf Eis präsentierte fangfrische Meeresfische und -früchte und lassen sie nach ihren Wünschen zubereiten, abends Gamelan-Musik und balinesische Tänze. Teuer.
La Lucciola [17]: Jl. Kayu Aya, Seminyak, Tel. 0361/73 08 38, tgl. 9–24 Uhr. Auf der Terrasse des ›Edel-Italieners‹ am ruhigen Kayu Aya Beach genießt man in Kuta den Sonnenuntergang, ausgezeichnete Pizza und Pasta, imposante Weinkarte. Teuer.
Ketupat [18]: Jl. Legian 109, Kuta, Tel. 0361/75 42 09, tgl. 11–23 Uhr. Stimmungsvolles Restaurant mit einem halboffenen Hauptgebäude und mehreren Pavillons im balinesischen Stil, die sich um einen Pool gruppieren, authentische balinesische und javanische Gerichte vom Feinsten. Gehobenes Preisniveau.
The Living Room [19]: Jl. Petitenget 2000XX, Kerobokan, Tel. 0361/73 57 35, tgl. 11–23 Uhr. Trendy und preisgekrönt;

Kuta und Legian

Cityplan: S. 83

Die Poppies Lane in Kuta

mit ausgewählter Asienkost von Bali bis Thailand; ideal für ein romantisches Dinner zu zweit. Gehobenes Preisniveau.
Aroma Café 20: Jl. Legian, Kuta, Tel. 0361/76 11 13, tgl. 10–24 Uhr. Vegetarische Gerichte aus aller Welt. Mittlere Preislage.
Gado Gado 21: Jl. Dhyana Pura, Seminyak, Tel. 0361/73 69 66, tgl. 9–24 Uhr. Am Strand, bekannt für gute Fischgerichte, Tipp: *pepes be pasih* – gegrilltes Fischfilet mit balinesischen Gewürzen in Bananenblättern. Mittlere Preislage.
Poppies 22: Poppies Lane I, Kuta, Tel. 0361/75 10 59, tgl. 11–23 Uhr. Hervorragendes Seafood und balinesisch-chinesische Gerichte, serviert in einem Garten, Reservierung empfehlenswert. Mittlere Preislage.
Made's Warung 23: Jl. Pantai Kuta, Kuta, Tel. 0361/75 19 23, tgl. 9–1 Uhr. ›Szene-Lokal‹ mit vielfältiger Speisekarte. Mittlere Preislage.

Mama's Restaurant 24: Jl. Legian, Kuta, Tel. 0361/75 18 05, tgl. 11–1 Uhr. Bintang-Bier vom Fass und deftige Kost für Heimwehkranke. Mittlere Preislage.
Mini 25: Jl. Legian 77, Kuta, Tel. 0361/75 16 51, tgl. 11–24 Uhr. Alteingesessenes Seafood-Restaurant mit offener Küche, Fische und Meeresfrüchte wandern aus Wasserbassins direkt in die Bratpfanne. Mittlere Preislage.
Thai Kitchen 26: Jl. Laksmana, Seminyak, Tel. 0361/73 67 15, tgl. 11–24 Uhr. Die Gerichte sind eine Mischung aus klassisch thailändisch mit einem kräftigen Schuss Italienisch-Französisch – das Resultat: beste Crossover-Küche. Mittlere Preislage.
TJ's 27: Poppies Lane I, Kuta, Tel. 0361/75 10 93, tgl. 11–23 Uhr. Tacos, Nachos und andere mexikanische Gerichte im Gartenrestaurant. Mittlere Preislage.
Dayu II 28: Jl. Bunisari, Kuta, Tel. 0361/75 22 62, tgl. 10–24 Uhr. Einfaches Lokal

Süd-Bali

Reiseatlas: S. 238

mit indonesischen, chinesischen und europäischen Gerichten. Preiswert.
Pasar Malam 29: Kuta, tgl. 18–23 Uhr. Essensstände mit indonesischen Gerichten. Preiswert.

🛍️ **Für Schnäppchenjäger** sind Kuta und Legian ein absolutes Muss: flippige Strand- und Freizeitbekleidung, modische Lederwaren, extravaganter Silberschmuck und originelle Accessoires – hier gibt es alles, meist zu niedrigen Preisen.
Batik Danar Hadi: Jl. Legian, Kuta, Tel. 0361/75 43 68. Batikstoffe und -textilien.
Discovery Shopping Mall: Jl. Bakungsari, Kuta. Der zur Zeit angesagteste Shopping-Tempel Balis mit Dependancen von Armani, Cartier, Gucci, Boss, Versace etc.
Haveli: Jl. Basangkasa 15 & 38, Seminyak, Tel. 0361/73 71 60. Wohnraum-Accessoires und Dekorationsartikel in einer Melange aus traditionellem Bali-Stil und westlichem Design.
Kuta Art Market: Jl. Bakungsari, Kuta. Riesige Auswahl an Strand- und Freizeitbekleidung sowie kunsthandwerklichen Souvenirs.
Maya: Jl. Legian/Jl. Pantai Kuta, Kuta, Tel. 0361/75 13 86. Designer-Silberschmuck und Accessoires mit Edel- und Halbedelsteinen, Anfertigungen auf Anfrage.
Mertha Nadi Pasar Seni: Carré an der Jl. Legian zwischen Jl. Melasti und Jl. Padma, Legian. Verkaufsstände mit Textilien sowie Leder- und Holzartikeln.
Milo's: Kuta Square, Block E 1, Kuta, Tel. 0361/75 40 81. Kreationen von balinesischen Modedesignern – von Strandkleidung über T-Shirts bis zu Sportswear.
Nogo Bali Ikat Centre: Jl. Legian 47, Kuta, Tel. 0361/75 15 33. Designer-Kleidung für Damen und Herren, hergestellt im traditionellen *Ikat*-Handwebverfahren.
Omega: Jl. Legian, Kuta, Tel. 0361/75 65 14. Kunst und Kunsthandwerk sowie erlesene Antiquitäten aus ganz Indonesien.
Rascals: Kuta Square, Block D 6, Kuta, Tel. 0361/75 13 46. Strand- und Badebekleidung für Sie und Ihn, hergestellt im Batikverfahren.

💡 Die heißeste Disko-Meile ist die kilometerlange Jl. Legian, die Kuta und Legian miteinander verbindet. Ein weiteres Zentrum des quirligen Nachtlebens hat sich weiter nördlich im Schickeria-Ort Seminyak entwickelt.
Bacio: Jl. Double Six, Seminyak, Tel. 0361/742 44 66, tgl. 18–2 Uhr. Elegante Musik-, Cocktail- und Tapas-Bar. Legere, aber schicke Kleidung!
Bounty: Jl. Legian, Kuta, Tel. 0361/75 40 40, tgl. 11–3 Uhr. Restaurant mit Live-Musik sowie mehrere Bars in einem Nachbau des legendären Seglers.
Café Luna: Jl. Raya Seminyak, Seminyak, Tel. 0361/73 08 05, tgl. 18–2 Uhr. Etwas in die Jahre gekommener, doch noch immer beliebter ›Szene-Treff‹ mit Live-Musik.
Deejay Café: Jl. Kartika Plaza, Tuban, Tel. 0361/75 31 88, tgl. 21–4 Uhr. Einer der angesagtesten Techno-Tempel Balis mit perfekt gemischtem Sound.
Double Six: Jl. Double Six, Seminyak, Tel. 0361/73 12 66, tgl. 19–4 Uhr. Legendäre Strand-Disko mit 40 m-Bungee-Turm.
Hard Rock Café: Jl. Pantai Kuta, Kuta, Tel. 0361/75 56 61, tgl. 11–2 Uhr. Beste Burger in fantasievollen Variationen, am Wochenende Live-Bands aus Jakarta oder von den Philippinen, jede Menge Rockmusik-Devotionalien.
Hook: Jl. Legian 62, Kuta, Tel. 0361/76 57 77, tgl. 18-2 Uhr. Top-Spot für stilbewusste Szenegänger mit minimalistischem Design, cooler Atmosphäre und der angeblich längsten Cocktailkarte Kutas.
Hu'u in Bali: Jl. Petitenget, Seminyak, Tel. 0361/73 64 43, tgl. 11–2 Uhr. Trendiges Musik-Restaurant der Jungen und Schönen von Bali, gutes Essen, gute

Cityplan: S. 83

Kuta und Legian

Sonnenuntergang am Kuta Beach

Live-Musik, umfangreiche Cocktailkarte, Probiertipp: Rambutan-Martini.
Kafe Warisan: Jl. Raya Kerobokan, Seminyak, Tel. 0361/73 11 75, www.kafewarisan.com, tgl. 11–1 Uhr. Treff der *beautiful people* mit französisch angehauchter, mediterraner Küche.
Ku De Ta: Jl. Laksmana, Seminyak, Tel. 0361/73 69 69, tgl. 17–2 Uhr. Stylische Lounge-Bar und asiatisch-italienisches Restaurant, einer der wichtigsten Treffpunkte für Balis in-crowd, coole Atmosphäre und internationale DJs.
Peanuts: Jl. Legian, Kuta, Tel. 0361/75 41 49, tgl. 21–3 Uhr. Bei Jugendlichen beliebte Mammut-Disko mit Hard Rock und Videoprojektionen auf eine Leinwand.
Q-Bar: Jl. Dhyanna Pura, Seminyak, Tel. 0361/73 09 27, tgl. 18–2 Uhr. Viele Gays, immer voll.

A. J. Hackett Bungy Bali: Jl. Double Six, Seminyak, Tel. 0361/73 11 44. Bungee-Jumping aus 44 m Höhe.

Aquamarine Diving: Jl. Raya Seminyak 2A, Seminyak, Tel. 0361/73 01 07, Fax 0361/73 53 68, www.aquamarinediving.com. Tauchkurse für Anfänger und Tauchsafaris für Fortgeschrittene.
Waterbom Park: Jl. Kartika Plaza, Kuta, Tel. 0361/75 56 76. Feucht-fröhliches Vergnügen für Jung und Alt inmitten tropischer Pracht.

Busse: Agenturen in den Hauptstraßen von Kuta und Legian bieten einen Shuttle-Busservice zwischen Kuta/Legian und Candi Dasa, Lovina Beach, Padang Bai, Sanur, Ubud, z. B. **Perama Tourist Service,** Jl. Legian 39, Kuta, Tel. 0361/75 15 51.
Bemos nach Denpasar (Terminal Tegal) stehen an der Kreuzung Jl. Pantai Kuta/Jl. Legian.

Flüge: Garuda-Büro im Kuta Paradiso Hotel, Jl. Kartika Plaza, Kuta, Tel. 0361/22 50 47.

Süd-Bali

Sanur

Reiseatlas: S. 239, D 2

Wer als Urlaubslektüre Vicki Baums Roman »Liebe und Tod auf Bali« liest, wird das dort beschriebene Dorf Sanur nicht mehr finden. Sanur, einst ein konservativer Brahmanen-Ort, hat sich zu einer Hotelstadt entwickelt, über der ein Hauch von Saint Tropez liegt. In den 30er Jahren des 20. Jh., als Sanur noch ein Fischerdorf war, ließen sich dort Intellektuelle und Künstler aus aller Welt nieder, darunter die amerikanische Anthropologin Margaret Mead und der belgische Maler Adrien Jean Le Mayeur.

Der Tourismusboom wurde in den frühen 60er-Jahren des 20. Jh. mit der Eröffnung des Grand Bali Beach Hotel eingeleitet, das im Rahmen japanischer Reparationszahlungen errichtet worden war. Mit zehn Stockwerken wirkt der 605-Zimmer-Koloss wie ein nach Bali verpflanztes Stück Miami Beach. Zum Glück ist dies die bislang einzige Bausünde geblieben. Nach Fertigstellung der Luxusherberge erhoben die ortsansässigen Brahmanen Proteste. Und so erließ die Provinzregierung eine Anordnung, nach der kein Neubau mehr die Palmwipfel überragen darf.

Zwar reiht sich am kilometerlangen Strand von Sanur Hotel an Hotel, doch fast alle sind geschmackvolle, in die tropische Vegetation eingebettete Bungalowanlagen im balinesischen Baustil. So wurde das luxuriöse Bali Hyatt nach dem Vorbild balinesischer Palastarchitektur entworfen. Im Gegensatz zu Kuta und Legian mit einem großen Besucherspektrum ist Sanur die Domäne des gehobenen Pauschaltourismus.

Allerdings reicht der Sandstrand bei weitem nicht an den von Kuta heran. Die meisten Urlauber ziehen denn auch den Hotel-Swimmingpool der Lagune von Sanur vor. Zwar schützt ein Korallenriff die Bucht, was das Baden und Schwimmen im seichten Wasser sicher macht, aber nur bei Flut. Bei Ebbe zieht sich das Meer zurück, und veralgte, scharfkantige Korallenbänke und Wattflächen trüben die Badefreuden.

Lohnend ist ein Besuch im **Museum Le Mayeur** [1] unweit des Grand Bali Beach Hotel. Dort sind Gemälde ausgestellt, die der Maler Le Mayeur vor seinem Tode 1958 dem indonesischen Staat vermachte (Sa–Do 8–16, Fr 8–13.30 Uhr). Am Strand sorgen *jukung* genannte Auslegerboote für Farbtupfer. Die traditionellen Fischerboote, mit denen Einheimische nachts, ausgerüstet mit Kerosinlampen, zum Fischen auslaufen, schmückt am holzgeschnitzten Bug ein aufgerissenes Fabeltiermaul – so wollen die Fischer im Meer hausende Dämonen abwehren.

Im Süden von Sanur führen schmale Zufahrtsstraßen zu Privatstränden. Hier haben indonesische Millionäre ihre Villen hinter hohen Mauern und dichtem Tropengrün versteckt. Der kleine **Pura Belancong** [2] am südlichen Ortsrand, ein schlichtes und unauffälliges Heiligtum, hat große historische Bedeutung. Hier entdeckte man auf einer Steinsäule eine Inschrift in Sanskrit, die beweist, dass die indische Hochsprache für Literatur und Wissenschaft bereits im 10. Jh. als Hofsprache auf Bali gebräuchlich war.

Von der vierspurigen Autobahn, die Sanur mit Nusa Dua an der Ostküste

Ortsplan

Sanur

Sehenswürdigkeiten
1. Museum Le Mayeur
2. Pura Belancong

Übernachten
3. Tandjung Sari
4. Sanur Beach Hotel
5. Griya Santrian Hotel
6. Segara Village
7. Gazebo Beach Cottages
8. Puri Mango Guest House
9. Santai
10. Agung & Sue's Watering Hole

Essen und Trinken
11. Lotus Pond
12. Pergola
13. Istana Garden
14. Mango Café
15. Penjor
16. Segara Agung
17. Telaga Naga

Dolphin Watching

Zweimal täglich laufen Boote der Gesellschaft Ena Dive Centre vom Pier in Sanur zur Beobachtung von Delfinen an Balis Südkap nahe Pura Luhur Ulu Watu aus (Abfahrt 7.30 und 9 Uhr). Die fünfstündigen Touren kosten für Erwachsene 70 $, für Kinder unter zwölf Jahren 35 $. Reservierung unerlässlich: Tel. 0361/28 88 29. Informationen im Internet: www.enadive.co.id.

Süd-Bali

Reiseatlas: S. 239

Die weite Bucht von Sanur

der Bukit Badung-Halbinsel verbindet, zweigt eine Stichstraße zum Hafen Benoa ab. Dort ist es heiß und staubig, aber ein kurzer Abstecher lohnt sich, denn das malerische Chaos am Pier der Fischkutter erinnert an Szenen aus Romanen von Joseph Conrad.

Tandjung Sari [3]: Jl. Danau Tamblingan 41, Tel. 0361/28 84 41, Fax 03 61/28 79 30, www.welcome.to/tandjungsari. Feines Bungalowhotel am Strand mit dem Charme alter Zeiten, mit Restaurant und Pool. Bungalow 175–295 $.
Sanur Beach Hotel [4]: Jl. Semawang, Tel. 0361/28 80 11, Fax 0361/28 75 66, www.sanurbeachhotelbali.com. Strandhotel mit drei Etagen im balinesischen Stil, Restaurants, zwei Pools und großem Sportangebot. DZ 140–190 $, Suite ab 250 $.
Griya Santrian Hotel [5]: Jl. Danau Tamblingan 47, Tel. 0361/28 81 81, Fax 0361/28 81 85, www.santrian.com. Familiäres Strandhotel mit Restaurant, Garten und zwei Pools. DZ 70–115 $, Suite 195 $.
Segara Village [6]: Jl. Segara Ayu, Tel. 0361/28 84 07, Fax 0361/28 72 42, www.baliwww.com/segara-village. Familienfreundliches Bungalowhotel in Strandnähe mit zwei Restaurants, Garten und Pool sowie umfangreichem Freizeitangebot. DZ 50–55 $, Bungalow 90–130 $.
Gazebo Beach Cottages [7]: Jl. Danau Tamblingan 35, Tel. 0361/28 82 12, Fax 0361/28 83 00, www.baligazebo.com. Komfortable Zimmer im Hauptgebäude und landestypische Bungalows im Garten mit Pool und Sonnenterrasse, Open-Air-Restaurant mit traditionellen Tanzvorführungen. DZ 45–70 $, Bungalow 80–95 $.
Puri Mango Guest House [8]: Jl. Danau Toba 15, 0361/28 84 41, Fax 0361/28 85 98, purimango@telkom.net. Behaglich eingerichtete Zimmer mit Ventilator oder Klima-Anlage, familiäre Atmosphäre, zentral, aber ruhige, mit Restaurant und kleinem Pool, 5 Min. zum Strand. DZ 18–30 $.
Santai [9]: Jl. Danau Tamblingan 148, Tel. u. Fax 0361/28 73 14. Kleines Hotel etwas abseits vom Strand mit vegetarischem Restaurant und Pool, Zimmer mit Klima-Anlage oder Deckenventilator. DZ 150 000–180 000 Rp.
Agung & Sue's Watering Hole [10]: Jl. Hang Tuah 37, Tel. u. Fax 0361/28 82 89, wateringhole_sanurbali@yahoo.com. Einfache strandnahe Familienpension mit teils klimatisierten Zimmern und beliebtem Restaurant. DZ 75 000–160 000 Rp.

Lotus Pond [11]: Jl. Danau Tamblingan 30, Tel. 0361/28 93 98, tgl. 11–24 Uhr. Stilvolles Ambiente, Spezialität ist die *rijstafel* (Reis mit Beilagen), tgl.

Sanur

ab 20 Uhr wird von Kindern ein Legong-Tanz aufgeführt. Gehobenes Preisniveau.
Pergola 12: Jl. Danau Toba 2, Tel. 0361/28 84 62, tgl. 11–23 Uhr. Modernes, stylisches Restaurant mit authentischer Bali-Küche bei dezenter Live-Musik. Tipp: *ayam pelalah* – chilischarfes Hühnerhack mit Zitronengras und Kafir-Limetten. Gehobenes Preisniveau.
Istana Garden 13: Jl. Danau Toba 7, Tel. 0361/28 89 42, tgl. 17–23 Uhr. Großes Gartenrestaurant mit indonesischer und europäischer Speisekarte, am Wochenende spielt eine Band Pop- und Rock-Klassiker. Mittlere Preislage.
Mango Café 14: Jl. Danau Tamblingan 7, Tel. 0361/28 84 11, tgl. 9–23 Uhr. Bali-Fusion-Food sowie kreativ zubereitete Meeresfrüchte und -fische. Mittlere Preislage.
Penjor 15: Jl. Danau Tamblingan 140, Tel. 0361/28 82 26, tgl. 11–24 Uhr. Indonesische und internationale Gerichte, serviert in einem Terrassenrestaurant, Di, Do u. So ab 19.30 Uhr Legong-Aufführungen. Mittlere Preislage.
Segara Agung 16: (früher: Sanur Beach Market): Jl. Segara Ayu, Tel. 0361/28 85 74, tgl. 9–23 Uhr. Terrassenrestaurant am Strand mit hervorragendem Seafood. Mittlere Preislage.
Telaga Naga 17: Jl. Danau Tamblingan 180, Tel. 0361/28 12 34, tgl. 19–23 Uhr. Romantisches Gartenlokal mit chinesischen, indonesischen und balinesischen Gerichten. Mittlere Preislage.

Andenken-, Antiquitäten-, Kunstgewerbeläden und Boutiquen konzentrieren sich an der Jl. Danau Tamblingan.
Animale: Jl. Danau Tamblingan 138, Tel. 0361/28 85 61. Trendige Damenmode und Accessoires.

Süd-Bali

Reiseatlas: S. 238

Nogo-Bali Ikat Centre: Jl. Danau Tamblingan 98, Tel. 0361/28 87 65. Kleidung aus handgewebten *Ikat*-Baumwollstoffen mit innovativem Design.
Pisces: Jl. Danau Tamblingan 105, Tel. 0361/28 93 73. Designer-Mode made in Bali für Damen und Herren.
Sanur Beach Market: Jl. Segara Ayu. Riesige Auswahl an Strand- und Freizeitbekleidung sowie kunsthandwerklichen Souvenirs.
Yulia Art Shop: Jl. Danau Tamblingan 38, Tel. 0361/28 80 89. Querschnitt durch das balinesische Kunsthandwerk.

Jazz Bar & Grill: Jl. Bypass Ngurah Rai, Tel. 0361/27 56 09, tgl. 11–2 Uhr. Pub-Restaurant mit allabendlichem Live-Jazz; hier treten regelmäßig einige der besten Jazzer Indonesiens auf.
Kafe Wayang: Jl. Bypass Ngurah Rai, Tel. 0361/28 75 91, tgl. 18–1 Uhr. ›Szene-Treff‹, kleine Gerichte und gute Cocktails, jeden Freitag- und Samstagabend Jazz-Jam Sessions.
Sector Bar & Club: Jl. Hang Tuah 58, Tel. 0361/27 07 69, tgl. 18–24 Uhr. Beliebter Szenetreff, Mischung aus Lounge-Bar, Danceclub und Restaurant.
The Cat & Fiddle: Jl. Semawang (gegenüber Sanur Beach Hotel), Tel. 0361/28 22 18, tgl. 17–1 Uhr. Inoffizielles irisches Kulturzentrum der Insel; Di, Do, So spielt die Bali Shamrocks Band.

Flüge: Garuda-Büro im Sanur Beach Hotel, Tel. 0361/28 79 15. Im Grand Bali Beach Hotel Buchungsbüros der großen Fluglinien.
In der Nähe des Grand Bali Beach Hotel fährt bei ruhiger See tgl. am frühen Morgen ein Auslegerboot nach Nusa Lembongan ab, Fahrzeit 2–3 Std. Sicherer ist es allerdings, eine organisierte Tour in einem Ausflugsboot von Benoa Port zu buchen.

Nusa Dua

Reiseatlas: S. 238, C 4

Nusa Dua (zwei Inseln), Balis jüngste und eleganteste Hoteloase, gilt als Nonplusultra unter den Touristenzentren der Insel. Wo früher Riesenschildkröten ihre Eier im Sand vergruben, begann man Anfang der 70er-Jahre des 20. Jh. mit Unterstützung der Weltbank eine formvollendete Feriensiedlung aus der Retorte für höchste Ansprüche zu bauen. Es entstand eine künstliche, durch Mauern und Schranken vom wirklichen Bali getrennte Tempelstadt des Tourismus. Eingebettet in Parks warten hier Hotels schön wie königliche Residenzen auf solvente Gäste, denen für die ›kostbarsten Tage des Jahres‹ nichts teuer genug ist.

Inzwischen bieten die Hotels Quartier für über 500 000 Gäste im Jahr, die ihre Luxusrefugien nicht verlassen müssen, um einen Einblick in die balinesische Kultur zu erhalten. Denn die Nobelherbergen bieten auch perfekte Präsentationen balinesischer Tänze und Tanzdramen. Im Trend liegen zudem verschiedene Wellness-Einrichtungen, bei denen balinesische Traditionen mit westlichen Behandlungsmethoden kombiniert werden.

Nördlich der Nusa Dua-Enklave erstreckt sich die Halbinsel Tanjung Benoa, an deren Spitze das überwiegend von muslimischen Fischern bewohnte Dorf **Benoa** liegt. Vom gegenüberliegenden Hafen Benoa Port starten Katamarane zu Kreuzfahrten über die Badung-Straße zu den Inseln Lembongan und Penida sowie zu Fahrten zur Nachbarinsel Lombok.

Ortsplan — Nusa Dua

Amanusa [1]: Nusa Dua, Tel. 0361/77 23 33, Fax 0361/77 23 35, www.amanresorts.com. Wie ein Adlerhorst thront dieses Luxusrefugium, das balinesische und westliche Stilelemente verbindet, hoch über Nusa Dua, spektakulärer Pool, Restaurant mit kreativer Küche. Suite 700–1400 $.

The Balé [2]: Jl. Raya, Nusa Dua Selatan, Tel. 0361/77 51 11, Fax 0361/77 52 22, www.thebale.com. 20 luxuriöse Villen im balinesischen Stil, versteckt in einem dicht bewaldeten Hügel oberhalb von Nusa Dua; asiatisch-französisches Restaurant und Spa mit vielen Wellness-Angeboten. Villa ab 450 $.

Grand Hyatt Bali [3]: Nusa Dua, Tel. 0361/77 12 34, Fax 0361/77 20 38, www.hyatt.com, Buchung in Deutschland: Hyatt Service Centre, Tel. 0180/523 12 34. Firstclass-Resort im balinesischen Stil mit luxuriös ausgestatteten Zimmern in einem Hauptgebäude sowie komfortablen Chalets, mit mehreren Restaurants und traumhafter Pool-Landschaft. DZ 165–325 $, Suite 290–450 $.

Grand Mirage [4]: Jl. Pratama 72–74, Tanjung Benoa, Tel. 0361/77 18 88, Fax 0361/77 21 48, www.grandmirage.com.

Übernachten
1. Amanusa
2. The Balé
3. Grand Hyatt Bali
4. Grand Mirage
5. Bali Reef Resort
6. Nusa Dua Puri Tanjung

Essen und Trinken
7. Spa Sekar Jagat
8. Bumbu Bali
9. Rai Seafood Restaurant

Süd-Bali

Reiseatlas: S. 238/239

Komfortables Hotel mit vielfältigen Sport- und Unterhaltungsprogrammen sowie Wellness-Centre mit Sauna, Dampfbad, Thalasso-Therapie und traditionellen Massagen. DZ 180–215 $, Suite 285 $, Bungalow 480 $.
Bali Reef Resort [5]: Jl. Pratama 44, Tanjung Benoa, Tel. 0361/77 62 91, Fax 0361/77 62 94, www.balireef-resort.com. 14 Doppelbungalows im balinesischen Stil mit klimatisierten, stilvollen Zimmern, Pool und Zugang zum Strand, im Terrassenrestaurant Mi ab 19 Uhr Ramayana- und Legong-Aufführungen. DZ 105 $.
Nusa Dua Puri Tanjung [6] Jl. Pratama 62, Tanjung Benoa, Tel. 0361/77 21 21, Fax 0361/77 24 24. Kleines Strandhotel außerhalb der Nusa Dua-Enklave mit klimatisierten, komfortablen Zimmern und Bungalows, Restaurant und Pool. DZ 60–70 $, Bungalow 80–90 $.

Preiswertere Restaurants als in den Luxushotels gibt es im Einkaufszentrum Bali Collection sowie außerhalb der Hotelenklave in Tanjung Benoa.
Bumbu Bali [8]: Jl. Pratama, Matahari Terbit Bungalow, Tel. 0361/77 45 02, tgl. 11–24 Uhr. Balinesische Küche, auf Anfrage Kochkurse. Gehobenes Preisniveau.
Rai Seafood Restaurant [9]: Jl. Pratama 142, Tel. 0361/77 38 15, tgl. 11–24 Uhr. Fangfrischer Fisch. Mittlere Preislage.

Alle Hotels der gehobenen Kategorie besitzen Einkaufsarkaden mit hohem Preisniveau. Einem balinesischen Markt nachempfunden ist **Bali Collection**, Tel. 0361/77 16 62, ein edles Einkaufszentrum mit hochwertigem balinesischem Kunsthandwerk sowie Boutiquen.

Flüge: Garuda-Büro im Nusa Dua Beach Hotel, Nusa Dua, Tel. 0361/77 19 06, 77 18 64.

Die Schildkröteninsel Serangan

Reiseatlas: S. 238/239, C/D 3
Die kleine Insel Serangan, die durch eine Kombination aus Damm und Brücke mit der Hauptinsel verbunden ist, trägt den Beinamen Schildkröteninsel. Doch wegen dieser ›Hauptsehenswürdigkeit‹ des vorwiegend von muslimischen Fischern besiedelten Eilands, deren Vorfahren einst aus Süd-Sulawesi einwanderten, lohnt sich ein Besuch nicht. Da bei Festessen im Rahmen religiöser Zeremonien Schild-

Wellness & Essen

Im **Spa Sekar Jagat** [7] kann man sich von Kopf bis Fuß verwöhnen lassen, zum Beispiel mit Balinese Royal Body Lulur, einer balinesischen Körpermaske, wie sie einst die Königsfamilien zelebrierten. Im angeschlossenen Paon Bali Restaurant mit sehr persönlichem Service kreiert die Inhaberin regionale Spezialitäten wie balinesische Ente, Reistafel oder Satay-Spießchen. Unbedingt vorbestellen, denn die Gerichte werden frisch zubereitet (Spa Sekar Jagat 7: Jl. By Pass Jimbaran, Nusa Dua, Tel. 0361/77 02 10 und 745 35 40 für Reservierung und kostenlosen Transport, www.balimassage.com und www.balimassage.de, tgl. 9–22 Uhr, mittleres Preisniveau).

Reiseatlas: S. 238/239

Bukit Badung

krötenfleisch häufig das weit verbreitete Schweinefleisch ersetzt, werden im Dorf Dukuh im Norden von Pulau Serangan jedes Jahr einige tausend Grüne Meeresschildkröten gezüchtet, die nebenbei auch als Touristenattraktion dienen.

Noch mehr Tiere werden allerdings in den Gewässern um Lombok, Sumbawa und Flores gefangen, in den trüben Betonbecken ›zwischengelagert‹ und schlachtreif gemästet. Wiederholte Appelle von Tierschützern, die vom Aussterben bedrohten und unter Artenschutz stehenden Tiere zu schonen, fanden auf offizieller balinesischer Seite bislang noch kein Gehör.

Pura Sakenan, ein recht unscheinbarer Tempel an der Nordwestspitze der Insel nahe dem Dorf **Dukuh**, wird zu den neun so genannten Reichstempeln gezählt, in denen alle Mitglieder der hindu-balinesischen Glaubensgemeinschaft beten und Opfergaben darbringen. Die Gründung des Tempels wird dem javanischen Hindu-Priester Sanghyang Nirartha (auch Pedanda Sakti Bahu Rau genannt) zugeschrieben. Alljährlich an Manis Kuningan, dem zweiten Tag des Kuningan-Festes, ist der Sakenan-Tempel Ziel tausender Pilger, die in einer Prozession hoch aufgetürmte Opfergaben, komplette Gamelan-Orchester und riesige Barong-Puppen zum Heiligtum bringen.

Stilvoll, aber teuer ist die Überfahrt mit einem gecharterten **Boot** ab Sanur und Benoa (sowohl von Benoa-Hafen als auch vom gegenüberliegenden Fischerdorf Benoa).
Billiger ist die Anfahrt mit dem **Taxi** über die auf einem Damm verlaufende Straße, die in Suwung (nahe dem Makro-Einkaufszentrum) von der Schnellstraße zwischen Sanur und Nusa Dua abzweigt.

Bukit Badung

Reiseatlas: S. 238, B/C 4

Die kleine Halbinsel Bukit Badung ist nur durch eine schmale, 5 km lange Landbrücke mit dem ›Festland‹ verbunden. Überraschend rau ist es dort, so gar nicht tropisch und heiter. Das karge und steppenartige Korallenkalkplateau *(bukit* bedeutet Hügel), das sich bis 200 m über dem Meer erhebt, bildet einen krassen Gegensatz zu der sattgrünen Reisfeldlandschaft Balis. Da die Niederschläge in den porösen Karstböden versickern, zählt das Bukit-Tafelland zu den trockensten und unfruchtbarsten Gegenden der Insel. So gibt es nur wenige Dörfer in dieser Region, deren Pflanzenwelt – Trockenbüsche, Kakteen und Pandanusbäume – fast an afrikanische Savannen erinnert.

Südlich von Jimbaran wurde der weitläufige **Garuda Wisnu Kencana Cultural Park** in das Karstplateau ›hineingefräst‹. Überragt wird der Kulturpark mit Galerien, Kunsthandwerksläden, Restaurants und einem Amphitheater von zwei riesigen Garuda- und Vishnu-Figuren. Vom höchsten Punkt bietet sich ein imposantes Süd-Bali-Panorama (tgl. 9–17 Uhr).

An der Südwestspitze der Halbinsel, dort wo der Indische Ozean mit haushohen Wellen an die bis zu 100 m senkrecht abfallenden Klippen brandet, wacht der aus weißem Korallengestein erbaute Felsentempel **Pura Luhur Ulu**

95

Süd-Bali

Reiseatlas: S. 238

Watu über die Geschicke der Insel. So klein das Heiligtum mit seinen reich verzierten Toren und Schreinen ist, so groß ist seine Bedeutung. Pura Luhur Ulu Watu, dessen Geschichte wahrscheinlich mehr als ein Jahrtausend zurückreicht, zählt zu den Reichstempeln. Der javanische Brahmane Empu Kuturan hat – so heißt es in historischen Dokumenten – den Tempel im 10. Jh. an der Stelle eines vorhinduistischen Kultplatzes errichtet. Zusammen mit anderen Meeresheiligtümern wie Pura Tabenan und Pura Tanah Lot bildet er einen imaginären Schutzschild gegen die im Meer hausenden Mächte des Bösen.

Im Pura Luhur Ulu Watu soll der javanische Hindu-Missionar Sanghyang Nirartha in meditativer Versenkung die Vereinigung mit dem allerhöchsten Wesen im Nirvana erlangt haben. Darauf deutet auch der Name des Tempels hin – *nga luhur* kann man mit ›erleuchtet werden‹ übersetzen. Anfang des 16. Jh., als auf Java der Islam die Oberhand gewann, war der Sanskrit-Gelehrte nach Bali ausgewandert. Während seines jahrzehntelangen Wirkens auf Bali, in dessen Verlauf er zahlreiche Meeresheiligtümer gründete, verbreitete und erneuerte er die hinduistische Lehre.

> ### Affentanz
>
> In der Hochsaison täglich, in der Nebensaison dreimal wöchentlich, findet gleich nach Sonnenuntergang vor der Kulisse des Ulu-Watu-Tempels ein Kecak-Tanz statt – ein unvergessliches Erlebnis!

Bukit Badung

Reiseatlas: S. 238

Heute verehren die Gläubigen im Ulu Watu-Tempel Dewi Danu, die Schutzgöttin der Bergseen und Flüsse, die von heiligen, aber recht unfreundlichen Affen bewacht wird. Der Tempelbezirk an der Abbruchkante darf nur von Balinesen betreten werden. Aber auch vom rückwärtigen Teil des Heiligtums bietet sich ein überwältigender Blick auf die Steilklippen und die Brandung.

Am Brandungsstrand von Suluban unweit des Pura Luhur Ulu Watu wurden internationale Surfwettbewerbe ausgetragen. Ein Abstecher nach **Suluban Beach** lohnt sich auch für all jene, die meterhohe Wellen nicht scheuen. Denn dort wurden zur Versorgung der Surfer Lokale eröffnet, in denen man bei einem Drink die Aussicht auf die Steilküste und das Meer genießen kann. Weitere Treffpunkte für Surfer in der Brandung des Indischen Ozeans auf der Halbinsel Bukit Badung

sind **Nyang Nyang Beach, Padang Padang Beach** und **Dreamland Beach**.

Bali Cliff Hotel: Jl. Pura Batu Pageh, Ungasan, Tel. 0361/77 19 92, Fax 0361/77 19 93. Komforthotel auf den Klippen über dem Meer mit dem spektakulärsten Pool der Insel. DZ 80–100 $, Suite ab 150 $.

Mit öffentlichen Verkehrsmitteln (Bemo ab Denpasar/Terminal Tegal) kann man Pura Luhur Ulu Watu meist nur an Feiertagen erreichen. Anfahrt am besten mit dem Motorrad oder Auto. Da die Halbinsel sehr hügelig ist und es kaum Schatten gibt, ist eine Tour mit dem Fahrrad recht strapaziös.

Süd-Bali

Reiseatlas: S. 238

DIE INSELHAUPTSTADT DENPASAR

Die janusköpfige Metropole ist vornehm und verdreckt, schön und schäbig, aber stets voll pulsierenden asiatischen Lebens. Farbenfrohe Märkte und bedeutende Tempelanlagen sowie das Bali-Museum und das Werdhi Budaya Art Centre, die einen Überblick über das balinesische Kunstschaffen vermitteln, machen Denpasar zu einem lohnenden Ausflugsziel.

Reiseatlas: S. 238, C 2
Cityplan: S. 100/101

Die meisten Touristen meiden Denpasar, denn der erste Eindruck von der Inselhauptstadt ist eher ernüchternd: Staubig, laut, übervölkert ist die 400 000-Einwohner-Metropole, chaotisch der Verkehr, geradezu erschreckend die Umweltverschmutzung.

Ein unkontrollierter Bauboom hat das Flair der alten Königsstadt weitgehend zerstört. Mag Balis Kapitale, die sich mit modernen Betonbauten als eine typische indonesische Provinzstadt präsentiert, auch keine Schönheit sein, so lässt sich doch Einiges hier entdecken. Denpasar ist eine asiatische Stadt, die lärmt, stinkt und schwitzt, aber sie ist ein unverfälschtes Stück Bali.

Vor der holländischen Kolonisation zu Beginn des 20. Jh. war die Stadt unter dem Namen Badung, der unter Einheimischen heute noch gebräuchlich ist, Mittelpunkt des Königreiches gleichen Namens. Nach der Unabhängigkeitserklärung Indonesiens wurde der Marktflecken in Denpasar umgetauft, was so viel wie neuer Markt bedeutet.

Märkte und Tempel

Bereits im Namen der Hauptstadt klingt an, dass hier der Handel eine vorrangige Rolle spielt. Ein bedeutender Warenumschlagplatz ist der **Pasar Badung** [1], auf dem landwirtschaftliche Erzeugnisse und handwerkliche Produkte des Hinterlands feilgeboten werden.

Man sollte recht früh aufstehen, wenn man das pulsierende Treiben des Marktes erleben will. Der Pasar Badung teilt sich in einen ›nassen‹ Bereich, wo es Obst, Gemüse, Fisch und Fleisch gibt, sowie einen ›trockenen‹ Sektor, in dem Haushaltswaren und konfektionierte Lebensmittel angeboten werden – ein buntes und stellenweise geruchsintensives Fest für die Sinne.

Auf der anderen Seite des Badung-Flusses erstreckt sich der **Pasar Kumbasari** [2], ein Einkaufszentrum für Bekleidung, Stoffe, Batiken und kunstgewerbliche Artikel. Gelegenheit für ein spätes Frühstück bieten einige gute Restaurants. Im Untergeschoss wird vom späten Nachmittag an ein Nachtmarkt (Pasar Malam) abgehalten.

Pura Maospahit 3, dessen Ursprünge in das 14. und 15. Jh. zurückreichen, ist eine der ältesten Tempelanlagen Balis. Man betritt den aus rotem Ziegelstein errichteten Bau, der durch seine Schlichtheit besticht, durch einen Seiteneingang im Gang III der Jl. Dr. Sutomo.

An der Kreuzung Jl. Thamrin/Jl. Hasanuddin steht der von den Holländern wieder aufgebaute Fürstenpalast **Puri Pemecutan** 4. Die ursprüngliche Residenz des Raja von Badung wurde während des *puputan* (s. S. 26) im Jahre 1906 ein Raub der Flammen. Touristen können hier in fürstlichem Ambiente nächtigen, denn ein Teil des Gebäudes wurde zu einem Hotel umgestaltet. Im Empfangspavillon sind Memorabilia der Königsfamilie ausgestellt, darunter die Instrumente eines Gamelan-Orchesters, Lontar-Manuskripte und alte Waffen.

Eine Viertelstunde geht man vom Pasar Badung entlang der Jl. Gajah Mada zum Puputan-Platz, um den sich Denpasars wichtigste Sehenswürdigkeiten konzentrieren. An der nordwestlichen Ecke des Platzes wacht inmitten eines Kreisverkehrs Bhatara Guru über Verkehrschaos und Lärm. Mit steinernem Stoizismus blickt die 1972 errichtete, viergesichtige Götterstatue, eine Darstellung des allerhöchsten Wesens, als Wächter der vier Himmelsrichtungen, auf waghalsige Mopedfahrer. Ein Stückchen weiter ragt das bronzene Puputan-Monument in den Himmel. Das Heldendenkmal, das einer stilisierten Lotosblüte entwächst, erinnert an die rituelle Selbstvernichtungsschlacht im Jahre 1906, in deren Verlauf der letzte Badung-Herrscher mit seinem Hofstaat in selbstmörderischer Absicht in das Gewehrfeuer der holländischen Kolonialtruppen rannte.

Das Bali-Museum

Als neue Herren taten die Niederländer viel für die Bewahrung unersetzlicher Kunstschätze, nicht zuletzt durch die Errichtung des **Bali-Museums** 5 im Jahre 1932, das einen Überblick über die Kulturgeschichte der Insel von prähistorischer Zeit bis in unsere Tage vermittelt. Alle Gebäude der weitläufigen Anlage spiegeln die balinesische Palast- und Tempelarchitektur wider:

Gruppenbild im Bali-Museum

Süd-Bali

Reiseatlas: S. 238

Cityplan
Denpasar

Sehenswürdigkeiten
1. Pasar Badung
2. Pasar Kumbasari
3. Pura Maospahit
4. Puri Pemecutan
5. Bali-Museum
6. Pura Jagatnatha
7. St. Joseph-Kirche
8. Werdhi Budaya Art Centre

Übernachten
9. Natour Bali Hotel
10. Pemecutan Palace Hotel

Essen und Trinken
11. Atoom Baru
12. Rasa Sayang
13. Kak Man

Das Hauptgebäude in der Mitte ist im Stil ost-balinesischer Karangasem-Paläste errichtet, das fensterlose Gebäude links daneben ist eine Nachbildung des Fürstenpalastes von Tabanan, der rechts anschließende Pavillon steht für den nord-balinesischen Buleleng-Stil.

Typische Merkmale des Tempelbaus sind das gespaltene Eingangstor und die Gliederung der Anlage in mehrere Höfe sowie der Kulkul-Trommelturm links vom Eingang. Beim Kassenhäuschen bieten sich Englisch sprechende Führer durch die Ausstellungsgebäude an. Ihre Ausführungen können aufschlussreich sein, denn viele Exponate sind nur unzureichend auf Tafeln kommentiert (Di–So 8–15 Uhr).

Neben dem Museum liegt der **Pura Jagatnatha** 6, einer der neun Staatstempel. Das Heiligtum ist als einziger der vielen tausend balinesischen Tempel dem allmächtigen Gott, Sanghyang Widhi Wasa, geweiht und nicht einer seiner zahlreichen Erscheinungsformen. Die Gottheit präsentiert sich in tänzerischer Pose als glänzende Metallstatue an der obersten Stelle des zentralen, siebenstufigen Padmasana-Lotosthrons aus Korallengestein. In jeder Vollmondnacht ist der Pura Jagatnatha Schauplatz von Opferzeremonien.

Im Denpasar Government Tourism Office schräg gegenüber erhält man den »Calendar of Events« mit den Terminen der religiösen Zeremonien sowie Veranstaltungshinweisen für Tanz- und Theateraufführungen.

Die katholische **St. Joseph-Kirche** 7 etwas weiter östlich ist einen Besuch wert, weil hier christliche Motive im balinesischen Stil dargestellt sind. So tragen die Engel an der Fassade *sarongs* und im Innern des Ziegelbaus zeigt ein Bild die Muttergottes mit asiatischen Gesichtszügen.

Das Werdhi Budaya Art Centre

Mit einem Bemo, einem der auf den Hauptstraßen pendelnden Sammeltaxis, erreicht man das **Werdhi Budaya Art Centre** 8 am östlichen Ortsrand. Die Pavillons des im ›barocken‹ balinesischen Baustil errichteten Kulturkomplexes beherbergen Museen und Galerien, Verkaufsausstellungen für Kunsthandwerk sowie Übungssäle für Musik und Tanz. Eine kleine Galerie würdigt das Werk des deutschen Malers Walter Spies, der in den 1930er Jahren die einheimischen Künste beeinflusste. Das hier alljährlich meist im Juni und Juli stattfindende Bali Art Festival mit Musik-, Tanz- und Theateraufführungen sowie Sonderausstellungen zieht Kunstliebhaber aus aller Welt an (tgl. 8–15 Uhr).

In dem 1967 eröffneten College of Indonesian Performing Arts (Sekolah Tinggi Seni Indonesia) unweit des Kulturzentrums absolvieren 500 Studenten ein vier bis fünf Jahre dauerndes Studium. Gelehrt wird hier neben traditionellem Tanz und Gamelan-Musik auch das Schattenspiel. Besucher haben wochentags von 9 bis 13 Uhr die Möglichkeit, den Studenten bei den Proben zuzuschauen. Im großen Gebäude links vom Haupteingang kann man die prachtvollsten Gamelan-Instrumente Balis bewundern.

Cityplan: S. 100/101

Denpasar

Denpasar Government Tourism Office: Jl. Surapati 7, Tel. 0361/23 45 69, Mo–Do 8–14, Fr 8–11, Sa 8 bis 12.30 Uhr.

Natour Bali Hotel [9]: Jl. Veteran 3, Tel. 0361/23 56 81, Fax 0361/23 53 47. Renoviertes Kolonialhotel mit Restaurant und Pool. DZ 35–40 $.
Pemecutan Palace Hotel [10]: Jl. M. H. Thamrin 2, Tel. 0361/42 34 91. Unterkunft im wieder aufgebauten Fürstenpalast von Badung. DZ 300 000–350 000 Rp.

Atoom Baru [11]: Jl. Gajah Mada 106–108, Tel. 0361/43 47 72, tgl. 10–23 Uhr. Indonesische und chinesische Gerichte sowie Seafood. Mittlere Preislage.
Rasa Sayang [12]: Jl. Teuku Umar 175, Tel. 0361/26 20 06, tgl. 11–22 Uhr. Chinesische Gerichte und sehr gute Fischspezialitäten. Mittlere Preislage.
Kak Man [13]: Jl. Teuku Umar 135, Tel. 0361/22 71 88, tgl. 10–22 Uhr. Authentische balinesische Küche. Preiswert.

Gute Einkaufsmöglichkeiten für Kunstgewerbe, Antiquitäten, Textilien und Lederwaren bieten die Läden in den Straßen Jl. Gajah Mada, Jl. Veteran, Jl. M. H. Thamrin und Jl. Sulawesi sowie kleine Geschäfte im Pasar Kumbasari, Jl. Gajah Mada. Goldläden *(Toko Mas),* in denen man den Schmuck nach Gewicht kauft, konzentrieren sich in der Jl. Hasanuddin. Ein Einkaufszentrum für Kunsthandwerk ist Sanggraha Kriya Asta in Tohpati (Tel. 0361/46 19 42) 4 km östl. von Denpasar an der Hauptstraße Richtung Ubud/Gianyar.

Von Mitte Juni bis Mitte Juli findet in Denpasar das **Bali Art Festival** mit kulturellen Veranstaltungen statt. Programm bei den Fremdenverkehrsämtern.

Alljährlich an einem Juliwochenende wird in Padang Galak östlich von Denpasar der **Drachenwettbewerb** (Kite Festival) ausgetragen. Tgl. außer So 9.30–10.30 Uhr Vorführung eines **Barong- und Kris-Tanzes** im Werdhi Budaya Art Centre.

Flughafen Ngurah Rai in Tuban, 13 km südl., Tel. 0361/75 10 11. Fluglinien: Garuda, Jl. Sugianyar 5, 0361/22 78 24; Merpati, Jl. Melati 57, Tel. 0361/23 53 58; Bouraq, Jl. Jend. Sudirman, Block A 47/48, Tel. 0361/24 13 97.

Busse: Innerhalb der Stadt pendeln auf festgelegten Routen zu Einheitspreisen Bemos (Minibusse): Es gibt fünf größere Bus- und Bemo-Terminals für den Fernverkehr auf Bali. **Terminal Tegal** (Jl. Imam Bonjol, 2 km südl. des Zentrums): Bemos nach Kuta, Legian und zum Flughafen sowie nach Nusa Dua, Benoa und anderen Orten auf der Halbinsel Bukit Badung, sporadisch auch zum Tempel Pura Luhur Ulu Watu. **Terminal Ubung** (Jl. Cokroaminoto, 3 km nördl., Tel. 0361/23 71 72): Busse und Bemos nach Nord- und West-Bali. Von hier auch Fernbusse nach Java. **Terminal Kereneng** (Jl. Kamboja): Bemos zum Terminal Batubulan und nach Sanur. **Terminal Batubulan** (8 km nordöstl. des Zentrums, Tel. 0361/29 85 26): Busse und Bemos nach Ost- und Zentral-Bali. **Terminal Suci** (Jl. Hasanuddin): Bemos nach Benoa (Hafen).

Fähren: Gili Cat: Benoa Port, Tel. 0361/27 16 80, info@gilicat.com. Katamaran von Benoa Port (Bali) nach Gili Terawangan (Lombok), ein- bis zweimal täglich, Fahrzeit 2,5 Std.
Blue Water Safaris: Benoa Port, Tel. 081/338 41 89 88, www.bwsbali.com. Motorjacht von Benoa Port (Bali) nach Gili Terawangan (Lombok), ein- bis zweimal täglich, Fahrzeit 2 Std.

Südwest- und West-Bali

Die Reisterrassen von Jatiluih zählen zu den schönsten auf Bali

Reiseatlas S. 232, 233, 234, 238

Südwest-Bali

Reiseatlas: S. 238

ZU HEILIGTÜMERN DER BERGE UND DES MEERES

Entlang der Route liegen drei der bedeutendsten Tempelanlagen: der Reichstempel Pura Taman Ayun, der Bergtempel Pura Luhur Batukau und das Meeresheiligtum Pura Tanah Lot. Weitere Ziele sind das Weberdorf Blayu, der Affenwald von Sangeh und die Fürstenpaläste von Krambitan. Die Reisterrassen von Jatiluih zählen zu den schönsten Balis.

Im Nordwesten von Denpasar

Sempidi, Lukluk und Kapal

Reiseatlas: S. 238, C 2

Wer von einem der Badeorte den Ausflug in den Südwesten an einem Tag schaffen will, muss sehr früh aufstehen und sollte über ein eigenes Fahrzeug verfügen.

Nur wenige Kilometer hinter der Stadtgrenze von Denpasar leuchtet das satte Grün der Reisfelder. Die Dörfer Sempidi, Lukluk und Kapal befinden sich mitten in der ›Kornkammer‹ von Bali. Bekannt sind sie für die reiche Plastik ihrer Tempel.

Am schönsten ist der **Pura Sadha** an der westlichen Peripherie von Kapal. Ursprünglich war die Tempelanlage, deren Grundmauern aus dem 12. Jh. stammen, ein Ahnenheiligtum zur Erinnerung an einen javanischen Adligen. Während der Majapahit-Periode im 14. Jh. (aus jener Zeit stammt unter anderem das gespaltene Tor) wurde Pura Sadha von einem Mengwi-König ausgebaut. Einem Candi, einem javanischen Totentempel, ähnelt die elfstufige, 16 m hohe Prasada aus Backstein im innersten Tempelbezirk.

Das Bauwerk symbolisiert den kosmischen Berg Mahameru, der als Sitz der hinduistischen Götter gilt und spirituelles Zentrum des Mengwi-Reiches war. Die phallische Form war einst Sinnbild für die Manneskraft und Lebensenergie der vergöttlichten Rajas.

Die 57 kleinen und drei großen Ziegelsteinthrone in der südwestlichen Ecke sind Schreine für die Ahnen der Herrscherdynastie von Mengwi. Im Tempelvorhof erhebt sich ein jahrhundertealter Banyan-Baum, zwischen dessen Luftwurzeln sich ein kleiner Steinthron für die Gottheiten der Unterwelt versteckt.

Die Heerscharen von Götter- und Dämonenstatuen, welche die Straße säumen, weisen Kapal als Töpferzentrum von Bali aus. Allerdings werden die kleinen Töpfereien und Keramikwerkstätten, die den immensen Bedarf an Zierrat für die vielen Tempel der Insel längst nicht mehr decken können, von modernen Zementgießereien verdrängt. Dort werden die Wesen der oberen und der unteren Welt schnell und preiswert in Serie gefertigt und bunt bemalt. Was dabei herauskommt, wirkt wie eine balinesische Version des Gartenzwergs.

Mengwi und Pura Taman Ayun

Reiseatlas: S. 238, C 1
Wenige Kilometer westlich von Kapal zweigt eine Straße nach Mengwi ab. Einen guten Eindruck von der klaren, für süd-balinesische Tempel typischen Gliederung der weitläufigen Anlage des Reichstempels Pura Taman Ayun erhält man von der Plattform des Kulkul-Trommelturms links vom Haupteingang.

Die zweitgrößte Tempelanlage von Bali, deren Ursprünge in das 17. Jh. zurückreichen, gliedert sich in mehrere, auf unterschiedlichem Niveau gelegene Höfe mit Altären, Schreinen und Pavillons sowie großen und kleinen vielstöckigen Pagoden, die so genannten Meru. Besonderes Augenmerk verdient die ornamentale Gestaltung der Tore, welche die einzelnen Höfe miteinander verbinden.

Nicht-Balinesen ist der Zutritt zum höchstgelegenen Tempelhof, dem *jeroan* genannten Allerheiligsten, nicht gestattet. Dort stehen die verzierten Ahnenschreine, die den Vorfahren des königlichen Geschlechts von Mengwi bei Tempelfesten als Ehrensitze dienen. Die 1937 auf ihre heutige Größe erweiterte Tempelanlage wird von lotosbewachsenen, künstlichen Wassergräben, welche die Götter bei Tempelfesten gern als Badeplatz aufsuchen, gegen die irdische Umwelt abgegrenzt. Von den Wassergräben rührt auch der Name des Heiligtums her – Taman Ayun bedeutet schwimmender Garten.

Der Affenwald von Sangeh

Reiseatlas: S. 238, C 1
Bestandteil im Programm lokaler Reiseagenturen ist der **Affenwald von Sangeh.** Die hier inmitten hoher Muskatbäume hausenden Grauaffen gelten

Der Pura Taman Ayun

Südwest-Bali

Reiseatlas: S. 234

einem dem »Ramayana«-Epos entliehenen Mythos zufolge als Nachfahren der Heerscharen des Affenkönigs Hanuman, der Rama in dessen Kampf gegen den Dämonenkönig Rawana beistand.

Auch wenn sie den Balinesen heilig sind – die Affenhorden von Sangeh werden lästig bis aggressiv, wenn Besucher ihnen nicht pausenlos Erdnüsse zuwerfen, die sie am Eingang kaufen können. Unvorsichtigen Touristen nehmen sie Brillen von den Nasen, Hüte von den Köpfen und lose umgehängte Taschen von den Schultern.

Im Pura Bukit Sari, einem kleinen Tempel, den ein Fürst der Mengwi-Dynastie im 17. Jh. als Meditationstempel errichten ließ, erregt eine Statue des Sonnenvogels Garuda Aufmerksamkeit. Die Balinesen betrachten Garuda als Reittier des hier verehrten Hindu-Gottes Vishnu, der darauf vom Himmel zur Erde gelangt. Das mythische Wesen gilt nicht nur als König der Vögel, es ist auch ein Menschenfreund: In keinem balinesischen Haus fehlt eine Garuda-Figur, die das Anwesen und seine Bewohner vor Unglück schützt.

Blayu und Marga

Reiseatlas: S. 238, C 1
Aus zahlreichen Häusern im Dorf **Blayu** dringt das monotone Schlagen von Holz auf Holz. Dort sitzen Mädchen und Frauen an Handwebstühlen und fertigen in einer von Generation zu Generation weitergegebenen Technik brokatartige, golddurchwirkte Hüfttücher *(songket)*. Diese wertvollen, nicht waschbaren Textilien, deren Herstellung oft Monate in Anspruch nehmen kann, trägt man nur bei Tempelfesten und wichtigen religiösen Zeremonien.

In **Marga** erinnert das Nationaldenkmal Margarana an ein dunkles Kapitel der jüngeren balinesischen Geschichte. Dort lieferten sich am 20. 11. 1946 Unabhängigkeitskämpfer unter dem Kommando von I Gusti Ngurah Rai (nach dem heute der internationale Flughafen von Bali benannt ist) eine Schlacht mit holländischen Kolonialtruppen. Obwohl hoffnungslos unterlegen, weigerten sich die Balinesen zu kapitulieren und zogen in den *puputan*, die rituelle Selbstvernichtungsschlacht. Für jeden der 1371 gefallenen Kämpfer wurde hinter dem Nationaldenkmal auf einem Heldenfriedhof ein stupa-artiger Grabstein errichtet (tgl. 9–16 Uhr).

Tabanan

Reiseatlas: S. 238, B 1
Tabanan inmitten der ›Reiskammer‹ Balis war einst Mittelpunkt des mächtigen und kriegerischen Königreichs gleichen Namens. Der Ort verlor an Bedeutung, als der Raja beim Einmarsch der Holländer 1906 mit seiner Familie und seinem Gefolge den *puputan* der Unterwerfung vorzog. Heute ist Tabanan ein wichtiger Handelsplatz, aber auch bekannt für ein reges Kulturleben.

In der Geburtsstadt des 1968 verstorbenen Tänzers I Nyoman Mario misst man vor allem der Pflege des balinesischen Tanzes Bedeutung bei. Das **Museum Subak** östlich des Zentrums vermittelt Wissenswertes zum Thema Reis (nicht immer geöffnet).

Reiseatlas: S. 234, 238

Pura Luhur Batukau

Der Bali Butterfly Park 7 km nördlich von Tabanan im Dorf **Wanasari** gilt mit über 1000 Schmetterlingsarten, die dort gezüchtet werden, als eine der größten Schmetterlingsfarmen in Südostasien. Mit etwas Glück kann man eine Entpuppung beobachten (tgl. 8–17 Uhr).

Krambitan

Reiseatlas: S. 238, B 1
Westlich von Tabanan zweigt meerwärts eine Straße zum Dorf Krambitan ab. Seit jeher sahen sich die Rajas von Tabanan, zu deren Herrschaftsbereich Krambitan einst gehörte, wie auch die Regenten der anderen Fürstentümer als Erben und Bewahrer der Hochkultur des untergegangenen ost-javanischen Majapahit-Imperiums.

In Baturiti, 1 km vor Krambitan, steht **Puri Anyar,** ein mit Antiquitäten reich bestückter Palast des Fürstengeschlechts von Tabanan. Ein Teil des Puri beherbergt heute ein Hotel und Restaurant. Der Palast **Puri Agung** gegenüber vom Markt von Krambitan wurde 1775 errichtet. Nur noch in Krambitan wird am ersten Tag des Nyepi-Neujahrsfestes der exorzistische Ritualtanz Tektekan abgehalten, den ein Orchester mit Bambustrommeln und Holzklappern begleitet.

Beinahe menschenleer sind die schönen, grau-schwarzen Sandstrände **Pantai Kelating** 6 km südlich von Krambitan und **Pantai Yeh Gangga** 11 km südlich von Tabanan.

Puri Anyar: Krambitan, Tabanan, Tel. 0361/81 26 68, Fax 0361/26 35 97. Romantische Unterkunft mit original balinesischem Inventar in feudalem Ambiente, Restaurant mit balinesischer Kost. DZ 30–35 $.

Pura Luhur Batukau und Jatiluih

Reiseatlas: S. 234, C 3
Dass die Balinesen ein Gespür für magische Plätze haben, beweist das Bergheiligtum **Pura Luhur Batukau,** das sich an der Flanke des 2276 m hohen Gunung Batukau ausbreitet. Umgeben von hohen Bäumen strahlt dieser von Touristen kaum besuchte Tempel eine weltentrückte Atmosphäre aus. Auch Balinesen kommen nur an wichtigen

---

Puri Night Dinner in Krambitan

Die flackernden Lichter von Öllampen beleuchten schemenhafte Gestalten, die gestikulieren, zucken, tanzen, gegeneinander kämpfen. Bei dramatischen Szenen steigert sich das begleitende Bambus-Orchester zu leidenschaftlichen Rhythmen. Der Tektekan-Ritualtanz stellt den ewigen Kampf zwischen bösen und guten Geistern dar. Eine Touristenversion dieses Tanzdramas ist der Höhepunkt eines Royal Dinner im Puri Anyar von Krambitan. Den Auftakt der Puri Night bildet ein Welcome Dance, gefolgt von einem fürstlichen Abendessen. Puri Night Dinner finden ein- bis zweimal im Monat statt, Auskunft und Reservierung: Tel. 0361/81 26 68, Fax 26 35 97.

Südwest-Bali

Reiseatlas: S. 238

Der Pura Tanah Lot

Feiertagen zum Pura Luhur Batukau, um hier Mahadewa, der Gottheit des Batukau-Vulkans, Opfer darzubringen.

Die Ursprünge des Bergheiligtums reichen ins 11. Jh. zurück. Historischen Quellen zufolge hat der javanische Religionserneuerer Empu Kuturan den Pura Luhur Batukau als einen der ›Himmelsrichtungstempel‹ (s. S. 44) erbaut. Trotz seiner Schlichtheit zählt das Heiligtum 800 m über dem Meeresspiegel zu den bedeutendsten Tempeln auf Bali. Über einen Stufenpfad erreicht man einen künstlichen Teich östlich des Tempels mit zwei moosüberwachsenen Schreinen.

Ein zeitaufwändiger Abstecher auf einer schmalen und kurvenreichen Straße, die 3 km südlich des Tempels in Wangayagede nach Osten abzweigt, führt zum Dorf **Jatiluih** an den Ausläufern des Gunung Batukau. Die Aussicht von der Panoramastraße hält, was der Name Jatiluih verspricht – wahrlich wunderbar. Dort haben balinesische ›Bergbildhauer‹ steile Bergflanken umstrukturiert mit waagerechten Borden, die sich dem Gelände anpassen. Über Jahrhunderte haben sie sich vom Tal die Hänge hinaufgearbeitet und die Terrassenfelder mit Stein- und Lehmwällen umgeben.

Pura Tanah Lot

Reiseatlas: S. 238, B 2
Nicht später als 16 Uhr sollte man sich auf den Rückweg an die Küste machen, will man eines der spektakulärsten Naturschauspiele der Insel nicht versäumen – den Sonnenuntergang beim **Pura Tanah Lot,** der zu den Lieblingstempeln der Reiseveranstalter zählt. Davon zeugen ein Parkplatz ebenso wie eine Shopping-Meile, in der Bali-Souvenirs angeboten werden. Ein Besuch lohnt sich trotz des Trubels, denn Pura Tanah Lot gehört zu den am schönsten gelegenen Tempeln von Bali.

Das kleine Heiligtum, das auf einem bei Flut von der Brandung umschäumten Felsenriff thront, hat mit einfachen reisstrohgedeckten Schreinen keine überragende architektonische Bedeutung. Doch ist es ein wichtiger Vorposten gegen die Mächte der Unterwelt, die im Meer hausenden Dämonen.

Wie die meisten anderen Meeresheiligtümer wurde auch Pura Tanah Lot im 16. Jh. von dem Hindu-Heiligen Sanghyang Nirartha gegründet, der – so will es die Legende – in einer Kokosnussschale von Java nach Bali über-

Pura Tanah Lot

setzte, um das Eiland vor dem Ansturm des Islam zu retten. Während seiner Wanderschaft, auf der er die Hindu-Lehre verbreitete, zog er sich zum Meditieren auf die kleine Felseninsel zurück. Ihm ist in der Tempelanlage ein dreistufiger Meru geweiht. In den Klippen bei Pura Tanah Lot hat der Ozean Höhlen ausgespült. Sie sind ein Unterschlupf für jene schwarz-weiß gebänderten, heiligen Seeschlangen *(ular suci)*, die als Wächter des Tempels gelten. Gegen ein Entgelt zeigt ein Priester Besuchern die Reptilien.

Allabendlich bietet Pura Tanah Lot ein faszinierendes Motiv für jeden Fotografen, wenn das ›Auge des Tages‹ rot glühend im Meer versinkt und sich die Felseninsel mit ihren pagodenartigen Schreinen als Schattenriss spektakulär gegen den Himmel abhebt. Den schönsten Blick hat man von den kleinen – meist brechend vollen – Restaurants auf den gegenüberliegenden Klippen.

Im Umkreis von Pura Tanah Lot stehen auf Felsvorsprüngen weitere kleine Tempel. Folgt man dem schmalen Pfad entlang der Steilküste Richtung Westen, erreicht man, noch in Sichtweite von Tanah Lot, das kleine Heiligtum **Pura Galuh.** Auf einer Klippe erhebt sich einige hundert Meter weiter **Pura Batu Bolong.** Von dort noch etwas weiter westlich führen Stufen hinunter zu einer heiligen Quelle. Von Reisfeldern umrahmt, erstreckt sich die größere Tempelanlage **Pura Luhur Pekendungan** mit weithin sichtbarem siebenstufigen Meru.

Dewi Sinta Cottages: Taman Wisata Tanah Lot, Tel. 0361/81 29 33, Fax 0361/81 39 56, dewisinta@denpasar.wasantara.net.id. Bungalowhotel unweit Pura Tanah Lot mit gemütlichen, meist klimatisierten Zimmern sowie Pool und Restaurant. DZ 20–55 $.

VON DENPASAR NACH GILIMANUK

Landschaftlicher Höhepunkt dieses Ausflugs in den wilden Westen von Bali ist der Bali-Barat-Nationalpark. Die Wasserbüffelrennen von Negara sind eine besondere Touristenattraktion. Schnorchler und Taucher zieht es zu den Korallengärten und -riffen um die Insel Menjangan.

Westlich von Tabanan

Während in der dicht besiedelten Region um die Inselhauptstadt Denpasar ein Dorf fast nahtlos in das nächste übergeht, berührt die Küstenstraße westlich von Tabanan oft kilometerweit keine Ortschaft. Der Westen von Bali ist nur sehr dünn besiedelt. Mit Negara und Mendaya gibt es nur zwei Zentren, ansonsten verlieren sich einige wenige Dörfer in den Reisfeldern.

Der Bali-Barat-Nationalpark

Reiseatlas: S. 232/233, A 1/2–F 2/3
Wegelos – westlich von Pulukan führen keine Straßen mehr durch das Inselinnere von Bali – und nahezu völlig unbewohnt ist das Hochland von Jembrana. Jembrana oder Jimbar Wana bedeutet so viel wie großer Wald. Und für einen Großteil der Westregion trifft dies auch heute noch zu.

Während im Süden und Osten von Bali nach vielen Jahrhunderten zivilisatorischer Entwicklung kaum mehr etwas so ist, wie es die Natur einst geschaffen hat, blieben im Westen der Insel über 1000 km^2 Regenwald erhalten. Entlang der Küste ist zwar auch dort der Dschungel schon längst gerodet, aber landeinwärts dominiert noch immer eine wilde Landschaft mit üppigem tropischen Bewuchs.

Den 700 km^2 großen **Bali-Barat-Nationalpark** durchstreiften noch vor einem halben Jahrhundert zahlreiche balinesische Tiger. Heute zieht das Naturschutzgebiet, dessen höchste Erhebung mit 1580 m der Gunung Patas ist, wegen seiner vielfältigen Vogelwelt hauptsächlich (Hobby-)Ornithologen an. Den Rothschild- oder Bali-Star (Jalak Putih) werden sie allerdings nur mit sehr viel Glück beobachten können, denn der weiße Vogel mit schwarz geränderten Flügeln und blauen Schattierungen um die Augen ist vom Aussterben bedroht. Mit Vögeln, die in Zoos rund um den Globus gezüchtet wurden, will man den Bestand von nur noch 50 frei lebenden Paaren aufstocken.

Während der östliche Teil des Nationalparks kaum zugänglich ist, schätzen Veranstalter die Westregion als ideales Trekking-Terrain. Einen Eindruck von der Bergwildnis erhält, wer auf der landschaftlich reizvollen Straße von

Reiseatlas: S. 232/233

Negara

Pekutatan nach **Pupuan** fährt, einen Bergort mit schönen Reisterrassen. Nordöstlich von **Asahduren** gibt es an der Route, die nahe an die Nationalparkgrenze heranführt, einige Aussichtspunkte.

Bali Barat National Park Headquarter (PHPA): Cekik, Tel. 0365/610 60, Mo–Do 8–14, Fr 8–11, Sa 8–12.30 Uhr. *Permits* für Wanderungen im Nationalpark und Vermittlung von Führern.

Medewi Beach und Pura Rambut Siwi

Reiseatlas: S. 233, E 4
Der steinige **Medewi Beach** ist bei Wellenreitern beliebt. Etwas weiter westlich thront der aus drei Einzelbauwerken bestehende **Pura Rambut Siwi** auf einer Klippe über einem Strand. Wie viele andere Meeresheiligtümer steht auch dieser Tempel in Verbindung mit dem legendären Hindu-Missionar Sanghyang Nirartha. Bei seinen Wanderungen durch Bali ließ der javanische Priester hier eine Haarlocke *(rambut)* zurück, welche die zum Hinduismus bekehrten Einheimischen in einem Schrein verwahrten. Im Laufe der Jahre entstand um den Reliquienschrein herum die heutige Tempelanlage.

Medewi Beach Cottages: Medewi Beach, Pekutatan, Tel. 0365/4 00 29, Fax 0365/4 15 55, www.baliwww.com/medewi-beach-cottages. Bungalowhotel mit Restaurant und Pool in ruhiger Lage, preiswerte Zimmer in einem größeren Nebengebäude, 25 km östl. von Negara. DZ 20–60 $.

Negara

Reiseatlas: S. 232, C 3
Negara, die Hauptstadt von Balis westlichem Verwaltungsbezirk Jembrana, ist für die meisten Touristen nur eine Durchgangsstation. In dem deutlich javanisch-muslimisch beeinflussten Städtchen kommt auf drei Hindu-Tempel eine Moschee. Im Fischereihafen **Pengambengan** einige Kilometer südlich von Negara dümpeln bunt bemalte Fischerboote im seichten Wasser.

Nach den Reisernten in den Monaten Juli bis Oktober finden in Negara Wasserbüffelrennen *(mekepung)* statt. Auf einem 2 km langen Parcours ziehen jeweils zwei mit einem Holzgeschirr zusammengebundene Büffel einen zweirädrigen Karren, auf dem der ›Jockey‹ steht. Die eigens zu diesem Zweck gezüchteten Tiere, die keine Feldarbeit verrichten müssen, ent-

Dschungel-Trekking

Trekking-Touren im Bali-Barat-Nationalpark sollte man nur mit erfahrenen *guides* unternehmen, die auch das erforderliche *permit* der Nationalparkverwaltung in Cekik besorgen. Einige Veranstalter haben sich auf Dschungel-Trekking spezialisiert, etwa Sobek – The Adventure Specialists, Jl. Bypass I Gusti Ngurah Rai 9, Sanur, Tel. 0361/28 70 59, Fax 0361/28 94 48, www.balisobek.com, Erwachsene 55 $, Kinder 30 $.

West-Bali

wickeln dabei erstaunliche Geschwindigkeiten.

Wer am Rennen in **Mertasari** bei Negara am Sonntag vor dem 17. August, dem indonesischen Unabhängigkeitstag, teilnehmen will, muss sich in Ausscheidungen qualifizieren. Bei den Wettbewerben geht es nicht nur um Geld und Prestige, sie haben auch einen religiösen Hintergrund: Man will die Götter beglücken, damit sie die Teilnehmer mit einer reichen Reisernte belohnen. Zugleich geben die Büffel etwas von ihrer Energie in den Boden ab. Wegen des großen Interesses werden auch außerhalb der Saison Rennen für Touristen organisiert.

Pelasari und Belimbingsari

Reiseatlas: S. 232, B 2
Etwa 8 km östlich von Melaya führt eine Stichstraße zum katholischen Dorf **Pelasari** im Hinterland. Wie im protestantischen Nachbarort **Belimbingsari** zeugt hier eine Kirche vom Bekenntnis der Dorfbewohner zum christlichen Glauben. Auf balinesische Stilelemente wurde beim Gotteshaus jedoch nicht verzichtet. So zeigt Gereja Santo Fransiskus außen wie innen eine Synthese aus christlichen Motiven und balinesischer Gestaltungsform.

Gilimanuk und Jayaprana

Reiseatlas: S. 232, A 1
In **Gilimanuk,** dem wenig attraktiven Fährhafen nach Java, soll ein riesiges, gespaltenes Tor Dämonen und anderen unerwünschten Besuchern den Zugang zur Götterinsel verwehren.

Vor Gilimanuk knickt die Hauptstraße nach rechts ab und führt an der Nordküste entlang nach Singaraja. Nach einigen Kilometern deutet ein Hinweisschild ›Makam Jayaprana‹ bergwärts. Ein ausgetretener Stufenpfad endet bei einer Lichtung im Bergwald, auf der ein Pavillon steht. Gegen einen kleinen Obolus sperrt der *pak kunci,* der Vater des Schlüssels, die geschnitzte Holztür auf und lässt Besucher einen Blick auf das geschmückte Grabmal des Jayaprana werfen.

Interessanter als die den Balinesen heilige Gedenkstätte ist die Legende, die sich um sie rankt: Das von einer königlichen Familie aufgenommene Waisenkind Jayaprana verliebte sich in die Bürgerstochter Leyonsari und heiratete sie. Als der Fürst seine Schwiegertochter sah, verfiel er ihrem Charme und wollte seinen Zögling aus dem Weg räumen. Während eines Feldzugs wurde Jayaprana von einem Vertrauten des Königs umgebracht. Leyonsari berichtete man, ihr Gatte sei im Kampf gefallen. Im Traum aber erzählte ihr ein Geist von dem Mord, woraufhin sich Leyonsari in die Fluten der Bali-See stürzte, um den Annäherungsversuchen ihres Schwiegervaters zu entgehen.

Pulau Menjangan

Reiseatlas: S. 232, B 1
Gegenüber der Stelle, wo Leyonsari ihrem Leben ein Ende gesetzt haben soll, ragt **Pulau Menjangan** aus dem Wasser. In der Dünung schwingen Fächerkorallen und treiben bunte Riff-Fische. Hunderte Korallenarten sowie

Pulau Menjangan

Büffelrennen in Negara

Riffhaie, Rochen und Meeresschildkröten machen die Unterwasserwelt vor der Nordküste der Insel bis zum 60 m tief abfallenden Riff zum artenreichsten Tauchrevier Balis. Boote für die halbstündige Überfahrt nach Pulau Menjangan kann man in Labuhan Lalang an der Terima-Bucht mieten.

Matahari Beach Resort: Pemuteran, Tel. 0362/9 23 12, Fax 0362/9 23 13, www.matahari-beach-resort.com, Buchung in Deutschland: Tel. 040/37 49 68 50, Fax 040/37 51 00 02, marketing@m-b-r.com. Exklusive Bungalowanlage im balinesischen Stil mit Gourmet-Restaurant, Pool und Tauchbasis, 30 km östl. von Gilimanuk. Im Parwathi Spa, das den Wasserpalästen von Bali nachempfunden ist, haben die Gäste die Wahl zwischen traditionellen Sthira- und Sukha Massagen. Bungalow 186–513 $.

Taman Sari Beach Cottages: Pemuteran, Tel. u. Fax 0362/9 32 64. Strandhotel mit komfortablen Doppelbungalows sowie Seafood- und Thai-Restaurant, 30 km östl. von Gilimanuk. DZ 45–90 $.

Taman Selini: Pemuteran, Tel./Fax 0362/9 34 49, www.tamanselini.com. Strandhotel im inseltypischen Stil. Jeder Bungalow mit Freiluft-Mandi und Terrasse, auf der sich ein zusätzliches Bett mit Moskitonetz befindet. Mit Restaurant und Pool. Bungalow 85 $.

Zentral-Bali

Wie moduliert –
Balis Reisfelder

Reiseatlas S. 235, 236, 239

Zentral-Bali

Reiseatlas: S. 239

INS ZENTRUM DER INSEL

Die Route von Denpasar nach Ubud, die ›Straße der Kunsthandwerker‹, berührt Ortschaften, in denen gemalt, geschnitzt, gehämmert, geschmiedet und gewebt wird. In Batubulan kann man Steinmetze bei der Arbeit beobachten, in Celuk Gold- und Silberschmieden über die Schulter gucken oder in Mas die Werkstätten und Galerien von Holzschnitzern besuchen.

Von Denpasar nach Ubud

Batubulan

Reiseatlas: S. 239, D 2

Nordöstlich von Denpasar, in den sehr fruchtbaren Ebenen zwischen der Inselhauptstadt und den Bergen, trifft man auf einige der bekanntesten Kunsthandwerker- und Künstlerdörfer von Bali. Die viel befahrene Straße präsentiert sich als eine einzigartige, 26 km lange Galerie.

Furcht erregende Dämonenfiguren, mystische Tiergestalten und erhabene Götterstatuen stehen in Batubulan (Steinmond) Spalier, dem ersten Dorf auf dem Weg nach Ubud an der ›Straße der Kunsthandwerker‹. Die Steinmetze hämmern wie im Akkord, denn sie haben alle Hände voll zu tun, um die Nachfrage nach steinernem Zierrat für Schreine und Tempel zu befriedigen. Selbst Touristen bestellen zentnerschwere Steinskulpturen, um ihre Vorgärten damit zu schmücken. Sorgfältig verpackt werden diese Kunstwerke dann nach Übersee verschifft. Allerdings übersteigt der Preis der Seefracht den Kaufpreis meist um ein Mehrfaches.

In der Vielzahl bauplastischer Verzierungen am **Pura Puseh,** dem Ursprungstempel 300 m östlich der Hauptstraße von Batubulan, kommt die Kunstfertigkeit der lokalen Steinschnitzer deutlich zum Ausdruck. Ein nahezu lückenloser Mantel aus Schmuckornamenten bedeckt das massive Tempeltor. An diesem Kori Agung stehen sich Gottheiten aus dem hinduistischen Pantheon und zwei Buddha-Statuen gegenüber – ein steingewordenes Symbol für die Verschmelzung religiöser und kultureller Einflüsse auf Bali.

In der **KOKAR-Akademie** (Konservatori Kerawitan), Balis führendem Konservatorium für darstellende Künste, können interessierte Besucher während der Woche Studenten bei den Proben zuschauen und sich ein Bild davon machen, wie intensiv und anstrengend deren Training ist (Mo–Fr 8–16 Uhr).

Im **Taman Burung** am nördlichen Ortsrand von Batubulan kann man die Vogelwelt Asiens und Australiens betrachten. Der weitläufige Vogelpark präsentiert in großen Volieren über 1000 Vögel, darunter den Paradiesvogel und den Nashornvogel (tgl. 8–18 Uhr). Wer für die Reise zur ›Dracheninsel‹ Komodo keine Zeit hat, findet im benachbarten Reptilienzoo **Rimba Reptil** neben Königskobras, Pythons und anderen Schlangen einige Komodo-Warane (tgl. 9–18 Uhr). Tieren aus allen Erdteilen begegnet man im nahe gelegenen **Bali Zoo Park** (tgl. 9–18 Uhr).

Celuk und Sukawati

Reiseatlas: S. 239, D 2
Das lang gezogene Straßendorf **Celuk** hat sich als Zentrum der balinesischen Gold- und Silberschmiedekunst einen Namen gemacht. An fast jeder Hausfassade weist ein Schild *Mas & Perak* (Gold und Silber) auf eine der vielen Verkaufsausstellungen hin. Aus Hinterhöfen dringt rhythmisches Klopfen und das zischende Geräusch von Lötkolben.

Mit oft einfachsten Handwerksmitteln fertigen in kleinen Werkstätten, die Besuchern offen stehen, Schmiede in traditioneller Technik Filigranarbeiten. Die Vorfahren der heutigen Kunsthandwerker hämmerten und ziselierten nur für die Fürstenhöfe, heute arbeitet man meist im Auftrag ausländischer Kunden.

Im weiter östlich gelegenen **Sukawati** kann man die flachen Lederfiguren des Wayang Kulit, des indonesischen Schattenspiels (s. S. 57), kaufen. Die hiesigen Puppenspieler *(dalang)*, die zu den angesehensten ihrer Zunft auf Bali gehören, fertigen ihre filigranen Schattenspielfiguren selbst an, verkaufen allerdings nur Puppen zweiter Wahl.

Einen sehr guten Ruf haben auch die in Sukawati beheimateten Schirmmacher, die Hoheitsschirme und andere für Tempelzeremonien und religiöse Prozessionen wichtige Requisiten herstellen. Gute Einkaufsmöglichkeiten für kunstgewerbliche Produkte aller Art bietet der Pasar Seni (Kunstmarkt), ein modernes, zweistöckiges Gebäude gegenüber dem Obst- und Gemüsemarkt in der Ortsmitte von Sukawati.

Tänze in Batubulan

Morgens stauen sich Ausflugsbusse, Taxis und Mietwagen. Grund dafür ist das Barong-Tanzspiel, das man täglich von 9 bis 10.30 Uhr auf einer der vier Bühnen von Batubulan inszeniert. Zwar ist dieses Tanzdrama, mit dem die Balinesen die Dualität allen Seins, das Gleichgewicht zwischen Gut und Böse, beschwören, hier auf den Geschmack des Publikums zugeschnitten, doch ist es dennoch ein Beispiel exzellenter Tanzkunst. Am frühen Abend dann das gleiche Bild, nur wird dieses Mal auf einer Bühne etwas abseits der Hauptstraße von 18.30 bis 20 Uhr der Kecak-Tanz aufgeführt.

Zentral-Bali

Reiseatlas: S. 236, 239

Batuan und Mas

Reiseatlas: S. 239, D 1/2
Bekannt für ihren Malstil sind die Künstler von **Batuan**. In den 30er Jahren des 20. Jh. war die Künstlervereinigung des Ortes unter der Anleitung des Deutschen Walter Spies die erste Malerschule von Bali, an der Gemälde mit weltlichen Motiven entstanden.

Zum Renommee von Batuan haben auch die Tänzer und Tänzerinnen beigetragen, die sich auf Baris und Legong spezialisiert haben. In Batuan erlebte der beinahe in Vergessenheit geratene Gambuh, der als ›Mutter aller balinesischen Tänze‹ gilt, eine Renaissance. Öffentliche Aufführungen finden abends an jedem ersten und fünfzehnten Tag im Monat statt.

In **Mas** dominiert die Schnitzkunst. Über mehrere Kilometer ziehen sich museumsartige Galerien und Studios, Ateliers und Manufakturen rechts und links der Straße hin. Früher wurde hier nur im Auftrag von Priestern und Herrschern gearbeitet, heute entstehen dekorative Produkte für den Touristenmarkt. So manches stattliche Anwesen beweist, dass sich Balis Charme durchaus mit einem Sinn fürs Profitable verbindet.

Bataillone von Holzschnitzern werkeln wie am Fließband und zaubern aus groben Holzklötzen hinduistische Götter und edle Helden sowie Tiere und Früchte. In einer alten Tradition wurzelt in Mas die Maskenschnitzerei, auf die sich einige Familien spezialisiert haben.

Im Dorfheiligtum **Pura Taman Pule** (Tempel mit wunderschönem Garten), das mit reichem Skulpturenschmuck versehen ist, verehrt man den javanischen Hindu-Priester Sanghyang Nirartha, den Urvater der balinesischen Brahmanen. Der Überlieferung zufolge hatte er Anfang des 16. Jh. in der Gegend des heutigen Mas eine neue Heimat gefunden und von dort den Hinduismus auf Bali verbreitet. In Mas heiratete der Sanskrit-Gelehrte die Tochter eines lokalen Adeligen. Die vier Söhne des Paares gründeten später die bedeutendsten Brahmanen-Familien von Bali.

Pengosekan und Peliatan

Reiseatlas: S. 236, A 4
Nördlich von Mas häufen sich die Gemäldegalerien – ein Zeichen dafür, dass man sich Ubud nähert. In **Pengosekan** befinden sich, nur wenige Meter von der Hauptstraße entfernt, die Ausstellungs- und Arbeitsräume der Community of Young Artists, einer Künstlergruppe, die 1969 von Dewa Nyoman Batuan gegründet wurde und an die Tradition der berühmten Pita Maha anknüpft (s. S. 64).

Auch in **Peliatan** wird gemalt. Die Mitglieder der hiesigen Fürstenfamilie, die seit jeher großzügige Mäzene der schönen Künste waren, messen auch in unseren Tagen der Pflege des klassischen balinesischen Tanzes große Bedeutung bei. Meist dürfen Besucher bei den sporadisch an Sonntagvormittagen im Puri Agung, dem Fürstenpalast, stattfindenden Proben zuschauen und sich ein Bild von den sehr lebendigen Traditionen von Tanz, Musik und Theater auf Bali machen.

UBUD UND UMGEBUNG

Bali-Liebhaber sind sich einig: Wer nicht in Ubud war, kennt die Insel nicht. In und um Ubud werden allabendlich balinesische Tänze aufgeführt und in unzähligen Tempeln farbenfrohe Zeremonien abgehalten. Wer Kunst und Kunsthandwerk kaufen möchte, ist hier am rechten Ort. Naturfreunde begeistert die traumhaft schöne Reisfeldlandschaft.

Kunstmetropole Ubud

Reiseatlas: S. 236, A 4

Als Zentrum des balinesischen Kunst- und Kulturlebens ist das Städtchen Ubud Ziel all jener Touristen, die der Kunst und Kultur wegen nach Bali kommen. In und um Ubud konzentriert sich vieles von dem, was gern als ›typisch balinesisch‹ bezeichnet wird: Ateliers von Malern, Werkstätten von Holzschnitzern und Galerien von Batik-Künstlern sowie bedeutende Tempel.

Abends liegt das monotone Klöppeln der Hämmer und der Hall der Gongs von Gamelan-Orchestern in der Luft – ein unüberhörbares Zeichen dafür, dass auf einer der Bühnen des Ortes gerade ein balinesischer Tanz aufgeführt wird. Ubud ist also wie geschaffen, um einen Einblick in die reiche Kultur der Balinesen zu gewinnen. Ganz abgesehen davon liegt es inmitten einer hinreißend schönen, von einem engmaschigen Netz von Pfaden durchzogenen Reisfeldlandschaft, die zu Spaziergängen und Wanderungen einlädt.

Ubud im Umbruch

Im Ort, der bis Mitte der 1970er Jahre vor sich hin dämmerte, hat sich im Laufe der letzten beiden Jahrzehnte eine spürbare Veränderung vollzogen. Früher hatten die Häuser noch kein elektrisches Licht und es mussten nach Sonnenuntergang Petroleumlampen angezündet werden. Es gab kein fließendes Wasser, keine Post und kein Telefon. Und auch die touristische Infrastruktur steckte noch in den Kinderschuhen. Der Mythos vom Zentrum der Künste entwickelte sich im Laufe der Zeit zum Verkaufsschlager. Heute empfängt Ubud seine Gäste mit einer Mischung aus kulturellem Flair und profitorientierter Geschäftigkeit.

Das Idyll der 30er Jahre des 20. Jh., als sich in Ubud europäische und amerikanische Künstler niederließen, ist dahin. Vor allem bei einem Bummel durch die Monkey Forest Road (Jl. Wanara Wana) oder entlang der Hauptstraße, den beiden touristischen Ballungsgebieten des 10 000 Einwohner zählenden Ortes, reihen sich Hotels und Pensionen, Restaurants und Bars, Ge-

Ubud und Umgebung

Reiseatlas: S. 236, 239

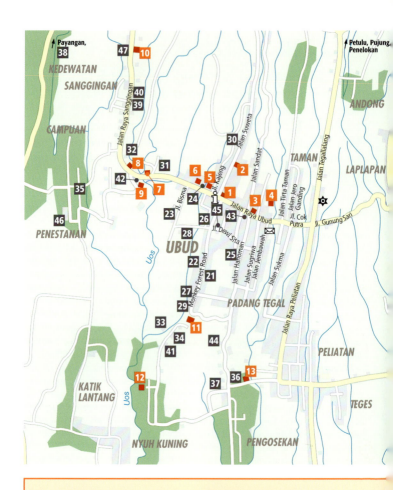

Sehenswürdigkeiten

1. Puri Saren
2. Pura Pamerajan Sari Cokorda Agung
3. Galerie von I Gusti Nyoman Lempad
4. Galerie Sanggar Seniwati
5. Pura Taman Kemude Saraswati
6. Museum Puri Lukisan
7. Pura Dalem
8. Pura Gunung Lebah
9. Blanco Renaissance Museum

Cityplan

Ubud

UBUD UND UMGEBUNG

- 14 Goa Gajah
- 15 Yeh Pulu
- 16 Pura Samuan Tiga
- 17 Museum Purbakala Gedung Arca
- 18 Pura Kebo Edan
- 19 Pura Pusering Jagat
- 20 Pura Penataran Sasih

Übernachten

- 21 Komaneka Resort
- 22 Ubud Village Hotel
- 23 Pringga Juwita Water Garden Cottages
- 24 Puri Saraswati Bungalows
- 25 Artini Accommodation
- 26 Oka Wati's Sunset Bungalows
- 27 Pande Permai Bungalows
- 28 Nick's Pension
- 29 Monkey Forest Hideaway
- 30 Rumah Roda Homestay
- 31 Ibah
- 32 Hotel Campuan
- 33 Alam Indah
- 34 Garden View Cottages
- 35 Melati Cottages
- 36 Arma Resort
- 37 Guci Guest House
- 38 Ubud Hanging Gardens

Essen und Trinken

- 39 Indus
- 40 Mozaic
- 41 Laka Léke
- 42 Murnis Warung
- 43 Nomad
- 44 Panili Vanilla French Café
- 45 Gaia à Café
- 46 Café Dewata
- 47 Naughty Nuri's Warung

- 10 Museum Neka
- 11 Affenwald (Monkey Forest) mit Pura Dalem Agung Padang Tegal
- 12 Environmental Bamboo Foundation
- 13 Agung Rai Museum of Art

Ubud und Umgebung

DER SCHÖPFER DES BALI-MYTHOS WALTER SPIES

Wer in Deutschland kennt heute noch Walter Spies? Nur eine kleine Gruppe von Insidern. Auf Bali sieht die Sache anders aus. Walter Spies hat dort in Kunst- und Kulturkreisen noch heute einen klangvollen Namen. Er ist bekannt als künstlerisches Allround-Talent, das sich Bali, seinen Bewohnern und seiner Kunst so innig verbunden fühlte, dass er es zu seiner zweiten Heimat machte.

Seine Kindheit und Jugend verbrachte der 1895 geborene Sohn einer deutschen Kaufmannsfamilie in Moskau. Im Ersten Weltkrieg als wehrpflichtiger Deutscher im Ural interniert, musizierte er mit den Dorfbewohnern, komponierte im Stil der baschkirischen Volksmusik und malte Motive des bäuerlichen Lebens. Seine Übersiedlung nach Deutschland am Ende des Krieges war nicht von Dauer.

Auch wenn er in Avantgarde-Kreisen in Hellerau bei Dresden und Berlin als Künstler und Lebemann beliebt war und einige Jahre in homosexueller Beziehung mit Fritz Murnau, dem Regisseur des Stummfilms »Nosferatu« (1922), lebte, gelang es ihm nicht, sich in Deutschland heimisch zu fühlen. Die Kälte und Enge des gesellschaftlichen Lebens ekelten ihn an. Seine Sehnsucht nach der körperlichen Schönheit der ›braunen Menschen‹ erweckte wohl der damals Aufsehen erregende Bali-Fotoband von Gregor Krause (1921). So nimmt es nicht wunder, dass Spies als Matrose für eine Reise nach Jakarta anheuert.

Nach einem kurzen Zwischenaufenthalt auf Java finden wir ihn ab 1927 auf Bali. Eingeladen vom Fürsten von Ubud, den er am Hofe des Sultans von Yogyakarta kennen gelernt hatte, lässt er sich im Dorf Campuan am Rande des damals ländlichen Ubud nieder. Es folgt eine Zeit der intensiven Auseinandersetzung mit der hinduistischen Kultur und der tropischen Natur der Insel, die ihn faszinieren.

Spies wird zum Insektenforscher, komponiert, spielt Gamelan-Musik und malt. Er unterscheidet sich von anderen europäischen Malern, die Bali für sich entdecken und oft nicht mehr als Epigonen der realistischen Malerei des 19. Jh. sind. Spies entwickelt auf Bali seine Version des magischen Realismus, seinen eigenen Stil, der durch Futurismus, Kubismus und den ›naiven‹ Henri Rousseau ebenso beeinflusst ist wie von der statisch-zweidimensionalen Malerei des hinduistischen Bali.

Spies' Leben wechselt zwischen Rückzug in die Einsamkeit für Studien und Malerei und hedonistischem Lebensgenuss im Kreise gleichgesinnter Gäste aus Europa und Amerika. Er baut in Campuan ein Haus in lokaler Tradition und bewohnt es mit seinen balinesischen Freunden. Sein Anwesen wird zum Mittelpunkt des internationalen Jetset. Die Gäste – unter anderem Charlie Chaplin, die Woolworth-Erbin Barbara Hutton, die Romanautorin Vicki Baum und die Anthropologin Margaret Mead – geben sich die Klinke in die Hand. Ihnen allen wird der gut aussehende junge Deutsche zum Führer und Begleiter auf ihrer Entdeckungsreise durch

Walter Spies

die fremde Welt. Er, der sich Jahr für Jahr mehr zum Kenner und Liebhaber Balis entwickelt, ist dabei Freund, Gastgeber und Informant.

Wenn er nicht genug Auftragsarbeiten hat oder seine Gäste ihm keine Bilder abkaufen, droht ein finanzieller Engpass. Dann wird Spies auch schon mal zum Touristenführer und Hotelier. Der erste Bali-Guide ist geboren! Und für dessen Kundschaft ist Bali vieles: Folie des edlen Wilden und der unberührten Natur, Schauplatz eines vermeintlich freieren Lebens oder ethnologisches Studienobjekt. Spies stellt den Gästen sein immenses Wissen zur Verfügung und seine guten Kontakte zu den Einheimischen, die ihm vertrauen.

Walter Spies verehrt alles ursprünglich Balinesische und engagiert sich in der 1936 gegründeten Künstlervereinigung Pita Maha, welche die Eigenständigkeit balinesischer Malerei unterstützt und eine Verflachung für den touristischen Geschmack verhindern möchte. Walter Spies greift an anderer Stelle durch seine Aktivität als Künstler gewollt oder ungewollt in die Entwicklung ein. Der deutschen Romantik verpflichtet sammelt Spies wie schon im Ural Melodien, Volkserzählungen und Sprichwörter. Er malt dörfliche Szenen in tropischer Natur und fängt dabei mit westlichem Auge die Magie Balis ein.

Spies' Einfluss auf seine balinesischen Malerkollegen ist groß. Es entsteht der so genannte Batuan-Stil, der an die Stelle religiöser Motive Szenen des täglichen Lebens setzt und bis in die 80er Jahre des 20. Jh. in der Malerei für das Touristengeschäft kopiert wird. Auch in anderen Kunstformen ist Walter Spies' Einfluss prägend. Die Großform des expressionistisch anmutenden Kecak-Tanzes, die heute den Touristen im Dorf Bona täglich vorgeführt wird, ist ein Nebenprodukt seiner choreographischen Arbeit für Viktor von Plessens Film »Insel der Dämonen«.

Doch die balinesische Idylle ist nicht von Dauer. Das faschistische Klima in Deutschland verschärft sich gegen Ende der 30er Jahre des 20. Jh. Die holländische Kolonialverwaltung schließt sich an und sorgt für eine Verfolgung Homosexueller auf Java und Bali. Walter Spies wird inhaftiert. Seine balinesischen Freunde tragen sein Lieblings-Gamelan vor die Gefängnistore in Denpasar und spielen ihm auf. Seine Freilassung erreichen sie nicht. In der Gefangenschaft entstehen seine wichtigsten Bilder, die aus einer Innensicht heraus hinduistische Themen der Wiedergeburt und des Werdens und Vergehens reflektieren.

Nach einigen Monaten wird Walter Spies entlassen und zieht sich in sein Haus in Iseh im Osten von Bali zurück. Der Aufenthalt in Iseh ist nur kurz. Deutschland überfällt Holland und damit endet Walter Spies' Schicksal genau so spektakulär wie es begonnen hatte. Wieder wird er interniert, diesmal mit 3000 Deutschen als Kriegsfeind Hollands, der Kolonialmacht im indonesischen Inselreich.

Im Jahre 1942 stirbt Walter Spies bei einem japanischen U-Boot-Angriff auf ein holländisches Schiff, das deutsche Internierte nach Ceylon bringen sollte. Man weiß nicht, ob die Berichte von Augenzeugen stimmen, nach denen er, der immer Glückliche, sich nicht retten lassen wollte.

Nele Wasmuth

Ubud und Umgebung

Reiseatlas: S. 236, 239

schäfte und Boutiquen aneinander. Doch trotz Tourismus-Boom und aller Konzessionen an den Zeitgeist hat es Ubud geschafft, sich viel von seiner Ursprünglichkeit zu bewahren.

Tempel, Paläste, Galerien

Ubuds wichtigste Sehenswürdigkeiten liegen zentral an der Durchgangsstraße. Im **Puri Saren** [1] werden täglich nach Einbruch der Dunkelheit balinesische Tänze und Tanzdramen aufgeführt. Die Residenz der hiesigen Fürstenfamilie versteckt sich gegenüber vom Marktgebäude mit Kunstgewerbe- und Souvenirläden hinter einer Ziegelsteinmauer im Grün eines kleinen Parks.

Samstagnachmittags üben sich in einem Pavillon junge Mädchen im Legong-Tanz. In den Schreinen des Sippentempels der Fürstendynastie, des **Pura Pamerajan Sari Cokorda Agung** [2] werden heilige Erbstücke der königlichen Familie aufbewahrt.

Folgt man der Hauptstraße Jl. Raya Ubud nach Osten, erreicht man nach 500 m die **Galerie von I Gusti Nyoman Lempad** [3], des bedeutendsten Steinmetzen und Holzschnitzers der Künstlervereinigung Pita Maha, die der örtliche Aristokrat Cokorda Gede Agung Sukawati und der deutsche Maler Walter Spies 1936 gegründet hatten. Einige von Lempads Tuschezeichnungen sind in der von seinen Nachkommen geführten Galerie ausgestellt (tgl. 9–19 Uhr). Gleich um die Ecke, in der Jl. Sri Wedari, zeigt die **Galerie Sanggar Seniwati** [4] Werke indonesischer Künstlerinnen (tgl. 10–17 Uhr).

Einige Schritte westlich des Fürstenpalastes Puri Saren bedeckt ein dichter Teppich von Lotosblüten einen Teich. Der **Pura Taman Kemude Saraswati** [5] dahinter ist der Göttin der Weisheit, der Wissenschaft und der Kunst, vor allem der Literatur, geweiht. Am Saraswati-Tag treffen sich hier Schüler und Studenten, um Dewi Saraswati ihre Reverenz zu erweisen.

Nächtigen in fürstlichem Ambiente – das kann man im Puri Saraswati, einem an den Saraswati-Tempel angrenzenden Fürstenpalast, der heute ein kleines Hotel beherbergt. Die geschnitzten Tore und anderer Zierrat des ehemaligen Adelspalastes sind Zeugnisse der Holzschnitz- und Steinmetzkunst des Multitalents I Gusti Nyoman Lempad. Seine Handschrift trägt auch der Lotosthron im Saraswati-Tempel.

Die Kunstmuseen von Ubud

Ubuds Ruf als Kulturhauptstadt wird durch das **Museum Puri Lukisan** [6] gefestigt. Der 1956 auf Betreiben des niederländischen Malers Rudolf Bonnet eröffnete ›Palast der Gemälde‹ veranschaulicht die Entwicklung vom klassischen zweidimensionalen Wayang-Stil zur modernen Malerei mit realistischen Menschendarstellungen. Ausgestellt sind zudem Werke hiesiger Holzschnitzer (tgl. 8–16 Uhr).

Ein Spaziergang entlang der Hauptstraße Richtung Westen führt zum Dorf Campuan, heute praktisch ein Ortsteil von Ubud. Auf halbem Weg passiert man den **Pura Dalem** [7] (Unterweltstempel), dessen Treppenaufgang Furcht erregende Dämonen- und He-

Ubud

Souvenirladen in Ubud

xenfiguren flankieren. Aufgabe dieser Tempelwächter ist es, mit ihren magischen Kräften übel wollende Wesen aus der unteren Sphäre fern zu halten. Kurz vor der Brücke nach Campuan, die eine vom Uos-Fluss gebildete Schlucht überspannt, führt rechter Hand eine Treppe hinunter zum Tempel **Pura Gunung Lebah** 8, in dem von einer Reisanbau-Vereinigung *(subak)* die Reisgöttin Dewi Sri verehrt wird.

Jenseits der Brücke thront hoch über dem Uos das **Blanco Renaissance Museum** 9, die Kunstgalerie des im Jahre 2000 verstorbenen Malers Antonio Blanco, eines exzentrischen Amerikaners spanisch-philippinischer Herkunft. Kritiker rügten den ›Dalí von Bali‹, weil er sich zu Lebzeiten in seinem Anwesen einen zwölfstufigen Meru errichten ließ, einen ›Tempelturm‹ mit noch einem Dach mehr, als dem Hindu-Gott Shiva zusteht, der auf Bali besondere Verehrung genießt (tgl. 9–17 Uhr). Im Hotel Campuan etwas weiter Richtung Norden wohnte einst der deutsche Maler Walter Spies, der in den 30er Jahren des 20. Jh. einen wesentlichen Beitrag zur Renaissance der bildenden Kunst auf Bali leistete.

Bei Antonio Blancos privatem Kunstmuseum zweigt eine Straße nach Penestanan ab, wo in den 50er Jahren des 20. Jh. der holländische Maler Arie Smit die ›Schule der jungen Künstler‹ gründete. Zwar sind die *young artists* mittlerweile alt und ergraut, doch ihre Söhne und Enkel stehen ihren Vätern und Großvätern in puncto Kreativität in nichts nach. Besucher sind in den Ateliers und Galerien gern gesehen. In das Künstlerdorf gelangt man auch über ei-

Zentral-Bali

Reiseatlas: S. 236, 239

Idylle im geschäftigen Ubud – Café am Lotos Pond

nen steilen Stufenpfad, der einige hundert Meter nördlich des Hotels Campuan links abbiegt.

In Sanggingan, 1,5 km nördlich von Campuan, liegt das reich bestückte **Museum Neka** [10]. Dieser 1982 eröffnete Komplex, der sich nach thematischen Schwerpunkten in mehrere Pavillons aufgliedert, ist der zeitgenössischen balinesischen Malerei gewidmet. Ausgestellt sind auch Werke anderer indonesischer Maler wie die des Javaners Affandi und Bilder europäischer Künstler, die auf Bali lebten (tgl. 8–17 Uhr).

Rund um Ubud

Zwischen Ubud und den umliegenden Dörfern breitet sich die Landschaft aus, wie man sie aus Bali-Bildbänden kennt:
In schier endloser Wiederholung reihen sich Reisfelder und -terrassen aneinander. In der Umgebung von Ubud findet man auch die bedeutendsten Kulturdenkmäler der Insel. Die von einem engmaschigen Wege- und Straßennetz durchzogene Landschaft bietet sich für Wanderungen und Radtouren an. Weiter entfernte Ziele erreicht man auch mit öffentlichen Verkehrsmitteln.

Der Monkey Forest

Die Monkey Forest Road führt Richtung Süden zum **Affenwald** [11] (Mandala Wisata Wenara Wana, tgl. 8–18 Uhr) von Ubud. Der wie ein Märchenwald wirkende Hain gilt Balinesen als heilig. Deshalb blieb hier ein alter Bestand aus Banyan-Bäumen unangetastet. Zwischen den Luftwurzeln der

Riesen toben die Nachkommen des mythischen Affengenerals Hanuman, freche Makaken, vor denen sich Besucher in Acht nehmen sollten. Gleich nach dem Eingang führt rechter Hand ein Stufenpfad zu einer Schlucht, wo sich inmitten des Tropengrüns der kleine Tempel **Pura Beji** versteckt. Ganz in der Nähe befinden sich ein zweiteiliger Badeplatz mit moosbewachsenen Wasserspeiern und ein Quellheiligtum, das für Fremde nicht zugänglich ist.

Am Rande des Monkey Forest steht der **Pura Dalem Agung Padang Tegal.** An den Mauern und Toren des Tempels der Todesgöttin Durga dominieren als Hauptmotiv Dämonenstatuen. Das in den zweiten Hof führende, oben geschlossene Kori Agung wird von Rangda-Figuren mit gewaltigen Hängebrüsten und weit heraushängenden Zungen bewacht. Die Riesenschildkröte Bedawang bildet die Basis des nur bei festlichen Anlässen geöffneten Tempeltors.

Die Bambus-Stiftung von Ubud

Ein Spaziergang führt vom Affenwald zum Holzschnitzerdorf Nyuh Kuning. Dort gründete 1993 die amerikanische Innenarchitektin Linda Garland die **Environmental Bamboo Foundation** [12] zur Erforschung und Verwertung des rasch nachwachsenden Rohstoffs Bambus. Sie preist das ›Wundergras‹ als Ersatz für Tropenhölzer und demonstriert dessen schier unerschöpfliche Nutzanwendung. Mit ihren Aktivitäten will die ›Umweltorientierte Bambus-Stiftung‹ zum Schutz der südostasiatischen Regenwälder beitragen. Sie veranstaltet Workshops, deren Teilnehmern alle Aspekte der Bambusproduktion vom Pflanzen bis zur Vermarktung vermittelt werden, entwickelt hochwertige Bambusprodukte und fördert Wiederaufforstungsprogramme mit Bambus in Indonesien. Auf dem Gelände findet die ›International Bamboo Conference‹ statt, an der Wissenschaftler und Künstler aus aller Welt teilnehmen. Von Nyuh Kuning kann man durch die Reisfeldlandschaft zum Malerdorf Penestanan und von dort über Campuan zurück nach Ubud wandern.

In Pengosekan leben zahlreiche Maler. In den Ausstellungsräumen des **Agung Rai Museum of Art** [13] präsentiert Anak Agung Rai, der zurzeit bedeutendste balinesische Kunstsammler und Mäzen, seine Kollektion, die traditionelle und zeitgenössische balinesische Kunst sowie Werke europäischer und australischer Maler umfasst (tgl. 9–18 Uhr). Zum ARMA-Komplex gehören eine Open-Air-Bühne, auf der Kecak- und Legong-Aufführungen inszeniert werden, eine Kunstschule für Kinder und Jugendliche, ein Tagungszentrum für internationale Kolloquien sowie ein stilvolles Resorthotel.

Die Elefantengrotte Goa Gajah

Reiseatlas: 236, A 4

Östlich von Pengosekan kündigt ein riesiger Parkplatz eines der bedeutendsten Kulturdenkmäler aus der altbalinesischen Epoche an – die Elefantengrotte **Goa Gajah** [14]. Das erst 1923 entdeckte Heiligtum, das Wissen-

Zentral-Bali

Reiseatlas: S. 236, 239

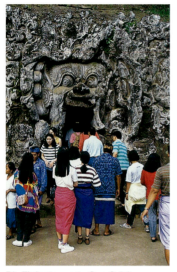

Die Elefantengrotte Goa Gajah

schaftler in das 11. Jh. datieren, hat vermutlich einst shivaistischen Eremiten als Mönchsklause gedient. Eine riesige Dämonenfratze mit weit aufgerissenem Maul, das heute ganze Busladungen von Touristen verschluckt, bildet den Eingang zur T-förmigen, von Menschenhand geschaffenen Höhle.

Die Nischen in den Innenwänden waren wahrscheinlich einst Meditationsstätten für Mönche. Im linken Teil der Querhöhle erkennt man eine Statue von Ganesha, des elefantenköpfigen Sohnes von Shiva, dem das Heiligtum vermutlich seinen Namen verdankt. Auf die shivaistische Ausrichtung des Höhlentempels deuten auch Lingas auf einem Steinaltar im rechten Quergang hin, steinerne Phallussymbole, die Shivas Zeugungskraft symbolisieren.

1954 legte man bei Ausgrabungen gegenüber der Höhle ein Wasserheiligtum frei, dessen drei Bassins von sechs Wasserspeiern in Form von Quellnymphen gespeist werden. Folgt man wenige Meter südlich der Elefantengrotte einem steilen Pfad hinab ins Flusstal, so findet man am jenseitigen Ufer neben reliefverzierten Mauerfragmenten zwei Buddha-Statuen. Nach Meinung von Archäologen befand sich hier einst ein buddhistisches Kloster, was beweist, dass auf Bali Hinduismus und Buddhismus lange Zeit friedlich nebeneinander bestanden.

Das Felsrelief von Yeh Pulu

Reiseatlas: S. 236, A 4

Für Kunstinteressierte lohnt sich der Abstecher zum wenig besuchten Relieffries von **Yeh Pulu** 15. Ein etwas schwer zu findender, schmaler Pfad führt vom Dorf Batulumpang durch Reisfelder zum 27 m langen und 2 m hohen, tief in eine Felswand eingemeißelten Reliefband.

Abgesehen von einem Bildnis des sitzenden Elefantengottes Ganesha handelt es sich bei den lebensgroßen Figuren um profane Darstellungen. Das Monumentalrelief stellt möglicherweise Begebenheiten aus dem Leben Krishnas dar, einer Inkarnation des Gottes Vishnu. Auch die zeitliche Einordnung – eventuell 14./15. Jh. – des Hochreliefs ist schwierig, weil es weder auf Bali noch auf Java Vergleichbares gibt. Der Legende nach hat der Riese Kebo Iwo das Relief mit seinen Fingernägeln aus dem Felsen gekratzt.

Cityplan: S. 122/23

Bedulu und Pejeng

Zwischen Bedulu und Pejeng

Der hinduistischen Trinität Brahma-Vishnu-Shiva ist der **Pura Samuan Tiga** 16 in Bedulu geweiht, der sich über mehrere Terrassen ausbreitet. Der Name des Ortes leitet sich von einem Herrscher der Pejeng-Dynastie ab, Raja Dalem Bedahulu. In der Gegend des heute unbedeutenden Bedulu und des nördlich gelegenen Pejeng erstreckte sich einst das Zentrum des ersten Königreichs aus der Frühzeit schriftlich belegter Inselgeschichte.

Im 10. Jh. gründete die Warmadewa-Dynastie zwischen den Ufern der Flüsse Petanu und Pakerisan ein Imperium, das später den Namen Pejeng erhielt. Bis zur Eroberung durch Gajah Mada, den Premier des ost-javanischen Majapahit-Großreiches, im 14. Jh. war das Süd-Bali umfassende Königreich von Pejeng unabhängig von der mächtigen Nachbarinsel. Zu jener Zeit entstanden Monumente wie Goa Gajah und die Königsgräber von Gunung Kawi. Nach der Annexion Balis durch den Majapahit-Herrscher verlagerte sich das Machtzentrum ins ostbalinesische Gelgel und Pejeng verlor rasch an Bedeutung.

Von der kulturellen Blüte des Pejeng-Reiches zeugen heute archäologische Fundstücke, meist hinduistische und buddhistische Götterstatuen und Reliefragmente. Eine Sammlung von Kunstwerken präsentiert das archäologische **Museum Purbakala Gedung Arca** 17 nördlich von Bedulu an der Hauptstraße (Mo–Do 8–14, Fr 8–11, Sa 8–13 Uhr).

Der Landstrich zwischen Bedulu und Pejeng ist gespickt mit Schreinen und kleinen Tempeln, die besonders verehrt werden. Eines dieser Heiligtümer ist der kleine, pavillonartige Schrein Pelinggih Arjuna Metapa gegenüber dem archäologischen Museum.

Ein Pavillon im **Pura Kebo Edan** 18 (Tempel des verrückten Wasserbüffels) birgt eine 3,6 m hohe Bima-Statue. Dieser steinerne Gigant mit seinem enormen Phallus, unter dessen Füßen sich ein Menschenwesen windet, sowie Wächterdämonen, deren Häupter von Totenkopfkränzen gekrönt sind, lassen vermuten, dass sich hier als Gegenbewegung zu asketischen Hindu-Sekten einst ein Zentrum tantrischer Geheimkulte befand.

Der **Pura Pusering Jagat** 19 (Tempel des Weltzentrums) ist ein Pilgerziel kinderloser Ehepaare, die vor einem verwitterten Riesenphallus um Nachwuchs beten.

Ein Rätsel harrt im **Pura Penataran Sasih** 20 von Pejeng auf seine Lösung. Hoch unter dem Dach eines turmartigen, schlecht einsehbaren Schreins hängt eines der bedeutendsten altertümlichen Fundstücke Indonesiens – der legendenumrankte ›Mond von Pejeng‹, der größte erhaltene vorgeschichtliche Bronzegong der Welt.

Trotz des riesigen Durchmessers von 1,40 m haben Betrachter Mühe, mit bloßem Auge Einzelheiten des reich ornamentierten Klangkörpers zu erkennen. Vermutlich stammt der in einem Stück gegossene und mit stilisierten Menschenköpfen verzierte Rundgong aus dem 3. Jh. v. Chr. Obwohl die Ornamentik des ›Mondes von Pejeng‹

Wandern

EIN ›WANDERBARES‹ STÜCK BALI

Eine 15 km lange Wanderung, zu der man bei den ersten Sonnenstrahlen aufbrechen sollte, führt durch die Reisfeldlandschaft von Ubud Richtung Norden über das Dorf Keliki nach Taro.

An der Brücke in Campuan schlängelt sich bei der Zufahrt zum Luxushotel Ibah ein schmaler Fußweg hinunter in die Schlucht des Yeh Uos, den man auf einer Steinbrücke überquert. Beim Heiligtum Pura Gunung Lebah hält man sich rechts und steigt hinauf auf einen hoch über den Tälern der beiden Flüsse Yeh Uos und Yeh Campuan verlaufenden Bergkamm. Die Wanderung auf dem gepflasterten Weg ist einfach, aber es gibt kaum Schatten. Deshalb sollte man entweder früh aufbrechen oder einen bewölkten Tag abwarten. Vor allem frühmorgens bietet sich ein herrlicher Blick auf den Gunung Agung im Osten und den Gunung Batukau im Westen sowie auf den zwischen den beiden Vulkanen gelegenen Gunung Batur.

Der Weg führt über Bangkiang Sidem zum größeren Dorf Sebali mit traditionellen Familiengehöften (5 km, 1,5 Std. ab Campuan). An kleinen *warungs* entlang der Route erhält man kühle Getränke und Imbisse. In Bambusateliers und -galerien am Rande von Reisfeldern kann man Malern über die Schulter schauen und Gemälde – preiswerter als in Ubud – direkt bei den Künstlern kaufen.

Bei Sebali kann man entweder den Uos-Fluss erneut überqueren und auf einem Feldweg über die Dörfer Batuyung und Sakti zurück nach Campuan und Ubud wandern, oder aber man geht auf einer kaum befahrenen, schmalen Teerstraße weiter bis Keliki (3 km/1 Std.). Von dort verkehren sporadisch Bemos nach Tegalalang, man kann die gerade 2 km lange Strecke aber auch bequem laufen und erst in Tegalalang ein Bemo zurück nach Ubud nehmen.

Wer von Keliki einem zum Teil asphaltierten Weg Richtung Norden folgt, gelangt über das Dorf Kelusa nach weiteren 8 km nach Taro. Dieses größere, von Nelken- und Kaffeeplantagen umgebene Dorf besitzt einen imposanten Tempel, den Pura Gunung Raung, mit ausgewogenen Proportionen und feinem Skulpturenschmuck. Der Überlieferung zufolge errichtete im 8. Jh. der legendäre Hindu-Missionar Sanghyang Markandeya aus Java an der Stelle des heutigen Heiligtums eine Kultstätte, in der man hinduistisch-shivaistische Tempelrituale abhielt. Der Name des Tempels stammt von einem Vulkan auf Ost-Java, dem Gunung Raung, auf dem Sanghyang Markandeya einst von den Göttern den Befehl erhielt, den Hinduismus auf Bali zu verbreiten. Dies mag erklären, weshalb die Gläubigen sich heute noch im Pura Gunung Raung beim Gebet nicht bergwärts wenden, in Richtung der Welt der balinesischen Götter, sondern nach Westen, in Richtung des Gunung Raung auf Ost-Java. Taro ist auf Bali der einzige Ort, in dem die als heilig geltenden weißen Kühe *(lembu)* gezüchtet werden. Vorbei sind jedoch die Zeiten, als man die Albinorinder bei religiösen Ritualen opferte. Entweder in Taro oder in Pujung 2 km südöstlich findet man bis zum späteren Nachmittag ein Bemo für die Rückfahrt nach Ubud.

Cityplan: S. 122/23

Gunung Kawi

indonesische Stilelemente aufweist, ist seine Herkunft bis heute nicht geklärt. Man vermutet, dass die Kunst des Bronzegusses auf Bali schon früh hoch entwickelt war und der Kesselgong als Zeugnis für die Ausbreitung jungmalaiischer Kultur zu werten ist. Rätselhaft bleiben auch die ursprüngliche Bestimmung des Gongs und die symbolische Bedeutung der Ornamente.

Die Balinesen kennen zwei Legenden über die Entstehung des Kesselgongs. Der ersten zufolge hat der Riese Kebo Iwo, bekannt als ›Architekt‹ der Elefantengrotte Goa Gajah und der Königsgräber von Gunung Kawi, den Gong als Ohrgehänge getragen und irgendwann verloren.

Doch es gibt auch folgende Überlieferung: Einmal waren anstatt der zwölf Monde (einer für jeden Monat des Jahres) deren 13 am Himmel. Eines Nachts fiel ein Mond herab und verfing sich im Geäst eines Baumes. Zum Verdruss einer Diebesbande erleuchtete er nun die Nächte und störte sie bei ihren Beutezügen. So beschloss der Kühnste unter ihnen, das Licht mit seinem Urin auszulöschen. Er stieg auf den Baum und pinkelte über den Mond, woraufhin dieser zerbarst, den Frevler erschlug und in Form der Bronzetrommel von Pejeng zu Boden stürzte.

Besuchern mag dies als Legende erscheinen, doch viele Balinesen glauben an diese Geschichte. Das beweist auch die Tatsache, dass der Bronzegong, seitdem er im Pura Penataran Sasih hängt, praktisch nie wieder berührt wurde. Auch heute noch spricht man ihm magische Kräfte zu, weshalb ihm viele Einheimische Opfergaben darbringen.

Die Königsgräber von Gunung Kawi

Reiseatlas: S. 236, B 3

Von Pejeng führt eine reizvolle, 5 km lange Wanderung über die Dörfer Pejeng Kawan und Tatiapi durch Reisfelder und die tiefe Schlucht des Petanu-Flusses zurück nach Ubud. Auf der Landstraße, die sich von Pejeng nach Norden windet, gelangt man zu den aus dem 11. Jh. stammenden Königsgräbern von **Gunung Kawi** (Berg der Poesie) bei Tampaksiring.

Die neun megalithischen Felsentempel ähneln mit ihren pyramidalen Dachaufbauten den Totenheiligtümern *(candi)* der Singhasari- und Majapahit-Dynastien und verweisen damit auf ost-javanische und noch ältere indische Einflüsse. Doch im Gegensatz zu den Vorbildern wurden die Grabmale nicht als frei stehende Bauwerke errichtet, sondern aus dem Tuffstein zweier sich gegenüberliegender Felswände gemeißelt.

Die Monumente, die in Nischen stehen, entpuppen sich als Fassaden ohne Innenkammern. Auch ist die Bezeichnung ›Königsgräber‹ unzutreffend, denn man fand in den Ausbuchtungen keine Urnen. Offensichtlich dienten sie nicht als Mausoleen, sondern als Gedenkstätten für vergöttlichte Herrscher. Verwitterte Inschriften verweisen auf König Udayana und seine Familie, der im 10. Jh. über Bali herrschte.

Ein Stufenpfad führt hinunter in die tief eingeschnittene Schlucht des Pakerisan-Flusses. Biegt man nach einem Felsentor links ab, gelangt man zu einem Ensemble von vier Felsenmonu-

Zentral-Bali

Reiseatlas: S. 235, 236

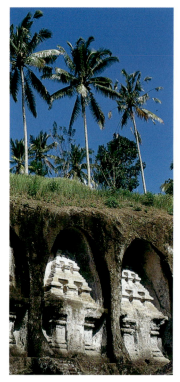

Die Königsgräber von Gunung Kawi

menten. Über eine Brücke kommt man zur Hauptgruppe mit fünf steinernen Schreinen. Rechts davon befindet sich ein labyrinthartiges, sehr altes Heiligtum, das nur barfuß betreten werden darf – vermutlich die Überreste einer Mönchsklause aus dem 9. Jh., die eines der frühesten Zeugnisse hinduistisch-buddhistischen Einflusses auf Bali wäre. Ein zehntes Candi-artiges Bauwerk liegt 1 km entfernt am Südende der Schlucht. Die Legende führt die Entstehung der Gunung Kawi-Monumente auf den Riesen Kebo Iwo zurück. Mit seinen gigantischen Fingernägeln soll er die Königsgräber in einer Nacht aus dem Fels gekratzt haben. Ein viertelstündiger Spaziergang führt von der Fünfergruppe über Reisterrassen zu einem kleinen Wasserfall.

Zu Quellheiligtümern

Reiseatlas: S. 236, B 3

Der Götterkönig Indra soll der Überlieferung zufolge das Quellheiligtum Pura Tirta Empul, ein Wallfahrtsziel aller Anhänger des hindu-balinesischen Glaubens nördlich von Tampaksiring, selbst geschaffen haben. Das Wasser, dem magische Heilwirkung nachgesagt wird, speist auch Balis heiligen Fluss Pakerisan. Zentrum der sakralen Stätte ist ein ummauerter Quellsee, dessen Wasser sich in zwei große Badebecken ergießt. Im rückwärtigen Teil des Tempels trägt die Schildkröte Bedawang Indras Götterthron.

Während des Odalan-Tempelfestes von Pura Tirta Empul bringen die Einwohner des Dorfes Manukaya in einer Prozession einen heiligen Stein zur rituellen Reinigung in das Quellheiligtum. Vor wenigen Jahren erst gelang es, eine alt-balinesische Inschrift auf der Reliquie zu entziffern, die 962 als Gründungsjahr des Quelltempels angibt. Oberhalb der Tempelanlage ließ Sukarno, erster Staatschef und Gründervater Indonesiens, 1954 einen Sommerpalast erbauen.

Von Manukaya führt eine wenig befahrene Straße vorbei an Reisterrassen nach Sebatu. Nach einem Drittel des

Quellheiligtümer

Cityplan: S. 122/23

Weges überquert man den Petanu. Für Balinesen galt der Fluss lange Zeit als verflucht. Der Glaube ging auf eine Überlieferung aus den Anfängen des Bali-Hinduismus zurück: Einst fand ein Kampf zwischen Göttern und Dämonen statt, in dessen Verlauf der Dämonenkönig Maya Danawa das Wasser des Petanu vergiftete. Die Götter tranken aus dem Fluss und starben. Nur einer überlebte – Indra, der Götterkönig.

Im heutigen Quellheiligtum Pura Tirta Empul ließ er heiliges Wasser aus der Erde sprudeln, mit dem er die Götter wieder zum Leben erweckte und ihnen Unsterblichkeit schenkte. Der Dämonenherrscher konnte getötet werden, sein Blut aber vermischte sich mit dem Wasser des Petanu und vergiftete es erneut. Erst vor einigen Jahrzehnten, nach Ablauf einer tausendjährigen Bannfrist, wagte man es, das Petanu-Wasser wieder zur Bewässerung der Reisfelder zu verwenden.

In den Badebecken des Quellheiligtums **Pura Gunung Kawi** – nicht zu verwechseln mit den Königsgräbern von Gunung Kawi bei Tampaksiring – unterhalb des Dorfes Sebatu, reinigen sich gläubige Balinesen – Frauen und Männer getrennt – körperlich und spirituell.

Vom Holzschnitzerdorf Pujung verläuft eine schmale Straße südwärts Richtung Ubud hoch über einem Flusstal, an dessen Hängen sich Reisterrassen staffeln. An einem Aussichtspunkt südlich des Ortes stauen sich an schönen Tagen die Ausflugsbusse. Reisbauern, die *pikulan* genannte wippende Tragestange mit zwei Körben über die Schulter gelegt, posieren dann für Dutzende von Fotografen.

In Tegalalang ist ein florierendes Handwerk für den Touristen- und Exportmarkt entstanden. Hier ›sprießen‹ aus lokalem Weichholz geschnitzte Bananenstauden, Papayabäume und Kokospalmen auf den Gehsteigen. Außerdem fabriziert man bunte Holztierchen.

Am Ende dieser Tour steht ein besonderes Schauspiel – die allabendliche Heimkehr weißer Reiher (Kokokan) zu ihren Nistplätzen 1 km westlich von Petulu (2,5 km nördlich von Ubud; nicht zu verwechseln mit Bedulu!). Es ist ratsam, die von den Balinesen als heilig verehrten Vögel von einem dafür errichteten Unterstand zu beobachten. Dessen Palmwedeldach schützt nicht nur vor Regen.

Touristenbüro Bina Wisata: Jl. Raya Ubud, Ubud, Tel. 0361/97 32 85, www.ubudvillage.com, tgl. 8–20 Uhr. Karte von Ubud und Umgebung sowie Termine von kulturellen Veranstaltungen und Tempelzeremonien.

... in Ubud

Komaneka Resort 21: Monkey Forest Rd., Tel. 0361/97 60 90, Fax 0361/97 71 40, www.komaneka.com. Mischung aus traditioneller Inselarchitektur und 1990er-Jahre-Minimalismus, luxuriöse Villen und komfortable Zimmer, extravaganter Pool und Wellness-Centre. DZ 200–250 $, Villa 300–335 $.

Ubud Village Hotel 22: Monkey Forest Rd., Tel. 0361/97 55 71, Fax 0361/97 50 69. Balinesisches ›Dorf‹ mit geräumigen Bungalows, mit Pool und sehr gutem Restaurant. DZ 70–155 $.

Pringga Juwita Water Garden Cottages 23: Jl. Bisma, Tel. 0361/97 82 74, Fax 0361/97 57 34, www.thefibra.com. Mit Bambusmöbeln ausgestattete ein- und

Zentral-Bali

Reiseatlas: S. 235, 236

Das Quellheiligtum des Pura Gunung Kawi

zweistöckige Gästehäuser in einem Garten, mit Pool, ruhig. DZ 65–140 $.
Puri Saraswati Bungalows 24: Jl. Raya Ubud, Tel. u. Fax 0361/97 51 64, purisaraswati@yahoo.com. In einem ehemaligen Fürstenpalast, mit Pool und Gartenrestaurant, zentral, aber ruhig. DZ 25–60 $.
Artini Accommodation 25: Jl. Hanoman, Tel. 0361/97 84 24, Fax 0361/97 53 48, artini@dps.mega.net.id. Geräumige, stilvoll ausgestattete Zimmer mit Ventilator oder Klima-Anlage sowie Terrasse oder Balkon, mit Restaurant, Pool, Garten und Blick auf Reisfelder. DZ 40–50 $.
Oka Wati's Sunset Bungalows 26: Monkey Forest Rd., Tel. 0361/97 33 86, Fax 0361/97 50 63, www.okawatihotel.com. Ein- und zweistöckige Gästehäuser, zentral, aber ruhig am Rande von Reisfeldern, mit Pool und ausgezeichnetem Restaurant. DZ oder Bungalow 30–50 $.
Pande Permai Bungalows 27: Monkey Forest Rd., Tel. 0361/97 13 31, Fax 0361/97 54 36, pandepermai@yahoo.com. Zimmer im balinesischen Stil mit Ventilator oder Klima-Anlage, mit Terrasse oder Balkon, ruhig, mit Pool. DZ 25–50 $.
Nick's Pension 28: Jl. Bisma, Tel. u. Fax 0361/97 56 36, nicksp@indosat.net.id. Gut geführte Unterkunft, ruhig, mit Pool und Restaurant, 200 m zur Monkey Forest Rd. DZ 25–35 $.
Monkey Forest Hideaway 29: Monkey Forest Rd., Tel. u. Fax 0361/97 53 54. Herberge am Rande des Monkey Forest mit einfachen, aber solide ausgestatteten Zimmern. DZ 100 000–125 000 Rp.
Rumah Roda Homestay 30: Jl. Kajeng 24, Tel. 0361/97 54 87, Fax 0361/97 65 82, rumahroda@indo.net.id. Stilvolle Budget-Unterkunft, ruhig, Zimmer mit Ventilator und Freiluft-Mandi, im angeschlossenen Rumah Makan Roda ausgezeichnete balinesische Gerichte. DZ 75 000 Rp.

... in Campuan

Ibah 31: Tel. 0361/97 44 66, Fax 0361/97 44 67, www.ibahbali.com. Luxusbun-

Cityplan: S. 122/23

Praktische Hinweise

galows, herrliche Lage, Pool und Top-Restaurant. Bungalow 225–670 $.
Hotel Campuan 32: Tel. 0361/97 53 68, Fax 0361/97 51 37, www.indo.com/hotels/tjampuhan. Klassiker unter den Hotels der gehobenen Kategorie, ehemaliges Refugium des deutschen Malers Walter Spies, mit zwei Pools, Wellness-Centre und ausgezeichnetem Restaurant. DZ 100–170 $.

... in Nyuh Kuning
Alam Indah 33: Tel. u. Fax 0361/97 46 29, www.alamindahbali.com. Kleines, stilvolles Hideaway, am Steilufer des Uos-Flusses, sehr ruhig. Große Zimmer mit Marmorbädern und Möbeln aus Holz und Rattan. Restaurant mit balinesisch-internationaler Karte, Pool mit Blick in die Uos-Schlucht. DZ 65 $, Suite 85–95 $.
Garden View Cottages 34: Tel. u. Fax 0361/97 40 55, gardenviewubud@yahoo.com. Gemütliche Zimmer und Bungalows, ruhig, mit Pool und Restaurant. DZ 35–45 $, Bungalow 45–50 $.

... in Penestanan
Melati Cottages 35: Tel. 0361/97 46 50, Fax 0361/97 50 88, melaticottages@hotmail.com. Stilvoll in Bambus möblierte, z. T. klimatisierte Zimmer in Bungalows, ruhig, ca. 2 km östl. der Ortsmitte, mit Pool und Restaurant. DZ 30–40 $.

... in Pengosekan
Arma Resort 36: Tel. 0361/97 57 42, Fax 0361/97 53 32, www.armaresort.com. Stilvolles Resort auf dem Komplex des Agung Rai Museum of Art, 15 komfortable Zimmer und acht Villen, mit herrlichem Pool und preisgekröntem Restaurant ›Kokokan‹. DZ 90–175 $, Villa 375–700 $.
Guci Guest House 37: Tel. u. Fax 0361/97 59 75, www.guci-bali.com. Ferienanlage im balinesischen Stil unter deutsch-balinesischer Leitung, ruhig, der Besitzer ist Maler. Bungalow 17–70 $.

... in Payangan
Ubud Hanging Gardens 38: Tel. 0361/98 27 00, Fax 0361/98 28 00, www.ubudhanginggardens.com. Luxuriöses Bungalowhotel an einer Flanke der Schlucht des Yeh-Ayung-Flusses mit herrlichem Ausblick, spektakulärem Pool und Gourmet-Restaurant; das steile Gelände erschließt eine eigene Zahnradbahn. DZ ab 330 $.

Indus 39: Jl. Raya Sanggingan, Campuan, Tel. 0361/97 76 84, tgl. 12–23 Uhr. Elegantes Terrassenrestaurant mit Panoramablick, west-östliche Nouvelle Cuisine. Gehobenes Preisniveau.
Mozaic 40: Jl. Raya Sanggingan, Campuan, Tel. 0361/97 57 68, tgl. 11–24 Uhr. Restaurant mit feinster Gourmetküche im panasiatischen Crossover-Stil, sehr gute Weinkarte. Gehobenes Preisniveau.
Laka Léke 41: Nyuh Kuning, Tel. 0361/97 75 65, tgl. 9–23 Uhr. Internationale und balinesische Gerichte, auf Anfrage Kochkurse. Mittlere Preislage.
Murnis Warung 42: Jl. Campuan, Ubud, Tel. 0361/97 52 33, tgl. 9–23 Uhr. Indonesische und europäische Gerichte. Mittlere Preislage.
Nomad 43: Jl. Raya Ubud, Ubud, Tel. 0361/97 71 69, tgl. 9–24 Uhr. Halb offenes Restaurant im balinesischen Stil, indonesische, chinesische und europäische Gerichte, gute Weinkarte und Bier vom Fass. Mittlere Preislage.
Panili Vanilla French Café 44: Jl. Raya Pengosekan, Pengosekan, Tel. 0361/97 12 24, tgl. 10–24 Uhr. Kreativ zubereitete Gerichte aus aller Welt, serviert in einem ruhigen Terrassenrestaurant, beliebt bei Vegetariern. Mittlere Preislage.
Gaia á Café 45: Jl. Dewi Sita, Ubud, Tel. 0361/97 28 72, tgl. 9–24 Uhr. Mischung aus Bistro-Café und Kunstgalerie mit Werken junger balinesischer Maler, regionale Spezialitäten und vegetarische Gerichte. Preiswert.

Zentral-Bali

Reiseatlas: S. 235, 236

Ubud Sari – Wellness-Oase

Der Wohltat-Tempel in Ubud bietet verschiedene Heilmassagen wie Shiatsu (15 $/Std.), Reiki (25 $/Std.) und Lomi-lomi (15 $/Std.) sowie ›Wellness-Pakete‹ mit Anwendungen, die zumeist auf traditionellen balinesischen Techniken basieren (Kräuterdampfbäder, Blumenbäder, Gesichtsbehandlungen, Ganzkörperpeeling, Algenwickel u. a., ab 50 $ **(Ubud Sari Health Resort,** Jl. Kajeng 35, Ubud, Tel. 0361/97 43 93, Fax 0361/97 63 05, www.ubudsari.com).

Café Dewata 46: Penestanan, Tel. 0361/97 30 76, tgl. 9–23 Uhr. Internationale und balinesische Gerichte, hier gibt es *lawar* – ›balinesische Blutwurst‹. Preiswert.
Naughty Nuri's Warung 47: Jl. Raya Sanggingan, Campuan, Tel. 0361/41 83 81, tgl. 9–23 Uhr. Internationale Grillgerichte, nette Atmosphäre, beliebt bei den in Ubud lebenden Ausländern. Preiswert.

Galerien und Geschäfte für Kunsthandwerk konzentrieren sich in der Hauptstraße Jl. Raya Ubud und in der Monkey Forest Rd. (Jl. Wanara Wana). Gemälde und Holzschnitzarbeiten sind in den Ateliers und Werkstätten der Künstler oft preiswerter.
Agung Rai Fine Art Gallery: Peliatan, Tel. 0361/97 45 62. Erlesene Auswahl an Gemälden balinesischer Künstler. Teuer.
Argasoka Textile Gallery: Monkey Forest Rd., Ubud, Tel. 0361/97 35 19. Bekleidung aus Batik- und Ikat-Stoffen.
Hari Ini Silver: Jl. Dewi Sita, Ubud, Tel. 0361/97 65 39. Extravaganter Silberschmuck und Accessoires.
Kertas Gingsir: Jl. Dewi Sita, Ubud, Tel. 0361/97 30 30. Souvenirs aus Papier.
Linda Garland Interior Design Collection: Jl. Nyuh Gading, Nyuh Kuning, Tel. 0361/97 40 28. Stilvolle Accessoires aus Naturmaterialien für die Inneneinrichtung.
Lotus Studios: Jl. Raya Ubud, Ubud, Tel. 0361/97 46 63. Kunsthandwerk.
Neka Gallery: Jl. Raya Ubud, Ubud, Tel. 0361/97 50 34. Verkaufsgalerie mit balinesischer Malerei.
Wardani Boutique: Monkey Forest Rd., Ubud, Tel. 0361/97 55 38. ›Supermarkt‹ für balinesisches Kunsthandwerk.

Bali Blues Bar: Campuan, Tel. 0361/97 39 59, tgl. 19–24 Uhr. Soundmix von Blues über Jazz bis Reggae, dazu fantasievolle Snacks.
Exiles: Jl. Pengosekan Kaja, Pengosekan, Tel. 0361/97 55 69, tgl. 18–1 Uhr. Trendiges Bar-Bistro mit Live-Bands.
Jazz Café: Jl. Tebasaya, Ubud, Tel. 0361/97 65 94, Di–So 17–24 Uhr. Zu Jazz aller Stilrichtungen genießt man kleine balinesische und internationale Gerichte sowie Cocktails und erlesene Weine. Di–Sa ab 19.30 Uhr Live-Musik.
Kafe Batan Waru: Jl. Dewi Sita, Ubud, Tel. 0361/97 75 28, tgl. 17–24 Uhr. Hip-Hop und Acid Jazz, indonesische und europäische Gerichte.
Ozigo Bar Ubud: Jl. Raya Sanggingan, Ubud, Tel. 0361/97 21 69, tgl. 19–1 Uhr. Crossover aus Bar und Danceclub, ausgezeichnete DJs und Live-Musik.

Barong-Aufführungen
Batubulan, tgl. 9–10.30 Uhr.
Padang Tegal Kelod, Ubud, Mo 19–20.30 Uhr.
Puri Saren, Ubud, Fr 19–20.30 Uhr.
Kecak-Aufführungen
Agung Rai Museum of Art, Pengosekan,

Karte Ubud und Umgebung: S. 122/23

Praktische Hinweise

bei Voll- und Neumond 19–20.30 Uhr.
Banjar Junjungan, Ubud, Mo 19–20.30 Uhr
Batubulan, tgl. 18.30–20 Uhr.
Padang Tegal, Ubud, Mi, So 19–20.30 Uhr.
Puri Agung, Peliatan, Do 19.30–21 Uhr.
Pura Dalem, Ubud, Fr 19.30–21 Uhr.
Legong-Aufführungen
Agung Rai Museum of Art, Pengosekan, So 19.30 Uhr.
Peliatan Stage, Ubud, Fr 19.30–20.30 Uhr.
Pura Dalem, Ubud, Sa 19.30–21 Uhr.
Puri Kaleran, Peliatan, Ubud, Di 19.30–21 Uhr.
Puri Saren, Ubud, Mo, Sa 19.30–21 Uhr.
Wayang-Kulit-Aufführungen
Kerta Accommodation, Monkey Forest Rd., Ubud, Di, Sa 20–22 Uhr.
Oka Kartini, Ubud, Mi, So 20–22 Uhr.
Gabor-Tanz
Puri Saren, Ubud, Do 19.30–20.30 Uhr.
Gambuh-Tanz
Pura Desa, Batuan, jeden ersten und 15. Tag im Monat 19–21 Uhr.
Calon Arang-Tanzdrama
Desa Mawang, Ubud, Do, Sa 19–20.30 Uhr.

»Mahabharata«
Desa Teges, Ubud, Do 19.30–21 Uhr.
»Ramayana«
Puri Saren, Ubud, Di 19.30–21.30 Uhr.

 Bali Bird Walks: c/o Beggar's Bush, Jl. Campuan, Ubud, Tel. 0361/97 50 09. Vogelbeobachtung mit einheimischen Experten.
Casa Luna Cooking School: Jl. Bisma, Ubud, Tel. 0361/97 32 82, www.casaluna bali.com. Kochkurse mit Einblick in die kulturelle Bedeutung des Essens auf Bali.
Nirvana: Jl. Gautama 10, Padang Tegal, Tel. 0361/97 54 15. Ein- und mehrtägige Batikkurse.
The Meditation Shop: Monkey Forest Rd., Ubud, Tel. 0361/97 62 06. Meditationskurse.

Shuttle-Busservice von Ubud nach Kuta/Legian, Sanur, zum Flughafen Ngurah Rai und Lovina Beach sowie nach Candi Dasa und Padang Bai, über diverse Agenturen, z. B. Perama Tourist Service, Jl. Hanoman, Ubud, Tel. 0361/97 33 16.

Beim Kecak läuft ein Tänzer über glühende Kokosnussschalen

Zentral-Bali

Reiseatlas: S. 236, 239

VON UBUD NACH BANGLI

Südöstlich von Ubud trifft man auf zwei geheimnisvolle Tempel – Pura Puseh Blahbatuh und Pura Durga Kutri. In Gianyar kann man Batikprodukte kaufen. Der Pura Dalem Sidan außerhalb der Stadt ist einer der eindrucksvollsten Unterweltstempel von Bali. Mit dem Pura Kehen besitzt die alte Fürstenstadt Bangli eine der schönsten Tempelanlagen der Insel.

Östlich von Ubud

In Ost-West-Richtung gibt es auf Bali wegen der tief eingeschnittenen Flusstäler nur wenige Querverbindungen. Will man von Ubud mit öffentlichen Verkehrsmitteln nach Osten oder Nordosten reisen, muss man zunächst zum südlich an der Hauptstraße Denpasar–Klungkung gelegenen Verkehrsknotenpunkt Sakah zurückfahren.

Kemenuh

Reiseatlas: S. 236, A 4
Am westlichen Ortseingang von Kemenuh weist ein Schild den Weg zum Wasserfall Tenggunungan. Die 2 km lange Stichstraße endet bei einigen kleinen Restaurants. Von dort bietet sich ein schöner Blick auf den Wasserfall, der etwa 20 m tief in eine Urwaldschlucht stürzt.

Pura Puseh Blahbatuh

Reiseatlas: S. 236, A 4
Im Städtchen Blahbatuh lohnt sich ein Besuch des Pura Puseh Blahbatuh. In dem von den Einheimischen auch Pura Gaduh genannten Tempel, einer Nachbildung der bei einem Erdbeben 1917 zerstörten ursprünglichen Anlage, wird der legendäre Riese Kebo Iwo verehrt.

Der historische Kebo Iwo kämpfte als Minister von Raja Ratna Banten, dem letzten unabhängigen Herrscher der Pejeng-Bedulu-Dynastie, Mitte des 14. Jh. gegen den Majapahit-Premier Gajah Mada, konnte aber die Eroberung Balis durch das javanische Heer im Jahre 1343 nicht verhindern. Im selben Jahr wurde er auf Anordnung von Gajah Mada ermordet. Der heroische Kampf gegen die Eindringlinge von der Nachbarinsel sicherte Kebo Iwo einen Platz als Sagengestalt in der Inselmythologie. In den volkstümlichen Überlieferungen Balis lebt er weiter als Riese, der über Nacht ganze Heiligtümer mit seinen Fingernägeln aus Felswänden kratzte. Betrachtet man das meterhohe, steinerne Riesenhaupt von Kebo Iwo, das in einem Pavillon des Pura Puseh aufbewahrt wird, könnte man der Legende Glauben schenken.

Aus den Innenhöfen vieler Anwesen in **Blahbatuh** ertönt metallisches Gehämmer – der Ort gilt als ein Zentrum der Herstellung von Gamelan-Instrumenten. In Handarbeit fertigt man in einem traditionellen Verfahren Gongs und andere Schlaginstrumente.

Wie Kebo Iwo hat auch die javanische Königin Mahendradatta, die Gattin des balinesischen Fürsten Udayana und Mutter des balinesisch-javanischen Königs Airlangga, einen Stammplatz in der Mythologie der Insel. Allerdings spielt sie eine unrühmliche Rolle, denn sie gilt als historisches Vorbild für die Oberhexe Rangda, die als Inkarnation des Bösen vom Barong, dem drachenähnlichen Beschützer der Menschen, bekämpft werden muss, sobald sie eine Dorfgemeinschaft zu gefährden droht.

Pura Durga Kutri

Reiseatlas: S. 236, A 4
Auch hinter dem Bildnis der achtarmigen, auf einem sterbenden Dämon tanzenden Todesgöttin Durga im Tempel Pura Durga Kutri 5 km nördlich von Blahbatuh, vermutet man als historisches Vorbild Mahendradatta. Da sich die Herrscherin nach dem Tode ihres Gatten einem tantrischen Shiva-Kult zuwandte, hat man sie hier als Todesgöttin Dewi Durga, die Gattin Shivas, dargestellt. Die vermutlich aus dem 11. Jh. stammende, stark verwitterte Durga-Skulptur steht in einem kleinen Pavillon oberhalb des auch Pura Bukit Dharma genannten Tempels, der als das bedeutendste Durga-Heiligtum von Bali gilt.

Gianyar und Sidan

Reiseatlas: S. 236, B 4
Die Provinzstadt **Gianyar** ist zwar ein geschäftiger Verkehrsknotenpunkt und lebhaftes Handelszentrum, aber für Touristen eher uninteressant. Es sei denn, man beabsichtigt Textilien einzukaufen. Gianyar ist das Zentrum der balinesischen Webindustrie. Obwohl mit der Zeit maschinell gesponnene Fäden und chemische Farbstoffe überhand nehmen, werden hier immer noch handgewebte und handgefärbte Textilien hergestellt. Ein Erzeugnis der hiesigen Webereien ist *endek,* ein im Ikat-Verfahren (s. S. 160) hergestellter, gemusterter Stoff. Man kann sich in den Läden an der Hauptstraße auch mit

---

Das authentische Bali erleben

Bali-Besucher mit Interesse an der Kultur der Insel, dem balinesischen Hinduismus oder den sozialen Aspekten des täglichen Lebens sind in dem kleinen, im traditionellen Stil errichteten Bungalowhotel **Sua Bali** bestens aufgehoben. Die Deutsch sprechende Besitzerin bietet ihren Gästen Sprach- und Kochkurse sowie gemeinsame Tempel- und Marktbesuche an. Wer möchte, kann sich auch mit Holzschnitzen, Malen oder balinesischem Tanz beschäftigen (Desa Kemenuh, Gianyar, Tel. 0361/94 10 50, Fax 0361/94 10 35, www.suabali.com. Bungalow 50–60 $).

Zentral-Bali

Batikprodukten eindecken, denn um die Bedürfnisse der ausländischen Touristen zu befriedigen, wurden in Gianyar vor einigen Jahren Batikmanufakturen gegründet.

Einziges Relikt aus der Vergangenheit der Stadt ist der Puri Gianyar, der Fürstenpalast. Seit der Unabhängigkeit Indonesiens haben die einstigen Rajas und ihre Nachfahren keine politische Macht mehr, doch als Förderer der balinesischen Kunst und Kultur spielen sie im öffentlichen Leben der Insel nach wie vor eine bedeutende Rolle.

Viele ihrer Paläste erstrahlen heute in neuem Glanz und dienen den Nachkommen als stilvolle Residenz. So auch der Fürstenpalast von Gianyar. Zwar ist eine Besichtigung nicht möglich, doch kann man durch das Palasttor einen Blick in das weitläufige Areal werfen und dabei einen guten Eindruck vom früheren Prunk balinesischer Adelskultur erhalten. Im Gegensatz zu anderen Fürstenpalästen entging der Puri Gianyar bei der holländischen Eroberung Süd-Balis zu Beginn des 20. Jh. der Zerstörung, da die Gianyar-Dynastie mit der Kolonialmacht kooperierte.

Nahe dem Dorf **Sidan,** 3 km nordöstlich von Gianyar an der nach Bangli führenden Hauptstraße, steht der Pura Dalem Sidan, einer der eindrucksvollsten Unterweltstempel von Bali. Ein beinahe lückenloser Mantel aus Steinskulpturen und figurenreichen Reliefs überzieht das Heiligtum. Der Abwehr von Dämonen dienen die Rangda-Hexen, die das gespaltene Candi Bentar sowie das in Flammenform errichtete gedeckte Tempeltor bewachen.

Die Außenmauern des Kulkul-Trommelturms sind mit Reliefs und dreidimensionalen Steinbildnissen überzo-

Der Pura Kehen in Bangli

gen, die auf drastische Weise die Bestrafung von Missetätern in der jenseitigen Welt darstellen.

Bangli

Reiseatlas: S. 236, B 3

Die Kleinstadt Bangli, früher der Mittelpunkt eines aus der alten Gelgel-Dynastie hervorgegangenen Königreiches, liegt etwa 500 m hoch in den Ausläufern des zentralen Gebirgsmassivs. Hier wird die Luft merklich kühler, ein Labsal nach der schwülen Hitze des Küstentieflands. Die Bewohner von Bangli, die angeblich die farbenprächtigsten Tempelfeste auf Bali feiern, sind stolz darauf, mit dem **Pura Kehen** einen der neun Staatstempel in der Gemarkung ihres Ortes zu besitzen.

Die weitläufige Tempelanlage erstreckt sich 2 km nördlich des Zentrums in mehreren Terrassen über die Flanke des Bergrückens Bukit Bangli. Fantasievolle Steinfiguren säumen den Treppenaufgang, der zum reich skulptierten Haupttor des vermutlich bereits im 11. Jh. gegründeten Stufenheiligtums führt. Über dem Portal verwehrt ein Kala Boma-Kopf, eine stilisierte Dämonenfratze, übel wollenden Unterweltswesen den Zutritt.

Ein Banyan-Baum, zwischen dessen Ästen und Luftwurzeln *Kulkul*-Trommeln hängen, dominiert den äußeren Tempelvorhof. Ein mit steinernem Zierrat geradezu überladenes Tor führt zum zweiten Hof, wo einst die Krönungszeremonien für die Bangli-Herrscher stattfanden. Den optischen und spirituellen Höhepunkt der Tempelanlage bildet ein elfstufiger Meru im Allerheiligsten auf der obersten Terrasse. Hier wird der Hindu-Gott Shiva verehrt.

Wie in allen balinesischen Tempeln haben auch im Pura Kehen neben der Tempelgottheit noch andere Götter ›Hausrecht‹. So ist der reich verzierte Padmasana-Lotosthron im innersten Tempelbezirk der hinduistischen Dreieinigkeit Brahma-Vishnu-Shiva geweiht. Die Steinskulpturen zeigen den von Durga und Ganesha flankierten Shiva sowie Vishnu, Arjuna, Garuda und, als eine mögliche Inkarnation Brahmas, eine Dämonenfigur.

Auf dem Gipfel des Bukit Bangli, den man nach einem halbstündigen Aufstieg erreicht, stehen drei kleine, moosbewachsene Tempel. Grandios ist der Panoramablick, der sich an klaren Tagen von dort oben bietet.

Ost-Bali

Pura Besakih

Reiseatlas S. 236, 237, 239

Ost-Bali

Reiseatlas: S. 236, 239

STÄDTE UND STÄTTEN MIT VERGANGENHEIT

Von Klungkung, einst Sitz des ranghöchsten der balinesischen Rajas, zum Pura Besakih, als ›Muttertempel‹ das Zentrum des religiösen Lebens auf Bali. Besteigung des Gunung Agung, Relaxen in Padang Bai und Candi Dasa. Besuch der Fledermaushöhle Goa Lawah und des Bali-Aga-Dorfes Tenganan.

Klungkung und Umgebung

Klungkung

Reiseatlas: S. 236, B/C 4

Himmel und Hölle kommen sich in Klungkung sehr nahe, zumindest in der offenen, im 18. Jh. erbauten **Gerichtshalle Kerta Gosa,** in der einst der oberste Gerichtshof von Bali tagte. Im alten Justizpavillon wurde von Brahmanen nach balinesischer Tradition Recht gesprochen. Deckenmalereien führten den Angeklagten drastisch vor Augen, was sie nach dem Richterspruch zu erwarten hatten.

Im Stil der klassischen Wayang-Malerei, welche die Figuren flächig und ohne Perspektive darstellt, zeigen die Fresken der unteren Bildreihen im Dachstuhl Szenen aus dem Hindu-Epos »Bhima Swarga«, dem asiatischen Gegenstück zu Dantes »Inferno«: Dieben werden die Hände abgehackt, Mörder in siedendem Öl gesotten, Lügnern die Zungen herausgerissen, Ehebrechern mit Fackeln die Genitalien verstümmelt, korrupte Beamte in glühende Lava getaucht. Wie gut es dagegen rechtschaffenen Menschen im Himmel geht, zeigen die oberen Bilderzeilen an der Decke, die prachtvoll geschnitzte Holzpfeiler tragen. Das hohe Gericht von Klungkung war so gefürchtet, dass die Dorfgemeinschaften alles daran setzten, Streitigkeiten intern zu regeln, eine Gepflogenheit, die noch heute in den *banjars* gang und gäbe ist.

Kerta Gosa ist eines der letzten Zeugnisse aus jener Zeit, als in Klungkung die mächtigste Raja-Dynastie von Bali residierte. Ihr Herrschaftsbereich erstreckte sich über die Grenzen der Insel hinweg über Lombok und Sumbawa bis Süd-Sulawesi. Ende des 15. Jh. nach dem Zusammenbruch des ost-javanischen Großreichs von Majapahit und der Flucht der hindu-javanischen Adeligen nach Bali entwickelte sich das 4 km südlich von Klungkung gelegene Gelgel zum Mittelpunkt eines neuen, mächtigen Königreiches, bevor der Sitz der Dynastie 1710 nach Klungkung verlegt wurde. Wie die Gerichtshalle vermittelt der im gepflegten Park **Taman Gili** gelegene Bale Kembang eine Ahnung von der Prachtentfaltung am Königshof von Klungkung. Auch der inmitten eines künstlichen, von einem bunten Teppich aus Lotosblüten und -blättern bedeckten Teiches gelegene ›schwimmende Pavillon‹ besitzt einzigartige Fresken.

Der Hof der Klungkung-Herrscher, die den Titel Dewa Agung (erhabener Gott) trugen und einen kulturell-religiösen wie auch politischen Führungsanspruch hatten, wurde zu einem Hort von Kunst und Kultur. Hier erreichten Musik und Tanz sowie die heute noch gepflegte Wayang-Malerei eine Blüte, hier entwickelte sich das höfische Zeremoniell. Mit ihrem Feldzug gegen die rebellischen süd-balinesischen Fürstentümer leiteten die Niederländer Anfang des 20. Jh. auch das Ende der mächtigen Dynastie ein.

Eine Rolle als Marionetten der holländischen Kolonialherren lehnten die stolzen Klungkung-Rajas ab. So wiederholte sich zwei Jahre nach dem blutigen Ritual des Puputan von Badung 1908 der grausame Massenselbstmord vor den Toren des Puri Semarapura, des fürstlichen Palastes von Klungkung, der von den Niederländern bei ihrer Strafexpedition in Schutt und Asche gelegt wurde. Den Königshof, der einst direkt hinter der Kerta Gosa stand, hat man nicht wieder aufgebaut. Dort erinnert heute inmitten des lebhaften Verkehrs ein Denkmal an die rituelle Selbstvernichtung. Bis auf die historischen Holzpavillons im **Taman**

Der Bale Kembang in Klungkung

Ost-Bali

Reiseatlas: S. 236, 239

Blick vom ›Muttertempel‹ Pura Besakih in die Ebene

Gili (Park mit Inselchen, tgl. 9–17 Uhr) hat Klungkung wenig zu bieten. Einen Besuch lohnt aber der weitläufige Markt in der Nähe des Taman Gili.

Busse nach Klungkung ab Denpasar/Terminal Batubulan. Busse und Bemos ab Klungkung Richtung Osten (Candi Dasa, Amlapura u. a.) von der Hauptstraße im östlichen Stadtgebiet. Busse und Bemos nach Denpasar/Terminal Batubulan vom Terminal südlich des Taman Gili. Bemos Richtung Norden vom Terminal nordöstlich des Taman Gili.

Gelgel und Kamasan

Reiseatlas: S. 236, C 4
Etwa 4 km südlich von Klungkung, das heute offiziell den unter seinen Einwohnern noch lange nicht geläufigen Namen Semarapura trägt, liegt **Gelgel**, das einstige Machtzentrum der Majapahit-Emigranten, in dem nichts mehr auf die große Vergangenheit hindeutet. Im Malerdorf **Kamasan** zwischen Klungkung und Gelgel pflegt man die alte höfische Kunst der Wayang-Malerei. Hier leben auch viele Gold- und Silberschmiede, die nach Motiven aus dem 19. Jh. Schmuck anfertigen, den Frauen bei Tempelzeremonien tragen.

Der ›Muttertempel‹ Pura Besakih

Reiseatlas: S. 236, C 2
Von Klungkung führt eine kurvenreiche Bergstraße nordwärts durch Reisfelder und -terrassen, die etwa 20 km entfernten, 950 m über dem Meeresspiegel an der Flanke des Gunung Agung

Reiseatlas: S. 236

Pura Besakih

gelegenen Pura Besakih, dem Tempel aller Tempel. Da sich oft schon im Laufe des Vormittags regenschwere Wolken vom Gipfel des Gunung Agung auf den Pura Besakih herabsenken, empfiehlt sich ein frühzeitiger Aufbruch.

Die weitläufige Tempelstadt am Fuße von Balis höchstem und heiligstem Vulkan, der als Sitz der Götter und symbolischer Mittelpunkt des Universums angesehen wird, ist das Hauptheiligtum der Insel und ›Muttertempel‹ sämtlicher Tempel auf Bali. So unterhält jedes der alten Fürstengeschlechter in Besakih einen eigenen Bezirk, jede bedeutende Sippe und jede Zunft sowie alle Dorfgemeinschaften haben hier Schreine und Altäre errichtet, über die ihre Tempel mit dem zentralen Heiligtum verbunden sind – Pura Besakih gilt als Symbol der Einheit der Hindu-Dharma-Religion.

Die Ursprünge des Pura Besakih lassen sich bis in die prä-hinduistische Epoche verfolgen. Bereits in grauer Vorzeit befand sich hier eine Kultstätte, in der man die Gottheiten des Agung-Vulkans verehrte – in einer von Vulkanausbrüchen und Erdbeben heimgesuchten Region verständlich. Der Überlieferung zufolge gründete im 8. Jh. der legendäre Priester Sanghyang Markandeya aus Java hier ein Terrassenheiligtum, in dem man hinduistisch-shivaistische Tempelrituale abhielt. Seit Ende des 15. Jh. dient das Zentralheiligtum von Besakih als Ahnentempel der ehedem führenden balinesischen Dynastie, des Königshauses von Gelgel-Klungkung.

Über einen Zeitraum von mehreren Jahrhunderten wurde Pura Besakih umgebaut und erweitert. Heute breitet sich vor dem Massiv des balinesischen Olymp ein weitläufiges Areal aus, das sich in drei Hauptheiligtümer und 30 Nebentempel mit insgesamt rund 200 Bauwerken gliedert. Der beste Überblick über die Anlage bietet sich von einem oberhalb im Nordosten gelegenen Aussichtspunkt. Der Zutritt zu den inneren Bezirken der Tempelheiligtümer ist – als Folge des Touristenstroms, der sich tagtäglich über Besakih ergießt – nur Balinesen gestattet.

Die vom Parkplatz ausgehende, 1 km lange Prozessionsallee endet

River Rafting

Zwischen zwei und drei Stunden dauert das feucht-fröhliche Vergnügen auf dem Yeh Unda und dem Telaga Waja am Fuße des Gunung Agung oder auf dem Yeh Ayung bei Ubud. Renommierte Veranstalter sind Sobek – The Adventure Specialists, Jl. Bypass I Gusti Ngurah Rai 9, Sanur, Tel. 0361/28 70 59, Fax 0361/28 94 48, www.balisobek.com, Touren auf dem Telaga Waja und Yeh Ayung, Erwachsene 75 $, Kinder 45 $; Ayung River Rafting, Jl. Diponegoro 150 B-29, Denpasar, Tel. 0361/23 87 59, Fax 0361/22 42 36, Touren auf dem Yeh Ayung, Erwachsene 65 $, Kinder 40 $; Unda River Rafting, Jl. Trijata 11 A, Denpasar, Tel. 0361/22 74 44, Fax 0361/24 59 63, Touren auf dem Yeh Unda, Erwachsene 60 $, Kinder 35 $.

Gunung Agung

DIE BESTEIGUNG DES GUNUNG AGUNG

Mit 3142 m ist der von den Balinesen zum Sitz der Götter erkorene Vulkan Gunung Agung, der zurzeit nur ›auf kleiner Flamme köchelt‹, der höchste Inselgipfel. Der recht steile Aufstieg, der abschnittsweise über loses Lavagestein führt, erfordert zwar eine gute Kondition, kann aber auch ohne größere bergsteigerische Erfahrung unternommen werden.

Da sich der unmarkierte Pfad im Bergdschungel und der Gipfelregion oft verzweigt, empfiehlt es sich, einen *guide* anzuheuern. Gipfelstürmer, die den Panoramablick vom Gunung Agung genießen wollen, brechen spätestens gegen zwei Uhr morgens auf, denn im Laufe des Vormittags hüllt sich das Agung-Massiv in ein dichtes Wolkenkleid. Zur Ausrüstung gehört eine gute Taschenlampe. Nicht vergessen darf man genügend Trinkwasser, denn unterwegs gibt es keine Quellen oder Bäche. Die besten, weil trockensten Klettermonate sind Mai bis September.

Zwei Trekking-Routen führen auf den Gunung Agung. Der leichtere, kürzere südliche Aufstieg beginnt am Pura Pasar Agung. Den Tempel 1500 m über dem Meeresspiegel erreicht man vom Dorf Selat auf einer etwa 10 km langen, sehr holprigen, aber von robusten Autos befahrbaren Straße. Den Weg vom Tempel zum Kraterrand des Agung-Vulkans bewältigt man bequem in fünf Stunden, zurück geht's in drei bis vier Stunden. Das große Manko der Südroute besteht darin, dass man die höchste Spitze des Agung-Kraters nicht erreicht. Geländekundige Führer findet man in den Dörfern Selat und Sebudi, eventuell auch beim Pura Pasar Agung.

Obwohl länger (Aufstieg sieben bis acht Stunden, Abstieg fünf bis sechs Stunden), bevorzugen die meisten Bergwanderer die Route, die 950 m hoch an der Südwestflanke des Gunung Agung beim Pura Besakih beginnt. Ausgangspunkt ist der Pura Panataran Agung, der Haupttempel der Besakih-Anlage. Nach einer halben Stunde erreicht man den Pura Gelap und nach weiteren 30 Minuten den Pura Pangubengan – beide Heiligtümer gehören noch zum ausgedehnten Areal des ›Muttertempels‹. Bald danach geht der Weg fast in die Direttissima über und man kann als Westler nur noch staunen, wie behände die einheimischen Führer in Plastikschlappen auf dem glitschigen Lehmpfad gipfelwärts stürmen.

Jenseits der Baumgrenze in 2500 m Höhe passiert man nach sechs Stunden Kori Agung, eine Felswand und den symbolischen Eingang zur heiligen Gipfelregion des balinesischen Olymp. Nach der Überquerung eines Geröllfelds muss man sich rechts, also ostwärts halten. Über einen Bergkamm, zu dessen beiden Seiten Lavafelder steil abfallen, erreicht man nach zwei weiteren Stunden den Gipfel.

Für die Strapazen des Aufstiegs entschädigt ein fantastischer Cinemascope-Blick über die Ostregion von Bali bis hinüber zum Gunung Rinjani, dem heiligen Berg der Insel Lombok. Oben eröffnet sich ein überwältigender Blick in die etwa 100 m steilwandig abfallende Caldera, in der sich Wolken- und Nebelfetzen mit Schwefeldämpfen vermischen, die aus Solfataren aufsteigen.

beim heiligsten Tempel, dem **Pura Panataran Agung Besakih,** in dem der eine allmächtige Gott, Sanghyang Widhi Wasa, in seiner wichtigsten Erscheinungsform als Shiva verehrt wird. Eine von Heroen des »Mahabharata« bewachte Treppenflucht führt zum Candi Bentar, dem gespaltenen Eingangstor des Shiva-Tempels, der aus rund 60 Einzelbauwerken besteht. Im Allerheiligsten beten Gläubige vor dem wichtigsten Schrein des Besakih-Komplexes – dem dreisitzigen Lotosthron, dem Ehrensitz für Sanghyang Widhi Wasa bei Tempelzeremonien.

Flankiert wird das Haupttheiligtum vom Brahma-Tempel **Pura Kiduling Kreteg** und dem Vishnu geweihten **Pura Batu Madeg.** Die Tempeltriade symbolisiert die hinduistische Dreieinigkeit. Während der zahlreichen Feste und Zeremonien werden die Schreine der Tempel mit Tüchern und Bannern in den Symbolfarben der drei Gottheiten geschmückt: Weiß für Shiva, Rot für Brahma und Schwarz für Vishnu. Im Gegensatz zu anderen balinesischen Tempeln ist die Architektur des Pura Besakih erstaunlich nüchtern, doch dafür entschädigt die herrliche Lage.

Pura Besakih ist Schauplatz der wichtigsten religiösen Zeremonien auf Bali. Alle zehn Jahre strömen zwei Monate lang Tag für Tag Pilger aus ganz Bali hierher, um im Rahmen der Landreinigungszeremonie Panca Wali Wrama Opfergaben darzubringen und von Priestern geweihtes Wasser in Empfang zu nehmen. Nur alle 100 Jahre findet hier das Eka-Dasa-Rudra-Fest statt, das größte balinesische Opferritual, wobei das gesamte Universum rituell gereinigt wird. Bei den Vorbereitungen für die Jahrhundertfeier im März 1963 brach der Gunung Agung aus, der sich seit vielen Jahren nicht mehr geregt hatte. Wie durch ein Wunder blieb Pura Besakih zum größten Teil unversehrt, obwohl die Katastrophe auf Ost-Bali rund 2000 Todesopfer forderte. Die Eka-Dasa-Rudra-Zeremonie wurde, dieses Mal ohne Zwischenfälle, 1979 nachgeholt.

Von Menanga, wo die Stichstraße zum Besakih-Tempel abzweigt, windet sich Richtung Norden eine wenig befahrene Nebenstrecke durch eine einsame, von der zerstörerischen Gewalt des Agung-Vulkans gekennzeichnete Berglandschaft hinauf zum Batur-See. Einige Kilometer südlich zweigt beim Dorf Rendang eine Route nach Bangli ab, die sich in dramatischem Auf und Ab durch schöne Flusstäler windet.

Nur an Festtagen fahren von Klungkung Bemos zum Pura Besakih. Ansonsten erreicht man mit öffentlichen Verkehrsmitteln meist nur das Dorf Menanga, 6 km südwestl. des Tempels.

Zwischen Gunung Agung und Amlapura

Muncan und Selat

Reiseatlas: S. 236, C 3
Eine schmale Landstraße führt von **Rendang** abseits der Touristenströme durch Terrassenfelder und schöne Täler an den südlichen Ausläufern des Gunung Agung entlang nach Subagan 2 km südwestlich von Amlapura. Bei

Ost-Bali

Die Moschee von Sidemen

Muncan schmiegen sich Reisterrassen an die Bergflanken. Zwischen Muncan und **Selat** überquert die Straße eine tief eingeschnittene Schlucht, durch die der Yeh Unda tost. Auf diesem und anderen Gebirgsflüssen in der Gegend lernt man Bali bei Wildwasserfahrten von einer ganz anderen Seite kennen.

Von Selat schlängelt sich eine schlaglochübersäte Bergpiste etwa 10 km weit den Göttervulkan hinauf. Sie endet beim 1500 m hoch gelegenen **Pura Pasar Agung,** dem Ausgangspunkt für die südliche Aufstiegsroute zum Gunung Agung (s. S. 150). Die Tempelanlage wurde in den 80er Jahren des 20. Jh. neu errichtet, nachdem das ursprüngliche Heiligtum im Jahre 1963 beim Ausbruch des Agung unter Lavamassen verschüttet worden war.

Iseh und Sidemen

Reiseatlas: S. 236, C 3

Östlich von Selat gabelt sich die Straße. Rechts gelangt man zum malerischen, in Reisterrassen eingebetteten Dorf **Iseh,** wo in den 1930er Jahren der deutsche Künstler Walter Spies ein kleines Landhaus als Zweitdomizil besaß (s. S. 124f.). Inspiriert von der Landschaft, schuf er hier einige seiner schönsten Bilder. Nach dem tragischen Tod von Walter Spies im Jahre 1942 übernahm der Schweizer Maler Theo Meier die Bambusvilla.

Von Iseh kann man Richtung Südwesten nach Klungkung zurückfahren. In **Sidemen** ertönt aus einer großen Moschee fünfmal am Tag der Ruf des Muezzin – hier leben hinduistische Balinesen und muslimische Zuwanderer

Reiseatlas: S. 237

Sibetan und Budakling

aus Java. Rhythmisches Klappern weist am Dorfausgang den Weg zu einer der besten Ikat-Webereien von Bali. Pelangi (Regenbogen) heißt die Manufaktur, in der in einem komplizierten Handwebverfahren feinste Stoffe hergestellt werden.

Putung

Reiseatlas: S. 237, D 3

Im Dorf Putung befindet sich an einem Steilhang ein kleines Bungalowhotel mit Restaurant. Allein schon wegen der Aussicht über Reisterrassen zwischen bewachsenen, von tiefen Schluchten zerfurchten Bergen hinweg auf die Amuk-Bucht an der Südostküste sollte man hier eine Rast einlegen. Die Piste nach Putung nach Manggis an der Hauptstraße Klungkung–Amlapura ist meist unbefahrbar, vor allem nach heftigen Regenfällen versinkt sie in schlammiger Wegelosigkeit. Man kann aber in drei Stunden zur Küste hinunterlaufen und dabei das Panorama smaragdgrün leuchtender Reisterrassen genießen.

Putung Hilltop Resort: Tel. u. Fax 0366/2 30 39. Einfaches Bungalowhotel in spektakulärer Lage, herrlicher Blick vom Terrassenrestaurant. DZ 25 $.

Sibetan und Budakling

Reiseatlas: S. 237, D 3

Um **Sibetan** erstreckt sich eine der wichtigsten Obstanbauregionen von Bali. Auf großen Plantagen, die mit Stacheldrahtzäunen geschützt werden, erntet man Salak, kleine, apfelartig schmeckende Früchte, die man wegen ihrer schuppigen, lederartigen Haut auch Schlangenfrucht nennt. Verkauft wird das wertvolle Obst auf dem Markt des Nachbarorts **Bebandem,** der jeden dritten Tag stattfindet.

Einige Kilometer weiter östlich zweigt eine sich bald auf Fahrzeugbreite verengende Straße ab zum Dorf **Budakling,** in dem metallisches Gehämmer unüberhörbar die Werkstätten von Silberschmieden ankündigt. Dort kann man die aus Sterling-Silber gefertigen Schmuckstücke deutlich günstiger einkaufen als etwa in Celuk oder in den süd-balinesischen Ferienzentren. Über Subagan erreicht man Amlapura.

Körper, Geist und Seele im Gleichklang

In zwei Resorts in der Nähe von Sidemen kann man die Seele baumeln lassen. Das vorwiegend aus Naturmaterialien erbaute **Sacred Mountain Sanctuary** bietet neben Meditations- und Yoga-Kursen Wellness-Pakete an (Banjar Budamanis, Sidemen, Tel. 0366/2 43 30, Fax 0366/2 34 56, www.sacredmountainbali.com. Bungalow 90 bis 135 $). Englischsprachige Meditationslehrer geben im **Nirarta Centre for Living Awareness** Einführungskurse in Vipassana-Meditationstechniken (Banjar Tabola, Sidemen, Tel. 0366/2 41 22, Fax 0366/2 14 44, www.awarenessbali.com, Bungalow 30–60 $).

Ost-Bali

Reiseatlas: S. 236, 237, 239

Zwischen Klungkung und Candi Dasa

Kusamba

Reiseatlas: S. 236, C 4
Zwischen Klungkung und Candi Dasa erstrecken sich kilometerlange schwarze Lavastrände – Relikte des Agung-Ausbruchs von 1963. Beim Fischerdorf **Kusamba** sorgen *jukung* genannte Auslegerboote, die man bei ruhiger See auch für Fahrten nach Nusa Penida mieten kann, für Farbtupfer. Am Strand sieht man Tröge aus halbierten Bambusstämmen, in denen Einheimische Meerwasser an der Sonne verdunsten lassen, um Salz zu gewinnen.

Die Fledermaushöhle Goa Lawah

Reiseatlas: S. 236, C 4
Östlich von Kusamba wird der Meeresduft von Exkrementengestank überlagert – man nähert sich der Fledermaushöhle Goa Lawah, dem überriechendsten Heiligtum von Bali, das dennoch zu den neun bedeutenden Reichstempeln gezählt wird. Am Eingang der Grotte im Kalksteinkliff hängen tausende Fledermäuse, die Balinesen als heilig gelten, an der Felsendecke.

Die Gläubigen kommen zum Höhlentempel, dessen Ursprünge in das frühe 11. Jh. zurückreichen, um zwei mythologischen Schlangen ihre Reverenz zu erweisen – Sanghyang Basuki, dem Herrn der Schlangen, und der Weltenschlange Antaboga. Vor den mit Fledermauskot übersäten Schreinen, die den Höhleneingang bewachen, beten viele Menschen. Pythons, auf deren Speisezettel Fledermäuse obenauf stehen, hausen in den Felsspalten der Höhlen.

Goa Lawah bildet den Eingang zu einem vermutlich weit verzweigten Höhlensystem, das in der Vorstellung der Einheimischen im kleinen Pura Goa (Höhlentempel) innerhalb des 20 km entfernten Besakih-Komplexes wieder zu Tage tritt. Somit würde Goa Lawah die Verbindung zwischen Berg und Meer beziehungsweise der Sphäre der Götter und der Heimstatt der Dämonen herstellen, den Gegenpolen des kosmischen Ordnungssystems der Balinesen.

Padang Bai

Reiseatlas: S. S. 237, D 4
Umrahmt von dicht bewachsenen Hügeln liegt 2 km südlich der Hauptstraße nach Amlapura das Hafenstädtchen Padang Bai an einer Bucht, die vielen als die schönste von Bali gilt – feinsandig der Strand, türkisblau das Meer. Eine Bucht wie in Kuta vor 30 Jahren. Es gibt nur ein paar einfache Pensionen und Strandlokale. Dies ist eine Domäne der Traveller mit wenig Geld, aber viel Zeit. Die Idylle wäre perfekt, gäbe es nicht am westlichen Ende der Bucht das moderne Terminal, von dem im Stundenrhythmus die Fähren zur Nachbarinsel Lombok ablegen. Störend schieben sich auch die Öltanks des Petrokonzerns Pertamina ins Blickfeld. Aber für eine Hand voll Rupiah kann man eines der bunten Auslegerboote mieten und zu einer der Badebuchten östlich des Ortes entfliehen.

Padang Bai

Am Strand von Padang Bai

Schnorchler und Tauchanfänger zieht es zur **Jepun Lagoon** und **Blue Lagoon** mit bunten Korallengärten. Etwas für erfahrene Taucher ist die Region um die ›Ziegeninsel‹ **Nusa Kambing.**

Hotel Puri Rai: Jl. Silayukti 7, Tel. 0363/4 13 85, Fax 0363/4 13 86. Bestes Haus am Ort, am Strand, Zimmer mit Klima-Anlage oder Ventilator. DZ 175 000–300 000 Rp.
Padang Bai Beach Inn: Jl. Silayukti, Tel. 0363/4 14 39. Bungalows im inseltypischen Stil, wenige Schritte vom Strand, mit Tauchbasis. Bungalow 85 000 Rp.
Kerti Beach Inn: Jl. Silayukti, Tel. 0363/4 13 91. Einfache, strandnahe Bungalows. Bungalow 40 000–60 000 Rp.
Made Home Stay: Jl. Silayukti, Tel. 0363/4 14 41, mades_padangbai@hotmail.com. Einfach, aber ordentlich und strandnah. DZ 40 000–50 000 Rp.

Penginapan Pantai Ayu: Jl. Segara, Tel. 0363/4 13 96. Traveller-Bleibe, ca. 200 m zum Strand. DZ 35 000–40 000 Rp.

Warung Pantai Ayu: Jl. Silayukti, tgl. 8–24 Uhr. Gutes Seafood und internationale Gerichte vor dem Panorama der Amuk-Bucht. Preiswert.
Warung Mangga: Jl. Silayukti, tgl. 8–24 Uhr. Bambuslokal am Strand mit Standard-Traveller-Food. Preiswert.

Diving Groove: c/o Padang Bai Beach Inn, Jl. Silayukti, Tel. 0812/3 98 97 46, www.divinggroove.com. Tauchschule unter deutscher Leitung, Tauchkurse für Anfänger und Tauchexpeditionen für Fortgeschrittene.

Busse und Bemos nach Padang Bai ab Denpasar/Terminal Batubulan. Zwischen Padang Bai und Kuta/Legian, Padang Bai und Ubud sowie Pa-

Ost-Bali

Reiseatlas: S. 237

dang Bai und dem Flughafen Ngurah Rai verkehrt ein *shuttle bus* der Agentur Perama Tourist Service, Auskunft: Tel. 0363/4 14 19.

Fähre: Von Padang Bai tgl. im 1,5-Stunden Rhythmus Passagier- und Autofähren nach Labuhan Lembar auf Lombok, Fahrzeit 4–7 Std.; zweimal tgl. ein **shuttle boat** von Padang Bai nach Senggigi auf Lombok sowie zu den Inseln Gili Air, Gili Meno und Gili Terawangan, Auskunft: Perama Tourist Service, Tel. 0363/ 4 14 19. Nach Toyapakeh auf Nusa Penida verkehren von Padang Bai sporadisch kleine Motorboote, Fahrzeit 2 Std.

Candi Dasa

Reiseatlas: S. 237, D 4

Dies ist wohl der kurioseste Badeort der Welt, denn der dortige Strand hat einen entscheidenden Nachteil – es gibt ihn nicht mehr. Schuld daran ist der Abbau von Korallengestein am vorgelagerten Riff, das man zu Kalk verarbeitete. Ohne diese Schutzbarriere schwemmte das Meer den weißen Strand mit der Zeit fast vollständig in die Amuk-Bucht.

Heute verschandeln Wellenbrecher aus Beton den Küstenabschnitt, verhindern aber zumindest, dass auch noch der spärliche Rest des Strandes Opfer der Fluten wird. Obwohl man in einigen Hotels künstliche Strände angelegt hat, ist Candi Dasa für einen reinen Badeurlaub nicht zu empfehlen. Mit komfortablen, aber dennoch preiswerten Unterkünften und guten Restaurants eignet sich Candi Dasa jedoch bestens als Stützpunkt für Streifzüge im Osten von Bali. Bessere Schwimm- und Bademöglichkeiten bieten die weiter westlich gelegenen Strände Sengkidu Beach, Mendira Beach und Balina Beach.

Amankila [1]: Manggis, Tel. 0363/ 4 13 33, Fax 0363/4 15 55, www. amanresorts.com. Luxushotel über der Amuk-Bucht, mit villenartigen Bungalows, Gourmet-Restaurant und spektakulärem Pool, 5 km westl. Suite 700–1400 $.
Alila Manggis [2]: Buitan, Manggis, Tel. 0363/4 10 11, Fax 0363/4 10 15, www.alila.com. Strandhotel, das balinesische und westliche Stilelemente verbindet, großer Pool, Restaurant mit kreativer Küche, 5 km westl. DZ 200–220 $, Suite 370 $.
Puri Bagus Beach Hotel [3]: Tel. 0363/ 4 11 31, Fax 0363/4 12 90, www.candidasa.puribagus.net. Bungalowanlage im balinesischen Stil, mit Restaurant, Pool und aufgeschüttetem Strandabschnitt, 2 km östl. DZ 125–195 $.
Candi Beach Cottage [4]: Sengkidu Beach, Tel. 0363/4 12 34, Fax 0363/4 11 11, www.candibeachbali.com. Komfortable, klimatisierte Zimmer in Bungalows und einem Haupthaus, mit zwei Pools und Strandrestaurant sowie aufgeschüttetem Strandabschnitt, 2 km westl. DZ 140–160 $, Bungalow 180 $.
The Watergarden [5]: Tel. 0363/4 15 40, Fax 0363/4 11 64, www.watergardenhotel.com. Inseltypische Komfortbungalows in einem Garten, mit Salzwasser-Pool und Restaurant, abseits vom Strand. DZ 95–110 $, Suite 180 $.
Lotus Bungalows [6]: Tel. 0363/4 11 04, Fax 0363/4 14 03, www.lotusbungalows.com. Strandbungalows im balinesischen Stil mit Ventilator oder Klima-Anlage, Pool, Restaurant mit indonesischen und italienischen Gerichten. Bungalow 75–90 $.
Kubu Bali [7]: Tel. 0363/4 15 32, Fax 0363/4 15 31, www.kububali.com. Komfortable Bungalows in Hanglage mit Blick

Candi Dasa

Übernachten
1. Amankila
2. Alila Manggis
3. Puri Bagus Beach Hotel
4. Candi Beach Cottage
5. The Watergarden
6. Lotus Bungalows
7. Kubu Bali
8. Nirwana Cottages
9. Anom Beach Inn Bungalows
10. Kelapa Mas
11. Sindhu Brata Homestay

Essen und Trinken
12. Warung Astawa
13. Ayu Taman Sari – German Bakery and Restaurant
14. Kubu Bali
15. Lotus Café
16. TJ's

über die Amuk-Bucht, mit Restaurant und Pool. DZ 55–75 $.
Nirwana Cottages 8: Sengkidu Beach, Tel. 0363/4 11 36, Fax 0363/4 15 43, www.nirwanacottages.com. Gut geführtes Bungalowhotel an einem ruhigen Strandabschnitt, mit Garten, Pool und Restaurant, 1,5 km westl. DZ 35–40 $, Bungalow 40–60 $.
Anom Beach Inn Bungalows 9: Sengkidu Beach, Tel. 0363/4 19 02, Fax 0363/4 19 98. Familienfreundliches Bungalowhotel mit Restaurant, Pool und Garten, 2 km westl. Bungalow 75–90 $.
Kelapa Mas 10: Tel. 0363/4 13 69, Fax 0363/4 19 47, www.kelapamas.com. Einfache, gepflegte Bungalows am Strand, Garten, aber kein Pool. DZ 10–25 $.
Sindhu Brata Homestay 11: Tel. 0363/4 18 25, Fax 0363/4 19 54. Familiäre Bungalowanlage mit z. T. klimatisierten Zimmern in idyllischer Lage an der Lagune von Candi Dasa, mit aufgeschüttetem Strandabschnitt. DZ 100 000–150 000 Rp.

Warung Astawa 12: Tel. 0363/4 13 63, tgl. 9–23 Uhr. Balinesische Gerichte und Seafood, tgl. ab 19.45 Uhr Legong- Aufführungen. Mittlere Preislage.
Ayu Taman Sari – German Bakery and Restaurant 13: Desa Nyuh Tebel, Tel. 0363/4 18 83, tgl. 8–22 Uhr. Brot und Gebäck nach deutscher Art sowie Hausmannskost für Heimwehkranke. Mittlere Preislage.
Kubu Bali 14: Tel. 0363/4 15 32, tgl. 8–23 Uhr. Stilvolles Restaurant mit offener Küche, die indonesische, chinesische und europäische Gerichte serviert. Mittlere Preislage.
Lotus Café 15: Tel. 0363/4 12 57, tgl. 11–23 Uhr. Strandrestaurant mit Seafood

Ost-Bali

Reiseatlas: S. 237

Die Lagune von Candi Dasa

und indonesischen Gerichten. Mittlere Preislage.
TJ's 16: Tel. 0363/4 15 40, tgl. 9–23 Uhr. Gartenrestaurant mit indonesischen und mexikanischen Gerichten. Mittlere Preislage.

 **Busse und Bemos** nach Candi Dasa ab Denpasar/Terminal Batubulan. Zwischen Candi Dasa und Kuta/Legian, Candi Dasa und Ubud sowie Candi Dasa und dem Flughafen Ngurah Rai verkehrt ein **shuttle bus** der Agentur Perama Tourist Service, Auskunft: 0363/4 11 14.

Das Bali-Aga-Dorf Tenganan

Reiseatlas: S. 237, D 3
Von Candi Dasa führt eine Stichstraße zum 3 km nördlich gelegenen Dorf Tenganan. Sie endet bei einem großen Parkplatz, um den sich Imbissbuden und kleine Souvenirgeschäfte gruppieren. Dies ist aber die einzige Gemeinsamkeit, die Tenganan mit anderen viel besuchten balinesischen Orten hat.

Tenganan ist eines der wenigen Dörfer auf Bali, wo prä-hinduistische Kultur lebendig geblieben ist. Die Bewohner, die sich Bali Aga (Alt-Balinesen) nennen, sind Nachkommen der Ureinwohner von Bali, die sich der Hinduisierung entziehen konnten. Während in der heutigen balinesischen Kultur lokale und indische Elemente miteinander verschmolzen, gelang es den Bali Aga durch strikte Abschottung, über Jahrhunderte hinweg ihre kulturellen und religiösen Traditionen nahezu unverfälscht zu bewahren. So gibt es bei den Alt-Balinesen kein Kastensystem und sie lehnen auch andere hinduistische Bräuche ab, etwa die Totenverbrennung und die Zahnfeilung.

Seit Urzeiten glauben die Bali Aga von Tenganan, das vom Götterkönig Indra, ihrem mythischen Ahnherren, erkorene Volk zu sein. Die etwa 300 Personen umfassende, kastenlose Dorfgemeinschaft bezeichnet sich deshalb als Gesellschaft der Auserwählten. Das soziale und religiöse Leben spielt sich im mauerumwehrten Zentraldorf Tenganan Pegeringsingan ab. Auch in den umliegenden Dörfern Asah, Bungaya

Bali-Aga-Dorf Tenganan

und Timbrah leben Menschen, die sich als Alt-Balinesen bezeichnen.

Die als wohlhabend geltenden Tengananer verrichten selbst nur wenige körperliche Tätigkeiten. Die Arbeit auf ihren Reisfeldern lassen sie gegen einen Teil des Ernteertrags von Balinesen aus umliegenden Dörfern besorgen. So bleibt den Bali Aga Zeit und Muße, Traditionen zu pflegen und zu verfeinern sowie sich ihrem komplizierten Ritualsystem zu widmen, das im Mittelpunkt ihres religiösen und sozialen Lebens steht. Da die Ländereien Gemeinschaftsbesitz sind, teilen die Bali Aga den von den gemieteten Arbeitskräften erwirtschafteten Profit unter sich auf.

Wie die Bali Aga zu ihrem Land kamen

Eine Legende schildert, wie die Tengananer zu ihren Ländereien kamen. Auf der Suche nach dem entlaufenen Streitross des Raja Dalem Bedahulu kamen die Bali Aga nach Ost-Bali. Dort fanden sie das Pferd, allerdings bereits halb verwest. Trotzdem gewährte ihnen der König wie versprochen eine Belohnung – sie sollten Land erhalten, so weit der Gestank des verwesenden Tierkadavers noch zu riechen wäre.

Gemeinsam mit einem königlichen Beamten ritt der Stammesälteste stundenlang über Berg und Tal, als ständigen Begleiter den penetranten Verwe-

Ikat-Verfahren

MAGISCHE STOFFE
DAS IKAT-VERFAHREN

Weltweit bekannt und von Sammlern sehr geschätzt sind die im komplizierten Verfahren des Doppel-Ikat hergestellten *Geringsing*-Stoffe der Tengananer. Bei dem sehr alten Handwebverfahren, das vor der Zeitenwende mit der Dong-son-Kultur nach Indonesien kam und heute nur noch im Bali-Aga-Dorf Tenganan gepflegt wird, verarbeiten Frauen gemusterte Fäden, die vor dem Webvorgang nach einem bestimmten Plan bündelweise gefärbt wurden. Hierzu bindet man die Kett- oder/und Schussfäden an bestimmten Stellen mit farbresistentem Bast und Blättern eng zusammen, sodass sie beim Eintauchen in die Farbe – meist blutrot oder indigo – diese nicht annehmen.

Damit sich die gewünschten, meist geometrischen oder streng stilisierten Motive ergeben, müssen beim Weben mit viel Geduld und Kunstfertigkeit die Fäden der Kette mit denen des Einschlags in Übereinstimmung gebracht werden. Mehr als fünf Jahre kann es dauern, ein Tuch in der aufwändigen Doppel-Ikat-Webkunst herzustellen. Und mindestens ebenso lange brauchen die Mädchen von Tenganan, um dieses schwierige Handwebverfahren zu lernen. Entsprechend teuer werden die Raritäten gehandelt. Die benötigte Baumwolle stammt ausschließlich aus dorfeigenen Plantagen, die Naturfarbe bezieht man von Nusa Penida.

In der indonesischen Inselwelt sind zwei weitere Ikat-Techniken bekannt: das von alt-malaiischen Völkern auf Borneo, Sumatra und Sulawesi gepflegte Ketten-Ikat, bei dem vor dem Webvorgang nur das Kettfädengarn eingefärbt wird, sowie das nur noch auf Süd-Sumatra bekannte Einschlag-Ikat, bei dem die Schussfäden eingefärbt werden, bevor man sie verwebt.

Im Ikat-Verfahren hergestellte Stoffe werden nicht zu alltäglichen Kleidungsstücken oder Gebrauchsartikeln verarbeitet, sondern spielen als sakrale Gewänder oder rituelle Tücher eine wichtige Rolle bei Zeremonien und bedeutenden Ereignissen wie Geburt, Heirat oder Tod. So schreibt man überall auf Bali den Geringsing-Stoffen der Tengananer, deren Muster der Gott Indra selbst entworfen haben soll, magische Eigenschaften zu. Nach dem Glauben der Balinesen schützen sie ihre Träger vor dämonischen Kräften sowie vor Krankheit und Verfall. Der magische Charakter der heiligen Tücher geht bereits aus ihrem Namen hervor – *geringsing* bedeutet so viel wie ›Krankheit abwehrend‹. Die Muster der Geringsing-Stoffe, die als Schutzzeichen wirken, entfalten ihre Kraft vor allem bei den als magisch gefährdet angesehenen bedeutenden Stationen und Wendepunkten im Leben eines Menschen. So werden Säuglinge bei der Drei-Monatsfeier, bei der sie zum ersten Mal die Erde berühren dürfen, ebenso in Doppel-Ikat-Tücher gehüllt wie heranwachsende Mädchen und Jungen bei der Zahnfeilung oder bei Hochzeiten das Brautpaar. Verstorbenen dienen Geringsing-Tücher als Decke.

Bali-Aga-Dorf Tenganan

sungsgeruch. Schließlich verlor der Beamte die Geduld und beendete die Aktion, freilich erst nachdem die Bali Aga schon einen gewaltigen Gebietszuwachs für sich verbuchen konnten. Der König hatte wohl nicht damit gerechnet, dass ihn seine Untertanen mit einem Trick überlisten würden. Der schlaue alte Bali Aga hatte ein Stück des stinkenden Pferdekadavers unter seinen Sattel gebunden.

Sozialordnung und Ritual

Das Leben der Tengananer ist in ein komplexes Geflecht aus religiösen Riten und Sozialgesetzen eingebunden, das die individuelle Lebensgestaltung der Menschen drastisch beschneidet. So wird von den Tengananern erwartet, dass sie sich von Kindesbeinen an in hierarchische Gruppen einordnen. In Mädchen- und Jungenvereinigungen lernen Kinder und Heranwachsende die Bräuche der Bali Aga kennen und werden mit den Gebets-, Opfer- und Reinigungsritualen vertraut gemacht.

Da der spirituellen Reinheit des Dorfes und seiner Bewohner ein hoher Stellenwert beigemessen wird, ist es einem Bali Aga verboten, einen Partner von ›draußen‹ zu heiraten. Wer gegen dieses Tabu verstößt oder sich gegen andere Gesetze und Bräuche vergeht, verliert neben Sitz und Stimme im Dorfrat Krama Desa auch die Lehensabgaben aus den Gemeinschaftsfeldern. Gleichzeitig wird er aus der Kerngemeinschaft ausgeschlossen und muss im östlichen Dorfteil der ›Verbannten‹ leben oder Tenganan ganz verlassen.

So nimmt es nicht wunder, dass heute nur noch wenige ›echte‹ Alt-Balinesen in Tenganan leben. Viele junge Bali Aga ziehen, dem Lockruf des Geldes folgend, aus freien Stücken weg, um in den Ferienzentren einen Job zu suchen. Für das kulturelle Erbe der Bali Aga wird der Bevölkerungsschwund vermutlich fatale Folgen haben. Es steht zu befürchten, dass die als konservativ geltenden Tengananer als Kulturvolk nicht mehr lange überleben werden, wenn sie nicht ihre Gesetze ändern.

Noch in den 60er Jahren des 20. Jh. durften ausländische Besucher Tenganan nur mit einer Genehmigung betreten. Dies hat sich geändert, seitdem die Bali Aga die wirtschaftlichen Vorteile des Tourismus erkannt haben. An einem aber halten die Dorfbewohner unbeirrt fest: Fremde müssen bis zum Einbruch der Dunkelheit Tenganan verlassen haben; sie dürfen keinesfalls im Dorf übernachten.

Wer durch ein schmales Portal das Dorf betritt, erkennt auf den ersten Blick, dass Tenganan etwas Besonderes ist. Den rechteckigen Ortskern umgibt eine Mauer, die nur von wenigen Durchlässen durchbrochen ist. Entlang zweier paralleler Pflaster- und Lehmstraßen ziehen sich aneinander grenzende Gehöfte mit identischem Grundriss über einen Hügel hin. Es fällt auf, dass anders als in hindu-balinesischen Dörfern die Hausaltäre an der meerwärts gelegenen Seite der Anwesen liegen.

Zwischen den schlichten, wie Reihenhäuser wirkenden Wohnstätten stehen auf terrassenförmig ansteigenden Grasflächen schmucklose Pavillons

Ost-Bali

und Tempel, in denen sich das soziale und sakrale Leben der Bali Aga abspielt. Dort ist auch die lang gestreckte zentrale Versammlungshalle zu finden, in der sich die Mitglieder des Dorfrats treffen, um wichtige Entscheidungen zu fällen. Außerhalb der Dorfmauern liegt im Schatten zweier Banyan-Bäume ein schlichter alter Tempel. In den Schreinen verwahrt man Steinidole und andere wichtige Reliquien.

An den beiden holprig ansteigenden Dorfstraßen sieht man Männer tief gebeugt an Holztischen arbeiten. Sie demonstrieren Besuchern eine aussterbende Kunstgattung – das Kopieren alt-balinesischer Texte und Miniaturillustrationen auf Blätter der Lontar-Palme (s. S. 63).

Das liturgische Jahr der Bali Aga ist von einer schier endlosen Kette religiöser Zeremonien und Rituale geprägt. Am spektakulärsten ist das dreitägige Mekare Kare-Fest (auch Usaba Sambah genannt) im Juni oder Juli. Zwischen den Häuserzeilen errichtet man hölzerne Riesenräder, auf denen in sarongs gekleidete Mädchen im Kreis gedreht werden. Was wie ein Kirmesvergnügen wirkt, hat symbolische Bedeutung – die rituelle Verbindung zwischen Himmel und Erde.

Begleitet von den Klängen des heiligen Selunding-Gamelan, der Überlieferung zufolge ein Geschenk des höchsten Gottes Indra an die Tengananer, führt man Opfertänze auf. Bei den Kare-Kämpfen, einem Fruchtbarkeitsritual, in dem das Fest kulminiert, schlagen halbnackte, nur durch einen Rattanschild geschützte Jugendliche mit stacheligen Pandanus-Blättern aufeinander ein. Dass dabei oft reichlich Blut fließt, ist beabsichtigt – damit wollen die Bali Aga die Götter um ihren Segen für die Reisernte bitten.

Im Bali-Aga-Dorf Tenganan

DIE OSTSPITZE VON BALI

Noch immer weht der Hauch einer glanzvollen Vergangenheit durch die Palastanlagen in und nahe der alten Fürstenstadt Amlapura. Wegen der artenreichen Unterwasserwelt um Amed und Tulamben sind diese Orte beliebte Ausflugsziele für Taucher und Schnorchler. Abseits der Touristenströme liegen die Inseln Nusa Penida, Nusa Lembongan und Nusa Ceningan.

Amlapura und Umgebung

Amlapura

Reiseatlas: S. 237, E 3

Im Osten Balis liegt inmitten von Reisfeldern und -terrassen Amlapura, die Hauptstadt des Regierungsbezirks Karangasem. Nach dem Niedergang der Gelgel-Dynastie im späten 17. Jh. entwickelte sich Karangasem im 18. und 19. Jh. zum mächtigsten Fürstentum Balis, dessen Herrschaftsbereich sich auch über Teile der Nachbarinsel Lombok erstreckte.

Anfang des 20. Jh. kollaborierte der Raja mit der holländischen Kolonialmacht. Er durfte seinen Titel und einen Teil seiner Machtbefugnisse behalten, wurde aber von den anderen balinesischen Herrschern fortan als Abtrünniger gemieden. Die Feudalzeit ging zwar mit der Unabhängigkeit Indonesiens 1949 zu Ende, doch bekleideten Mitglieder der Königsfamilie noch lange wichtige Posten in der Provinzverwaltung.

Die Verbundenheit des Raja mit den Europäern spiegelt sich im **Puri Agung Kanginan,** dem Fürstenpalast, wider. Die heutige, zum Teil noch von Nachkommen der Raja-Familie bewohnte Anlage entstand im frühen 20. Jh. Europäische, chinesische und balinesische Elemente verbinden sich hier zu einem harmonischen Ganzen. Wegen der Ausstattung mit englischen Möbeln trägt das Hauptgebäude, ein von einer großen Veranda umgebener balinesischer Pavillon, den Namen Bale London. Die blau-goldenen, geschnitzten Türen lassen heute noch den früheren Glanz des Palastes erahnen. Die feinen Reliefs am benachbarten Pavillon, in dem einst die Zahnfeilung stattfand, zeigen Szenen aus dem »Ramayana«.

Den Mittelpunkt der Palastanlage bildet ein künstlich angelegter Lotosteich, in dem der Bale Kembang ›schwimmt‹, einst der Speisepavillon der königlichen Familie. Obwohl restauriert, zeigt der Fürstenpalast immer noch Spuren des Agung-Ausbruchs von 1963. Damals wurden weite Teile des Karangasem-Bezirks verwüstet.

 Busse und Bemos nach Amlapura von Denpasar/Terminal Batubalan.

Ost-Bali

Reiseatlas: S. 237

Reisfelder bei Abang

Vom Terminal im Zentrum von Amlapura fahren Bemos nach Ujung und Tirtagangga sowie sporadisch nach Tista; mehrmals tgl. Bemos und Busse entlang der Nordostküste zwischen Amlapura und Singaraja.

Ujung und Tirtagangga

Reiseatlas: S. 237, E 3
Nach Plänen des letzten amtierenden Raja entstand 1921 der Wasserpalast von **Ujung** 4 km südöstlich in Küstennähe, von dem nach mehreren Erdbeben nur noch über Reisfelder verstreute Trümmer zeugen. Erhalten blieb der große Badeteich, der heute Reisbauern als Tränke für ihre Kühe und Wasserbüffel dient.

Dem königlichen Faible für Wasserspiele verdankt auch der um 1947 erbaute Wasserpalast von **Tirtagangga** (Wasser des Ganges) seine Entstehung. Nach dem Agung-Ausbruch von 1963 und einem Erdbeben 1979 blieben Gebäudefundamente sowie Badebecken übrig, die aus dämonenköpfigen Wasserspeiern gespeist werden. Noch immer sprudelt Bergwasser in die Bassins, denn der einstige Lustgarten steht heute der Allgemeinheit als Badeanstalt offen. Die Landschaft an den Ausläufern des Gunung Agung mit Reisterrassen, Wäldern und Dörfern lädt zu Wanderungen ein.

... in Tirtagangga
Tirta Ayu Hotel: Tel./Fax 0363/ 2 25 03, www.hoteltirtagangga.com. Romantisches Hideaway im alten königlichen Wasserpalast, hervorragendes Restaurant mit indonesischen und europäischen Gerichten sowie Blick über den einstigen Lustgarten. DZ 125–200 $.
Cabe Bali: Temege, Tel. u. Fax 0363/ 2 20 45, www.cabebali.com, Buchung in Deutschland: Tel. 081 71/92 98 08, Fax 81 71/92 98 07. Kleine, aber feine Bungalowanlage abseits von Tirtagangga inmitten von Reisfeldern, unter deutsch-indonesischer Leitung, mit Restaurant, Garten und Pool. Bungalow 70 $.
Puri Sawah: Tel. 0363/2 18 47, Fax 0363/2 19 39. Kleines Bungalowhotel mit familiärer Atmosphäre am Hang, mit Res-

taurant und schöner Aussicht. DZ 100 000–200 000 Rp.

Pura Luhur Lempuyang

Reiseatlas: S. 237, E 3
Wenige Kilometer nördlich von Tirtagangga windet sich die kurvenreiche Straße Richtung Singaraja über eine Passhöhe. Bei **Tista** funkeln Reisterrassen im Licht der Äquatorsonne.

In **Abang** weist ein Schild Richtung Osten zum Pura Luhur Lempuyang, den man mit einem robusten Fahrzeug auf einer 5 km langen steil ansteigenden und kurvenreichen Straße erreicht. Ein von sechs Naga-Schlangen bewachter und von Figuren aus der Hindu-Mythologie flankierter Treppenaufgang führt in den innersten Bezirk des Bergheiligtums, das zu den neun so genannten Reichstempeln zählt. Zu Fuß geht es weiter zum Pura Bale Agung. Von dort führt ein langer Treppenpfad mit über 1000 Stufen zum Pura Pasar Agung, der sich im Berg-

Ost-Bali

Reiseatlas: S. 237

Die Bucht von Amed

dschungel auf dem Gipfel des erloschenen, 1175 m hohen Vulkans Gunung Seraya versteckt (hin und zurück ca. 5 Std.).

Amed

Reiseatlas: S. 237, E 2
Wegen vieler Auswaschungen benötigt man vor allem nach der Regenzeit auch für die in Culik ostwärts abzweigende Piste nach Amed einen Wagen mit guter Bodenfreiheit. Im Fischerdorf Amed, das sich zwischen den steil aufragenden Ausläufern des Gunung Seraya und dem Meer an die steinige Küste schmiegt, kann man angenehme Urlaubstage verbringen, auch wenn die dortigen Strände nicht in die Sternekategorie fallen. Der etwa 3 km nördlich von Amed der Küste vorgelagerte **Jemeluk Sea Garden** gilt als eines der schönsten Unterwasserreviere von Bali. Wer sich auf die schmale, schlaglöchrige und teils schlecht befestigte ›Straße‹ wagt, die um die Vulkanruine des Gunung Seraya herumführt, wird mit herrlichen Küstenpanoramen belohnt. Sein Finale findet das 35 km lange Kurvenkarussell bei den Ruinen des **Wasserpalastes von Ujung,** einige Kilometer südöstlich von Amlapura.

Apa Kabar Villas: Bunutan, Tel./Fax 0363/2 34 92, www.apakabarvillas.com. Sechs individuell ausgestattete, klimatisierte Bungalows in einem üppigen Tropengarten am Strand, mit Restaurant und 15-Meter-Pool. Bungalow ab 105 $.

Culik und Tulamben

Coral View Villas: Lipah, Buchung: Denpasar Office, Tel. 0361/43 12 73, Fax 0361/42 38 20, www.hiddenparadise-bali.com. Bungalows im balinesischen Stil mit Ventilator oder Klima-Anlage, am Strand, mit luftigem Terrassenrestaurant und schönem Pool. Bungalow 60–90 $.
Bayu Cottages: Lipah, Buchung: Amlapura Office, Tel. 0363/2 10 44, www.bayucottages.com. Klimatisierte Bungalows über dem Strand, z. T. mit Balkon und schönem Meeresblick. Bungalow 32–45 $.
Pondok Vienna Beach Bungalows: Lipah, Tel. 082/8 37 03 42, Fax 0363/2 18 83, www.bali-amed.com. Kleines, familienfreundliches Bungalowhotel am Strand mit teils klimatisierten Zimmern und luftigem Restaurant. DZ 18–40 $.
Hotel Prema Liong: Bunutan, Buchung: Amlapura Office, Tel. 0363/2 10 44, www.bali-amed.com, Auskunft und Buchung in Europa: Tel. u. Fax 0041/81/3 84 42 21, kado_bali@surfeu.ch. Geräumige, stilvoll ausgestattete doppelstöckige Bungalows im balinesischen Stil mit Terrasse und herrlichem Blick, ruhige Lage etwas abseits vom Strand, im Restaurant indonesisch-balinesische Gerichte und sehr gutes Seafood. Bungalow 20–28 $.
Wawa-Wewe: Lipah, Buchung: Amlapura Office, Fax 03 63/2 20 74, wawawewevillas@hotmail.com. Schlichte, kleine Bungalows etwas abseits vom Strand, mit Restaurant. Bungalow 75 000–90 000 Rp.

Tiying-Petung Cafe: Lipah, tgl. 9–23 Uhr. Bambus-Restaurant unter balinesisch-deutscher Leitung mit vielfältiger Speisekarte, tgl. ab 20 Uhr Legong-Aufführungen oder andere balinesische Tänze. Preiswert.

Euro Dive: Tel. 0363/2 29 58, www.eurodivebali.com. Tauchschule unter holländischer Leitung, Tauchkurse für Anfänger und Tauchexpeditionen für Fortgeschrittene.

Culik und Tulamben

Reiseatlas: S. 237, E 2
Nördlich von **Culik** weicht die üppige Fruchtbarkeit einer steppenartigen Landschaft, geprägt vom Ausbruch des Agung im Jahre 1963. Felder erstarrter Lava ziehen sich von den Gipfeln des Vulkans bis an den dünn besiedelten nordöstlichen Küstensaum.

Das an einem steinigen, schwarzen Lavastrand gelegene **Tulamben** ist eines der Ziele für Unterwasserfans. Angezogen werden sie von farbenprächtigen Korallengärten und dem Wrack des amerikanischen Handelsschiffes »Liberty«, das im Zweiten Weltkrieg vor der Küste von den Japanern versenkt wurde.

... in Tulamben
Mimpi Resort: Tel. 0363/2 16 42, Fax 0363/2 19 39, www.mimpi.com. Geräumige Bungalows im inseltypischen Stil am Strand, Restaurant, Pool, Dive Centre, beliebt bei Tauchern. DZ 80 $, Bungalow 125–150 $.
Tauch Terminal: Buchung: Jimbaran Office, Tel. 0361/77 45 04, Fax 0361/77 84 73, www.tauch-terminal.com u. www.tulamben.com, Zimmer und Bungalows mit Ventilator oder Klima-Anlage am Strand, Restaurant, Pool, Tauchbasis und Tauchschule unter deutscher Leitung. DZ 65–90 $, Bungalow 130 $.
Paradise Palm Beach Bungalows: Tel. 0363/2 29 10, Fax 0363/2 29 17. Einfach ausgestattetes Bungalowhotel am Strand, gutes Restaurant, beliebt bei Tauchern. DZ 70 000 Rp., Bungalow 220 000–300 000 Rp.

Ost-Bali

Reiseatlas: S. 239

Nusa Penida und Nusa Lembongan

Reiseatlas: S. 239, D 3/4–F 3/4

Die gut 300 km^2 große, dünn besiedelte Insel Nusa Penida vor der Südostküste von Bali liegt abseits des großen Touristenstroms. Ähnlich wie die Bukit Badung-Halbinsel ist auch Nusa Penida ein Kalksteinplateau, das sich bis zu 529 m über dem Meeresspiegel erhebt. Mit kahlen Bergrücken und spärlicher Vegetation bildet das Eiland einen Kontrast zum fruchtbaren Südosten von Bali. Die wasserdurchlässigen Karstböden gestatten kaum eine agrarische Nutzung.

Statt Reis, der sehr viel Wasser benötigt, werden hauptsächlich Mais, Süßkartoffeln und Sojabohnen kultiviert. Da es kein Grundwasser gibt, werden die Felder aus großen Betonzisternen bewässert, in denen man Regenwasser auffängt. In erster Linie leben die etwa 45 000 Insulaner, zumeist muslimische Zuwanderer aus Sulawesi, vom Fischfang in der Meerenge von Badung, die Nusa Penida von Bali trennt.

Für Balinesen steht fest, dass Nusa Penida das Reich des Dämonenkönigs Ratu Gede Mecaling ist, der über ein Heer böser Meeresgeister gebietet. Daher begeben sie sich nur ungern auf die ›verwunschene Insel‹. Sehr begehrt sind bei ihnen aber die auf Nusa Penida gefertigten, feuerroten Cepuk-Tücher, denen man Abwehrkräfte gegen Krankheit und schwarze Magie nachsagt. Schließlich beschützen die magischen Textilien auch die Insulaner von Nusa Penida, die im Reich des Bösen leben müssen. Einst verbannten die Rajas von Bali Straftäter nach Nusa Penida, was dem Eiland den Beinamen ›Banditeninsel‹ eingebracht hat.

›Hauptstadt‹ der Insel ist **Sampalan**, das außer einem lebhaften Wochenmarkt keine Sehenswürdigkeiten bietet. Westlich von Sampalan liegt bei Toyapakeh das Heiligtum **Pura Dalem Penataran Ped**. Der Schrein, den ein rechteckiger Teich umgibt, ist dem Höllenfürsten geweiht. Zum Unterweltstempel, der als ein Zentrum der schwarzen Magie gilt, pilgern Balinesen, um mit Opfern Ratu Gede Mecaling zu beschwichtigen.

Weitere Attraktionen von Nusa Penida sind die Tempelanlage **Pura Batu Medau** (bei Suana) und die heilige Tropfsteinhöhle **Goa Karangsari** mit einem unterirdischen See südöstlich von Sampalan, in der alljährlich beim Galungan-Fest Kerzenlicht-Prozessionen und Zeremonien stattfinden. Obwohl beschwerlich, lohnt sich ein Abstecher an die Südküste der Insel, wo spektakuläre Steilklippen über 200 m tief zum Meer abfallen. Südlich von Sebuluh führt ein Schwindel erregender Stufenpfad aus Bambus und Holz zu einer der wenigen Süßwasserquellen auf Nusa Penida, die am Fuß der Klippen sprudelt.

Nusa Penida sind nordwestlich die beiden Inselwinzlinge **Nusa Lembongan** (3500 Einwohner) und das unbewohnte **Nusa Ceningan** vorgelagert, die hinsichtlich Bodengestalt, Tierwelt und Vegetation der Schwesterinsel sehr ähnlich sind. Die hügelige, verkarstete Hochebene von Nusa Lembongan stürzt im Osten dramatisch

Nusa Penida und Nusa Lembongan

zum Meer ab. Die Nordküste dagegen ist flach und dicht mit Mangrovenwäldern bewachsen.

Ein Erwerbszweig der Insulaner ist neben Fischfang eine besondere Form von Aquakultur – sie legen im seichten Wasser Felder von Seetang an, der nach der Ernte in getrockneter Form als Rohstoff für die Kosmetikindustrie vorwiegend nach Japan exportiert wird.

Die Welt der bunten Korallengärten in den Küstengewässern von Nusa Lembongan mit unglaublichem Fischreichtum zieht vor allem Taucher und Schnorchler an, die im Dorf **Jungutbatu** an der Nordwestküste preiswerte Unterkünfte finden. Etwa 2 km vom recht verschmutzten Sandstrand entfernt türmt sich die Bali-See an einem Riff zu einer wilden Brandung auf, die von Surfern aus aller Welt geschätzt wird. Wem der Sinn nicht nach Wassersport steht, der kann in gut zwei Stunden die autolose Insel umrunden. Das artet nicht in Stress aus, denn außer einsamen Stränden gibt es nichts zu entdecken.

... auf Nusa Lembongan

Waka Nusa Resort: Buchung: Denpasar Office, Tel. 0361/72 36 29, Fax 0361/72 20 77, www.wakaexperience.com. Kleine, aber sehr feine landestypische Bungalowanlage aus natürlichen Materialien, mit Restaurant und Pool. Bungalow 130 $.

Coconuts Beach Resort: Buchung über P. T. Island Explorer Cruises, Tel. 0361/72 80 88, Fax 0361/72 80 89. Sehr stilvolle Bungalows in herrlicher Hanglage, mit Restaurant und Pool. Bungalows 60–85 $.

Linda Bungalow: Tel. 081/23 60 08 67. Einfache, aber gemütliche Bungalows am Jungutbatu-Strand, mit Restaurant. Bungalow 80 000–100 000 Rp.

Bunga Lembongan: Schlichtes Bambushotel am Strand. DZ 40 000–60 000 Rp.

Pondok Baruna: Schlichtes Strandhotel mit Restaurant und Tauchbasis. DZ 40 000–50 000 Rp.

Puri Nusa: Einfache Bungalowanlage am Strand, mit Restaurant. DZ 40 000 bis 50 000 Rp.

Im Fischerdorf Kusamba (8 km östl. von Klungkung) legen bei ruhiger See tgl. am frühen Morgen Auslegerboote nach Mentigi bei Sampalan auf Nusa Penida ab, Fahrzeit 2–3 Std. Von Padang Bai verkehren sporadisch kleine Motorboote nach Toyapakeh auf Nusa Penida, Fahrzeit 2 Std. In Sanur legt tgl. frühmorgens unweit des Grand Bali Beach Hotel ein reguläres Passagierboot nach Nusa Lembongan ab, Fahrzeit 2–3 Std.

Fahrten in kleinen Booten über die gelegentlich recht raue Meerenge von Badung können abenteuerlich sein. Das Gepäck sollte man gut mit Plastikplanen schützen und keine nässempfindlichen (Wert-)Sachen am Körper haben, denn oft kommt man bis auf die Haut durchnässt an.

Sicherer und bequemer ist es, eine organisierte Tour in einem Ausflugsboot von Benoa Port zu buchen, z. B. Island Explorer Cruises, Tel. 0361/72 80 88, Fax 0361/72 80 89, und Bali Hai Cruises, Tel. 0361/72 03 31, Fax 0361/72 03 34, www.baliparadise.com/balihai (nach Nusa Lembongan) und Waka Louka, Tel. 0361/72 36 29, Fax 0361/72 20 77, www.wakaexperience.com (Segelkatamaran nach Nusa Lembongan) sowie Quicksilver, Tel. 0361/77 19 97, Fax 0361/77 19 67 (nach Nusa Penida).

Nord-Bali

Der Bratan-See

Reiseatlas S. 234, 235, 236

Nord-Bali

Reiseatlas: S. 235, 236

DER BATUR-SEE UND UMGEBUNG

Der Panoramablick am Rand des Batur-Kraters umfasst erstarrte Lavaströme und den Kratersee. Ausgangspunkte für eine Besteigung des Gunung Batur sind Kedisan und Toya Bungkah am Batur-See. Gegenüber liegt das Bali-Aga-Dorf Trunyan. In der Nähe des Städtchens Kintamani erhebt sich aus schwarzem Lavagestein der Pura Ulun Danu Batur.

In die Berge von Bali

Von Zentral-Bali führen mehrere kurvenreiche, oft schlaglochübersäte Straßen in die Bergregion. Rasch lässt man die fruchtbare Reisfeldlandschaft hinter sich und erreicht das zunehmend karger werdende Hochland.

Mit jedem Höhenmeter wird es kälter, nicht selten scheinen die schmalen Straßen in dichten Nebelschwaden zu enden. An den Berghängen werden Obst und Gemüse, Kaffee, Tabak und Gewürznelken geerntet, denn dort ist das Klima für den Reisanbau ungeeignet. Den klimatischen Wechsel zeigt auch die Bauweise der Häuser an. An die Stelle der leichten, luftigen Bambushäuser des Tieflands treten jetzt solide Steinbauten mit Ziegeldächern, die Schutz vor Wind und Wetter bieten.

Penelokan und Batur-Vulkan

Reiseatlas: S. 235, F 2

Am Südwestrand des Vulkankraters **Gunung Batur** liegt in 1450 m Höhe Penelokan, was schöner Blick heißt. Und der Name des Ortes hält, was er verspricht. Vor dem Betrachter tut sich der gewaltige Batur-Krater auf, mit einer Ausdehnung von rund 10 x 14 km eine der größten Calderen der Welt. Der Riesenkrater, den schroff abfallende Felswände umrahmen, entstand vor Jahrmillionen durch einen kesselförmigen Einsturz über entleerten Magmakammern. Den tiefsten Absenkungsbereich, ein Drittel der Caldera, füllt der halbmondförmige, bis zu 90 m tiefe Batur-See. Als höchster Punkt des Kraterrings ragt mit 2153 m am Südostrand der ruhende Vulkan **Gunung Abang** auf.

Im Zentrum des Einbruchkessels entstand der 1717 m hohe, noch tätige Vulkan Gunung Batur. Heiße Quellen und qualmende Fumarolen sind ein Indiz für die vulkanischen Kräfte, die knapp unter der Erdoberfläche schlummern. Schwarz zerklüftete Lavafelder, die sich an den Flanken ausbreiten, zeugen von den Eruptionen des unberechenbaren Batur-Vulkans. Bei Ausbrüchen 1917 und 1926 wurde das Dorf Batur an der Westseite des Batur-Sees unter Lavaströmen begraben. Die Überlebenden mussten ihre Siedlung aufgeben und ein neues Dorf in siche-

Batur-See

rer Entfernung am oberen Caldera-Rand anlegen. Von den Balinesen wird der Vulkan als zweitheiligster Berg der Insel verehrt. Dem Mythos zufolge hat der Hindu-Gott Shiva den kosmischen Berg Mahameru einst in zwei Teile gespalten und diese als Gunung Batur und Gunung Agung nach Bali verpflanzt.

Ein besonderes Naturerlebnis verspricht die Wanderung auf den Gipfel des Batur-Vulkans. In den frühen Morgenstunden wiederholt sich während der Trockenzeit fast täglich das gleiche Ritual: Gruppen von Wanderern brechen im Ort Toya Bungkah am Westrand des Batur-Sees zum Gipfelsturm auf. Über erstarrte Lavafelder führt der nicht allzu schwierige Aufstieg in zwei bis drei Stunden zum Kraterrand.

Nichts für ängstliche Gemüter ist der sehr schmale, um den Krater herumführende Weg. An einigen Stellen überquert er einen steilen Grat mit tiefen Abgründen zu beiden Seiten. Wenn sich die ersten Sonnenstrahlen durch die Nebelschwaden tasten, werden die Bergwanderer für die Mühen des Aufstiegs belohnt: Der Sonnenaufgang auf dem Batur-Vulkan ist eines der eindrucksvollsten Erlebnisse eines Bali-Urlaubs. Nach der Wanderung ist ein Bad in den heißen Quellen von Toya Bungkah, die im Uferbereich des Batur-Sees sprudeln, eine Wohltat.

... in Penelokan
Lakeview Hotel: Tel. 0366/5 13 94, Fax 0366/5 14 64, www.indo.com/hotels/lakeview. Gemütliche Zimmer, gutes Restaurant, überwältigender Panoramablick, Organisation von Wanderungen auf den Batur-Vulkan. DZ 50–75 $.

Blick von Penelokan auf den Batur-See

Nord-Bali

Reiseatlas: S. 235, 236

Stützpunkt für Bergwanderer

Das kleine, gut geführte Hotel Astra Dana am Südufer des Batur-Sees bietet keinen großen Komfort, eignet sich aber gut als Basiscamp für Bergwanderer, die den Batur-Vulkan ›bezwingen‹ wollen. Die Zimmer sind schlicht, aber sauber. Im Restaurant mit Seeblick gibt es hervorragende Fischgerichte. Der Manager Made ›Dizzy‹ Darsana organisiert Vulkanwanderungen sowie Bootstouren nach Trunyan (Hotel Astra Dana: Kedisan, Tel. 0366/5 20 91. DZ 50 000–80 000 Rp.).

... in Toya Bungkah

Hotel Puri Bening Hayato: Tel. 0366/5 12 34, Fax 0366/5 12 48, www.indo.com/hotels/puribening. Nüchternes Touristenhotel mit komfortablen Zimmern und Bungalows sowie Restaurant mit Seeblick. DZ 35–50 $.

Amertas Accomodation: Tel. 0366/5 20 29. Hübsche Bungalows am See nahe der Thermalquellen, mit Restaurant und Pool. DZ 80 000 Rp.

Arlina's Bungalows: Tel. 0366/5 11 65. Einfache, aber gemütliche Bungalows, mit Restaurant. DZ 50 000–60 000 Rp.

Nyoman Mawa Homestay: Tel. 0366/5 11 66. Familiäre Pension mit Restaurant. DZ 40 000 Rp.

Nyoman Pangus Bungalows: Tel. 0366/5 11 67. Schlichte Bleibe in Seenähe mit gutem Restaurant. DZ 60 000–70 000 Rp.

... in Kedisan

Hotel Segara: Tel. 0366/5 11 36, Fax 0366/5 12 12. Bestes Haus im Ort in Seenähe, mit Restaurant. DZ 100 000 bis 250 000 Rp.

Hotel Baruna: Tel. 0366/5 12 21. Einfach, aber schöne Lage am See ca. 1 km außerhalb in Richtung Trunyan, freundlicher Service, mit Restaurant. DZ 30 000 bis 40 000 Rp.

Das Bali-Aga-Dorf Trunyan

Reiseatlas: S. 235, F 2

In **Toya Bungkah,** das aus einer Hand voll einfacher Pensionen besteht, oder in **Kedisan** am Südufer des Batur-Sees kann man Motorboote für Ausflüge nach **Trunyan** chartern, das auf einem Landstreifen zwischen dem See und der steil aufragenden Kraterwand liegt. Einzige Alternative zur Bootstour ist der recht beschwerliche Fußmarsch am Seeufer entlang. In dem Dorf, dessen Bewohner sich Bali Aga (Alt-Balinesen) nennen, haben sich Traditionen aus vorhinduistischer Zeit unverfälschter erhalten als anderswo auf Bali. Die Dörfler galten lange Zeit als fremdenfeindlich, haben aber mittlerweile die wirtschaftlichen Vorteile des Tourismus erkannt und gegen bare Münze einen Teil ihres Dorfes Besuchern geöffnet. Trotz des einzigartigen kulturellen Erbes, das in Trunyan bewahrt wird, gibt es dort nicht viel zu sehen.

Als einzige sichtbare Attraktion des Dorfes erhebt sich im Schatten eines Banyan-Baumes der **Pura Puser Jagat** (Tempel des Weltnabels). Die schmucklose Kultstätte beherbergt die fast 4 m hohe Statue des Dewa Ratu Gede Pancering Jagat, den die Bewohner von Trunyan als höchste Gottheit verehren. Die Riesenstatue, deren Ursprung möglicherweise auf die megalithische Epo-

Bali-Aga-Dorf Trunyan

che Balis zurückgeht, wird im Innern eines siebenstöckigen Meru verwahrt und nur einmal im Jahr, während eines Festes zur Zeit des Vollmonds im September/Oktober, hervorgeholt.

Am deutlichsten unterscheiden sich die Bali Aga von Trunyan von der übrigen Inselbevölkerung durch ihren Bestattungskult. Sie haben sich nicht die ›neumodische‹ hinduistische Sitte der Leichenverbrennung zu Eigen gemacht, sondern überlassen nach altem Brauch die Toten, in weiße Tücher gehüllt, auf einem Platz außerhalb des Dorfes der natürlichen Verwesung, da sie glauben, wilde Tiere würden die Verstorbenen in die jenseitige Welt transportieren. Nur wenige hundert Meter von Trunyan entfernt am Fuße einer Steilklippe bietet sich auf der Totenstätte, die nur über Wasser erreichbar ist, ein bizarres Bild aus bemoosten Schädeln und ausgebleichten Knochen. Wundersamerweise riecht es hier nie nach Verwesung. Dafür sorgt ein heiliger Baum, der die Luft reinigt – so die Erklärung der Trunyaner.

Zwischen Penelokan und Kintamani

Reiseatlas: S. 235, E 2/F 2

Nach einem Besuch dieses weltentrückten Ortes erscheinen die Szenen, die sich mittags auf der Straße zwischen **Penelokan** und **Kintamani** bieten, merkwürdig vertraut. Dort stauen sich täglich zwischen 11 und 13 Uhr zahllose Ausflugsbusse, die hungrige Touristen zu den tempelgroßen Restaurants am oberen Rand der Riesencaldera bringen.

Das mit dem Nachbarort Kintamani zusammengewachsene Dorf **Batur** besitzt eines der wichtigsten Heiligtümer von Bali – den bedrohlich nahe am Kraterrand gelegenen Pura Ulun Danu Batur. Die weitläufige Tempelanlage aus schwarzem Lavagestein wurde um einen beim Vulkanausbruch von 1926 geretteten Schrein wieder aufgebaut. Der Komplex, der neun einzelne Tempel umfasst, erscheint unvollendet. Vielleicht liegt dies an der schlichten Gestaltung der schmucklosen Tempel. Die fehlende ornamentale Pracht aber ist ein typisches Kennzeichen für Kultstätten der Bergregion.

Im Tempel verehren Gläubige aus dem Süden von Bali Dewi Danu, die Göttin der Seen und Flüsse. Das ist verständlich, denn schließlich speisen unzählige Quellen die für die Bewässerung der Reisfelder lebenswichtigen Flüsse. Wenn Nebel die beinahe 100 grasgedeckten Schreine und Merus umhüllt, strahlt der Pura Ulun Danu Batur eine geradezu mystische Stimmung aus.

Das regenreiche Klima und die Fruchtbarkeit der vulkanischen Böden haben die Umgebung des lang gezogenen Straßendorfs **Kintamani** zu einem großen Obst- und Gemüsegarten gemacht. Der etwas verschlafene Ort erwacht jeden dritten Tag aus seiner Lethargie, wenn hier ein lebhafter Markt abgehalten wird.

Gunawan: Jl. Raya Penelokan, Tel. 0366/5 27 58, tgl. 11–18 Uhr. Chinesisch-indonesisches Buffet-Lunch und -Dinner vor dem Panorama des Batur-Kraters. Mittlere Preislage.
Rumah Makan Puncak Sari: Jl. Raya Penelokan, Tel. 0366/5 39 65, tgl. 10–19

Nord-Bali

Reiseatlas: S. 235, 236

Uhr. Einfaches Lokal mit indonesischen Standardgerichten, traumhafter Blick von der Terrasse. Preiswert.

Penulisan

Reiseatlas: S. 235, E 2

Bei Penulisan erreicht die Straße zur Nordküste mit 1640 m ihren höchsten Punkt. In einer Haarnadelkurve, kurz vor dem Scheitelpunkt der Passstraße, beginnt ein langer, ausgetretener Treppenpfad. Gut 300 Stufen sind bis zum Gipfel des Gunung Penulisan zu bewältigen, auf dem ein altes, häufig von Nebelschwaden umhülltes Bergheiligtum steht.

Hier ist man auf Bali den Göttern am nächsten, denn der von Touristen kaum besuchte **Pura Tegeh Koripan,** einst die zentrale Kultstätte des Reiches von Pejeng, ist mit 1745 m der höchstgelegene Tempel der Insel.

Die schmucklosen Schreine und Pavillons im inneren Tempelbereich beherbergen Steinskulpturen mit individuellen Gesichtszügen, vermutlich Bildnisse vergöttlichter Herrscher der Pejeng-Dynastie, sowie Lingam- und Yoni-Darstellungen, die Shiva in Vereinigung mit seiner Gattin Parvati symbolisieren. Am frühen Morgen kann man vom Pura Tegeh Koripan den Gunung Rinjani auf Lombok sehen, doch meist ziehen schon bald Wolken auf.

Von Penulisan windet sich eine kurvenreiche, aber gut ausgebaute Straße steil hinab zur Nordküste. Ein schmaler Fahrweg, der nur auf wenigen Landkarten eingezeichnet ist, verbindet das westlich von Penulisan gelegene Dorf **Dausa** mit **Bondalem** an der Nordküste. Auf einer Strecke von nur 12 km wird dabei ein Höhenunterschied von über 900 m überwunden.

Blick von Penulisan auf die drei Vulkane Gunung Batur, Abang und Agung

Reiseatlas: S. 234 — Bratan-See und Umgebung

DER BRATAN-SEE UND UMGEBUNG

Die Umgebung des Danau Bratan ist der Obst-, Gemüse- und Blumengarten Balis. Die Einheimischen nennen den Bratan ›Heiliger Bergsee‹, denn mit seinem Wasser berieseln sie ihre Felder. Im Pura Ulun Danu am See verehrt man die Göttin der Seen und Flüsse. In der Nähe von Candi Kuning lädt ein Botanischer Garten zu Spaziergängen ein. Ebenso malerisch wie der Danau Bratan sind die beiden Nachbarseen Buyan und Tamblingan.

Der ›Heilige Bergsee‹

Reiseatlas: S. 234, D 2

Nur 25 km Luftlinie westlich vom Batur-See liegt ein weiterer viel besuchter Bergsee – der Danau Bratan. Wer dorthin will, muss allerdings einen weiten Umweg über Mengwi im Süden oder Singaraja im Norden in Kauf nehmen, denn Ost-West-Verbindungen sind auf Bali rar.

Im Gegensatz zur kargen Vulkanlandschaft um den Gunung Batur präsentiert sich die Umgebung des Bratan-Sees in üppigem Grün. Der malerische, 1200 m hoch gelegene Bratan-See füllt mit seinen beiden Nachbarseen Danau Buyan und Danau Tamblingan Teile eines riesigen erloschenen Vulkankraters. Die drei Kraterseen und das feuchte Bergland sind häufig von Nebelschwaden oder Regenwolken umhüllt und strahlen dann eine geheimnisumwitterte Atmosphäre aus, wie geschaffen für Götter, Geister und Dämonen.

Pura Ulun Danu

Reiseatlas: S. 234, C/D 2

Der Bratan-See sichert die Bewässerung eines Großteils der Reisfelder im Süden von Bali. Sein Wasser, dem man magische Kräfte nachsagt, soll die Felder mit einer erstaunlichen Fruchtbarkeit segnen. So ist es nicht verwunderlich, dass der teils auf einer Landzunge, teils auf zwei kleinen Inseln im Danau Bratan gelegene Pura Ulun Danu ein Pilgerziel für Reisbauern aus Süd-Bali ist. Sie kommen, um Dewi Danu, der Göttin der Seen und Flüsse, Opfer darzubringen und sie zu bitten, ihre Felder weiterhin mit dem Leben spendenden Nass zu versorgen. In dem Seetempel nehmen die Pilger von Priestern geweihtes Wasser in Empfang, denn jedes Reisfeld muss vor dem Pflanzen mit einigen Tropfen aus dem heiligen Bratan-See gesegnet werden.

Beim Pura Ulun Danu wird ein Postkartenmotiv zur Realität. Hier ragt als

Nord-Bali

auffälligster Teil der Tempelanlage ein elfstufiger, Shiva und seiner Gemahlin Parvati geweihter Meru aus dem Wasser.

Unscheinbarer, aber bedeutender ist der dreistufige Meru, der sich auf dem zweiten Eiland erhebt. Dort verehren Balinesen seit Menschengedenken Dewi Danu. Vor allem im sanften Morgenlicht wird das Ensemble zu einem der optischen Höhepunkte einer Bali-Reise. Der Reiz liegt in der Schlichtheit des Heiligtums und der vollkommenen Verschmelzung mit der umliegenden Landschaft.

Um den Seetempel erstreckt sich ein Park mit Rasen, Blumenrabatten und tropischen Pflanzen. Im Tempelvorhof deutet ein Stupa mit fünf Buddha-Statuen in Meditationshaltung auf die Übernahme buddhistischer Glaubensgrundlagen in den Hinduismus balinesischer Prägung. Im Pantheon der Balinesen ist auch Platz für Buddha – er gilt als eine Inkarnation von Vishnu.

Bedugul

Reiseatlas: S. 235, D 2/3
Bedugul am südlichen Ende des Danau Bratan ist ein kleiner, vor allem bei einheimischen Besuchern beliebter Erholungsort, der nur aus Hotels und Restaurants besteht und vielfältige Wassersportmöglichkeiten bietet. Dank der Höhenlage ist es hier angenehm kühl, wenn auch regenreich. Nicht von ungefähr trägt der Ort den Beinamen Kota Hujan – Regenstadt. Man muss hier täglich, auch während der Trockenperiode, vor allem in den Nachmittagsstunden mit kräftigen Schauern rechnen.

An der Hauptstraße nördlich von Bedugul erstreckt sich der Marktflecken **Bukit Mungsu**. Hier wird täglich von den frühen Morgenstunden an ein bei Einheimischen und Touristen gleichermaßen beliebter Markt abgehalten. Für wenig Geld kann man Erdbeeren, Babybananen, Mangos und Ananas erstehen sowie unbekannte exotische Früchte wie Blimbing und Delima, Kecapi und Kedongdong, Rambutan und Semangka, Salak und Sirsak probieren. Zum Angebot gehören zudem Gewürze und Blumen, vor allem Orchideen.

Naturliebhabern ist der Botanische Garten (Kebun Raya) bei **Candi Kuning** einen Abstecher wert. In dem 1959 angelegten, 130 ha umfassenden Areal mit über 600 Baumarten, das sich in 1200 bis 1450 m Höhe ausbreitet, lädt ein ausgedehntes Wegenetz zu Spaziergängen ein. Zu den Highlights gehören ein Orchideenhaus, ein Heilkräutergarten und eine Bambuskollektion (tgl. 8–18 Uhr).

Fährt man vom Bratan-See Richtung Norden, fällt nach wenigen Kilometern ein monumentales gespaltenes Tor auf. Es ist der Eingang zum Bali Handara Golf Course, einem Treffpunkt der Golferwelt, angelegt von international bekannten Golfplatz-Designern. 135 ha Fläche, 6,4 km Gesamtlänge, 18 Löcher und ein perfektes Entwässerungssystem, welches das Grün unmittelbar nach einem der häufigen und heftigen Wolkenbrüche wieder bespielbar macht – so sieht Golfers Traum der Superlative aus.

Bedugul

Der Pura Ulun Danu im Bratan-See

... in Bedugul
Bedugul Hotel: Tel. 0368/2 13 66, Fax 0368/2 11 98. Ferienhotel mit gemütlichen Bungalows und Restaurant sowie einem großen Angebot an Wassersportmöglichkeiten, am Südufer des Danau Bratan gelegen. Zum Hotel gehören nur mit einem Boot zu erreichende sehr ruhig gelegene, komfortable Bungalows am anderen Seeufer. Bungalow 25–50 $.

... in Candi Kuning
Ashram Bungalows: Tel. 0368/2 14 50, Fax 0368/2 11 01. Einfache, aber gemütliche Bungalows in bester Hanglage am See, mit Restaurant. Bungalow 65 000–140 000 Rp.

Lila Graha Bungalows: Tel. 0368/2 14 46, Fax 0368/2 17 10. Kolonialvilla mit einfachen Gästehäusern oberhalb des Bratan-Sees, mit Restaurant und herrlichem Panorama. DZ 100 000–175 000 Rp.

... in Desa Pancasari
Bali Handara Kosaido Country Club: Tel. 0362/2 26 46, Fax 0362/2 30 48, www.balihandarakosaido.com. Fünf-Sterne-Resort-Hotel mit edlen Restaurants und einem 18-Loch-Golfplatz. DZ 110 $, Suite 200–380 $, Bungalow 220–330 $.

Bali Lake Buyan Cottages: Tel. 0362/2 13 51, Fax 0362/2 13 88, www.bali-travel.de/bedugul-hotel-rates.htm. Komfortable, villenähnliche Bungalows mit Wohn- und Schlafzimmer sowie Terrasse mit schönem Blick auf den Buyan-See, mit Restaurant. Bungalow 75–95 $.

... in Candi Kuning
Perama Ulun Danu: Tel. 0368/2 11 91, tgl. 9–19 Uhr. Ausflugslokal mit indonesischen Standardgerichten nahe Pura Ulun Danu. Mittlere Preislage.

Rumah Makan Taliwang Bersaudara: Tel. 0368/2 12 19, tgl. 9–19 Uhr. Restau-

Nord-Bali

rant an der Hauptstraße mit indonesisch-balinesischen Gerichten sowie Spezialitäten von der Insel Lombok, von der Terrasse schöner Blick auf den Bratan-See. Mittlere Preislage.

Die Bergseen Buyan und Tamblingan

Reiseatlas: S. 234, C 2
Von dichten Bergwäldern umrahmt sind auch die beiden Seen Buyan und Tamblingan. Etwa 8 km nördlich von Bedugul zweigt nahe Wanagiri nach einer markanten Haarnadelkurve westwärts eine Nebenstraße in Richtung Munduk ab. Auf einem Grat hoch über den beiden Bergseen bietet sich ein fantastisches Panorama.

Zu Gast bei Balinesen

Am Rande von Munduk liegen die vorwiegend aus Naturmaterialien errichteten doppelstöckigen **Puri Lumbung Cottages.** Die Hotelleitung bemüht sich um eine Form des Tourismus, die Bali ›ertragen‹ kann und die es Besuchern ermöglicht, Land und Leute, Natur und Kultur zu verstehen. Angeboten werden Koch-, Tanz-, Musik-, Web- und Holzschnitzkurse. Auf Wunsch vermittelt man auch Privatunterkünfte bei Einheimischen (Puri Lumbung Cottages: Munduk, Tel. 0362/928 10, Fax 0362/925 14, www.balihotels.com. DZ ab 30 $, Bungalow ab 75 $).

In den Regenwäldern der Region organisieren Spezialveranstalter teils anspruchsvolle Trekkingtouren. Ohne Führung kann man an der Südseite der beiden Seen entlang wandern. Mit einem der sporadisch verkehrenden Bemos erreicht man das Dorf Asah Munduk. Von dort führt eine Stichstraße zum Südufer des Tamblingan-Sees und der Tempelanlage **Pura Gubug Tamblingan.** Ein schmaler Pfad schlängelt sich um das südöstliche Ufer herum zum kleinen Fischerdorf **Tamblingan** und dann durch hügeliges Terrain mit dichtem Baumbestand zum Südufer des Danau Buyan. Immer am Ufer entlang wandernd, trifft man nach etwa vier Stunden nördlich des Bali Handara Golf Course auf die Straße von Singaraja nach Bedugul.

Munduk

Reiseatlas: S. 234, B 2
Die von Wanagiri kommende asphaltierte Straße schraubt sich von 1300 m kurvenreich hinab nach Munduk auf 700 m Höhe. Kurz vor dem Bergort zweigt rechter Hand ein Fußweg zum Air Terjun Munduk ab (500 m/10 Min. ab Parkplatz an der Hauptstraße). Aus etwa 25 m Höhe stürzt der Wasserfall über Felsen in eine von Tropengrün umrahmte malerische Schlucht.

Die Lage in den Ausläufern des zentralen Gebirgsmassivs sowie das milde Klima hat einst schon in Singaraja arbeitende Holländer bewogen, in Munduk Ferienhäuser zu errichten, um sich von der schwülen Hitze des Tieflands zu erholen. Um Munduk wurden Vanille- und Gewürznelkenplantagen

Munduk

Prozession am Buyan-See

sowie Kaffeepflanzungen angelegt. Die Nelken finden nicht etwa in der Küche Verwendung, sie dienen als Aromastoff für die indonesischen Kretek-Zigaretten. Wanderungen unterschiedlichen Schwierigkeitsgrads in der Umgebung von Munduk organisiert man in den kleinen Bungalowhotels Puri Lumbung Cottages und Lumbung Bali Cottages.

Bei **Mayong** trifft die Nebenstrecke auf die westlichste der in Nord-Süd-Richtung verlaufenden Bergstraßen. Rechts geht es nach Seririt an der Nordküste, links über das Städtchen Pupuan, in dessen Umgebung sich Reisterrassen an steilen Berghängen übereinander reihen und der Blahmantung-Wasserfall 100 m tief in eine Schlucht stürzt, zur Südküste.

... in Munduk
Puri Lumbung Bali Cottages: Tel./Fax 0362/9 28 18, lumbungbali@hotmail.com. Komfortable Bungalows im inseltypischen Stil mit Freiluft-Mandi, schönem Blick auf Reisterrassen, Balkon und Restaurant. Bungalow 350 000–700 000 Rp.

Nord-Bali Reiseatlas: S. 234

DIE NORDKÜSTE VON BALI

Balis Nordküste mit grausandigen oder steinigen Stränden liegt im Windschatten des Massentourismus. Lovina Beach ist bei Urlaubern beliebt, denen die süd-balinesischen Ferienzentren zu überlaufen sind. Abwechslung zum Strandleben bieten Ausflüge nach Singaraja, der größten Stadt von Nord-Bali, zu Wasserfällen oder Tempelanlagen.

Singaraja und Umgebung

Der äußerste Norden von Bali unterscheidet sich in mancherlei Hinsicht vom Rest der Insel. Während sich das fruchtbare Land im Süden sanft von den Bergen zum Meer hin senkt, fällt es im Norden steil zur Küste hin ab und bietet in einem schmalen Schwemmlandsaum nur wenig landwirtschaftliche Nutzfläche.

Da die nördliche Küstenregion im Regenschatten der zentralen Vulkankette liegt, empfängt sie auch – im Vergleich zum Süden – wesentlich geringere Niederschläge, so dass hier die Reisernten weniger üppig ausfallen. Dagegen erlaubt das trockene Klima in den höheren Lagen den Anbau von Balis wichtigsten Exportgütern, zu denen Kaffee, Gewürznelken und Tabak zählen. An der Küste überziehen Mais-, Maniok-, Erdnuss-, Kohl- und Zwiebelfelder das Land wie einen Flickenteppich. Hier und da werden in Weingärten rote Trauben geerntet, aus denen man einen süffigen Rosé keltert. Eine Einnahmequelle der Bauern ist zudem die Viehzucht.

Der Wall der in West-Ost-Richtung verlaufenden Bergkette, der lange Zeit kaum Kontakte zwischen den beiden Inselteilen zuließ, hat auch zu einer kulturell unterschiedlichen Entwicklung geführt. Der Norden wurde wesentlich stärker durch europäischen Einfluss geprägt, da die Niederländer hier bereits 1846, rund 60 Jahre früher als im Süden, die Herrschaft übernahmen und Mitglieder der Fürstenfamilien mit wichtigen Verwaltungsaufgaben betrauten. Das Kastensystem spielt hier keine so entscheidende Rolle wie in der süd-balinesischen Gesellschaft, auch basiert die soziale Ordnung stärker auf der Einzelfamilie als auf der Dorfgemeinschaft.

Unterschiede haben sich auch in der Tempelarchitektur und -plastik herausgebildet. Selten findet man in den meist symmetrisch angelegten nord-balinesischen Tempeln die für den Süden so typischen vielstufigen, schlanken Meru. Dagegen sind nord-balinesische Tempelmauern und -tore noch reicher mit Schmuckornamenten überzogen. Steinernes Blüten- und Blätterwerk, Arabesken und Spiralen wuchern an den Heiligtümern des Nordens in geradezu barocker Fülle. Häufig finden sich dabei erotische Motive, die in anderen Gebieten Balis kaum zu sehen sind.

Singaraja

Reiseatlas: S. 234, C 1
Die Handelsstadt Singaraja (Löwenkönig), mit etwa 30 000 Einwohnern der größte Ort von Nord-Bali, war einst das Einfallstor für Ausländer. Zunächst kamen chinesische und arabische Händler sowie Bugis aus Sulawesi, um Waffen und Münzen, Gewürze und Opium gegen Reis und Sklaven einzutauschen. Auch portugiesische Schiffe machten auf den Weg zu den Gewürzinseln im Osten Indonesiens hier Zwischenstation.

Seit dem späten 19. Jh. war die Stadt die wichtigste Machtbasis der Holländer im Bereich der Kleinen Sunda-Inseln. Das Fürstenhaus von Buleleng, so der historische Name des nördlichen Distrikts, kooperierte mit den Kolonialherren, wodurch die Rajas an Macht und Wohlstand gewannen.

Singaraja war bis 1945 Hauptstadt von Bali und bis 1953 Verwaltungszentrum der alten Provinz Nusa Tenggara, die einst von Bali bis Timor reichte. Die Bedeutung von Singaraja schwand, als Denpasar Hauptstadt von Bali wurde. Aber immer noch laufen hier sämtliche Fäden der nord-balinesischen Wirtschaft zusammen. Infolge der kosmopolitischen Vergangenheit der Stadt gehören die Einwohner verschiedenen ethnischen und religiösen Gruppen an. Besonderen Einfluss besitzt die große chinesische Kolonie.

Die meisten Touristen machen einen weiten Bogen um Singaraja mit einem verwirrenden Einbahnstraßensystem, in dem sich selbst Einheimische kaum zurechtfinden. Allzu viel hat die nordbalinesische Metropole Besuchern auch nicht zu bieten, denn zahlreiche schöne Bauwerke aus früheren Zeiten fielen nach der Unabhängigkeit Indonesiens im antikolonialen Eifer der Spitzhacke zum Opfer.

Es lohnt sich aber ein Besuch der historischen **Bibliothek Gedung Kirtya in der Jl. Veteran.** Sie birgt eine Sammlung von etwa 3000 Lontar-Manuskripten, darunter die ältesten schriftlichen Überlieferungen Balis, und zahlreiche Metallplatten *(prasasti)* aus dem 14. Jh., auf denen in alt-balinesischer Sprache königliche Dekrete festgehalten sind (Mo–Do 7.30–14, Fr 7.30–11, Sa 7.30–12 Uhr). Der Wohlstand der chinesischen Bevölkerungsminorität zeigt sich im taoistischen Ling Gwan Kiong-Tempel am östlichen Ortsrand. Am Strand gegenüber schwingt ein Fahnenträger aus Beton sein Banner.

Ein Ausflug führt zum Dorf **Gitgit** 10 km weiter südlich an der Straße nach Bedugul. Andenkenhändler und Verkaufsbuden weisen den Weg zum Air Terjun Gitgit, einem 40 m hohen Wasserfall, der westlich des Ortes tosend in eine Dschungelschlucht stürzt. So erfrischend ein Bad in dem Felsenpool sein mag, Liebespaare sollten tunlichst davon Abstand nehmen, denn ihnen – so glauben die Einheimischen – würde das Ende ihrer Verbindung drohen.

Nord-Bali

Reiseatlas: S. 234

Hotel Gelar Sari: Jl. A. Yani 87, Tel. 0362/2 14 95. Nicht mehr ganz taufrisches, aber stilvolles, traditionelles Kolonialhotel in der ehemaligen Gouverneursresidenz. DZ 80 000–140 000 Rp.

Berdikari: Jl. Dewi Sardika 42, Tel. 0362/2 22 17. Weberei und Verkaufsraum für hübsche Ikat-Handwebstoffe aus Seide.
Tresna: Jl. Gajah Mada 95, Tel. 0362/2 18 16. Kunstgewerbliche Souvenirs, vor allem handgewebte Textilien und Holzschnitzereien.

Busse nach Singaraja von Denpasar/Terminal Ubung. In Singaraja gibt es zwei Bus- und Bemo-Terminals. Vom Terminal Banyuasri (an der Ausfallstraße nach Westen) fahren Bemos zum Lovina Beach sowie Busse nach Gilimanuk und Denpasar (über Bedugul); vom Terminal Penarukan (an der Ausfallstraße nach Osten) fahren Bemos und Busse nach Sangsit, Sawan, Kubutambahan, Kintamani, Bangli, Klungkung, Amlapura und Denpasar (über Kintamani).

Lovina Beach

Reiseatlas: S. 234, B 1
Ziel Nummer eins für die meisten Besucher von Nord-Bali ist Lovina Beach, ein Küstenstreifen etwa 5 km westlich von Singaraja. Lovina ist kein Ort, unter dieser Bezeichnung fasst man ein halbes Dutzend Dörfer mit Hotels, Restaurants und Tauchschulen zusammen. Einst war Lovina Beach ein Refugium für Traveller und andere Langzeitgäste, die in einfachen Bambushütten für wenige Rupiah eine Unterkunft fanden. Im Vergleich zu den mondänen Stränden Sanur und Nusa Dua galt Lovina als ungepflegt. Heute hat der Badeort sein Schmuddelimage abgelegt.

Lovina Beach ist nach den Ferienorten im Süden und Candi Dasa im Osten der Insel das touristisch am besten entwickelte Badezentrum von Bali, obwohl der lange graue Lavastrand mit den – für Surfer ungeeigneten – sanften Wellen nicht unter die Kategorie

Lovina Beach

Cityplan

›Traumstrand‹ fällt. Auch gibt es am Lovina Beach wenig extravagante Restaurants und noch weniger rauschendes Nightlife.

Die Natur, Ruhe, Ausblicke übers blaue Meer, Bootsfahrten mit der Möglichkeit, Delfine zu beobachten, Schnorcheln und Tauchen beim Korallenriff sowie Ausflüge ins hügelige Hinterland kompensieren dieses ›Manko‹, das so mancher gerade als Gewinn betrachtet. Ferien sind hier noch preiswert – für Reisende mit Kindern ein ideales Ziel. Der Name Lovina soll übrigens aus der Zeit stammen, als hier Hippies – berauscht von halluzinogenen *magic mushrooms* – die feurigen Sonnenuntergänge und lauen Tropennächte genossen: ›Love-in-all‹ war die Bezeichnung für das Shangrila der Blumenkinder. Im Laufe der Zeit schliff es sich zu Lovina ab.

Abwechslung zum Strandleben bieten Ausflüge in die Umgebung. Beim Dorf Labuhan Aji, 4 km südwestlich,

Übernachten
1. The Damai
2. Puri Bagus Lovina
3. Hotel Celuk Agung
4. Bali Taman Resort
5. Aditya Bungalows
6. Bali Lovina Beach Cottages
7. Baruna Beach Cottages
8. Banyualit Beach Inn
9. Bayu Kartika Beach Resort
10. Suma Guest House

Essen und Trinken
11. Café Spice
12. Flower Garden Café
13. Lian
14. Warung Bias
15. Warung Made
16. Warung Nasi Goreng
17. Warung Bambu Pemaron

Nord-Bali

Reiseatlas: S. 234

Fischerboote am Lovina Beach

rauscht der kleine **Sing-Sing-Wasserfall** in einen Felsenpool. **Brahma Vihara-Arama,** eines der wenigen buddhistischen Klöster Indonesiens, thront hoch über dem Küstenstreifen. Wegen der Lage am Hügel bietet sich von dort ein herrliches Panorama. Die Mönche lassen sich bei ihren Meditationsübungen auch von Touristen, die hin und wieder vorbeischauen, nicht stören.

Die Klosteranlage 15 km südwestlich beim Städtchen Banjar besitzt als zentrales Heiligtum einen schönen Tempel, in dem die Ordinationsfeierlichkeiten und andere religiösen Zeremonien stattfinden, einen Stupa mit den alles sehenden Augen Buddhas und mehrere Vihara, öffentliche Gebetshallen, mit Buddha-Statuen. Eine architektonische Konzession an den Bali-Hinduismus ist das gespaltene Eingangsportal. In der Nähe des Klosters sprudeln die Thermalquellen Air Panas Komala Tirta. Fast 40° Celsius warm ergießt sich das schwefelhaltige Wasser aus steinernen Naga-Schlangen in drei bemooste Badepools (tgl. 8–18 Uhr).

The Damai 1: Jl. Damai, Kayuputih, Tel. 0362/4 10 08, Fax 0362/4 10 09, www.damai.com. Kleines, sehr feines Bungalowhotel in den Hügeln hoch über dem Lovina Beach, mit Gourmet-Restaurant, Pool, Wellness-Center, Meditations- und Yogakursen. Bungalow 215–235 $.

Puri Bagus Lovina 2: Pemaron, Tel. 0362/2 14 30, Fax 0362/2 26 27, www.lovina.puribagus.net. Elegantes Strandhotel mit großzügig ausgestatteten Bungalows, luftigem Terrassenrestaurant,

Lovina Beach

herrlichem Poolareal und direktem Zugang zum Strand. Bungalow 135–185 $.
Hotel Celuk Agung 3: Anturan, Tel. 0362/4 10 39, Fax 062/4 13 79, celukabc @yahoo.com. Hotel mit Zimmern und Bungalows inmitten von Reisfeldern, mit Pool und Restaurant, 5 Min. zum Strand. DZ 50–70 $, Bungalow 80–100 $.
Bali Taman Resort 4: Anturan, Tel. 0362/4 11 26, Fax 0362/4 18 40, www.balitaman.com. Doppelbungalows in einem schönen Garten mit stilvoll in Bambus möblierten, gut ausgestatteten Zimmern, mit internationalem Restaurant und Pool. DZ 55–100 $.
Aditya Bungalows 5: Kaliasem, Tel. 0362/4 10 59, Fax 0362/4 13 42, www.indo.com/hotels/aditya. Strandhotel mit geräumigen und komfortablen Bungalows sowie gemütlichen Zimmern in einem Hauptgebäude, mit Restaurant und Pool. DZ 50–65 $, Bungalow 70–90 $.
Bali Lovina Beach Cottages 6: Kalibukbuk, Tel. 0362/4 12 85, Fax 0362/4 14 78, www.indo.com/hotels/balilovina. Komfortable Bungalows im balinesischen Stil, mit Restaurant und Pool. DZ 55–80 $.
Baruna Beach Cottages 7: Pemaron, Tel. 0362/4 17 45, Fax 0362/4 12 52, www.indo.com/hotels/baruna. Inseltypisches Strandhotel mit gemütlichen Zimmern in ein- und zweistöckigen Bungalows sowie Restaurant und Pool. In einem der stilvollen Agung Beachfront Rooms verbrachten 1990 Mick Jagger und Jerry Hall eine Nacht ihrer Flitterwochen. DZ 35–65 $.
Banyualit Beach Inn 8: Kalibukbuk, Tel. 0362/4 17 89, Fax 0362/4 15 63, www.banyualit.com. Gut geführtes Strandhotel mit klimatisierten Zimmern und Bungalows, gutem Restaurant und schönem Pool in einem üppigen Tropengarten. DZ 250 000–600 000 Rp.
Bayu Kartika Beach Resort 9: Kalibukbuk, Tel. 0362/4 10 55, Fax 0362/4 12 19. Strandbungalows mit zwei geräumigen Zimmern und Terrasse, mit Ventilator oder Klima-Anlage, gutes Restaurant und weitläufiger Garten mit Pool, zentral und ruhig, ideal für Familien mit kleinen Kindern. DZ 175 000–325 000 Rp.
Suma Guest House 10: Kalibukbuk, Tel. 0362/4 15 66. Freundliche, strandnahe Familienpension für bescheidene Ansprüche. DZ 50 000–60 000 Rp.

Café Spice 11: Temukus, Tel. 0362/4 14 69, tgl. 9–23 Uhr. Gepflegtes, luftiges Strandlokal mit sehr guten indonesisch-balinesischen und europäischen Speisen, besonders stimmungsvoll bei Sonnenuntergang. Mittlere Preislage.
Flower Garden Café 12: Kalibukbuk, Tel. 0362/4 12 38, tgl. 11–24 Uhr. Gartenrestaurant mit Seafood und internationalen Gerichten, tgl. ab 20 Uhr werden balinesische Tänze aufgeführt. Mittlere Preislage.
Lian 13: Kalibukbuk, Tel. 0362/4 14 80, tgl. 11–23 Uhr. Schmackhafte chinesische Gerichte und vorzügliches Seafood. Mittlere Preislage.
Warung Bias 14: Kalibukbuk, Tel. 0362/4 16 92, tgl. 11–23 Uhr. Internationale Speisekarte von deutsch über indisch bis vietnamesisch sowie ausgezeichnetes Seafood ›Bali Style‹. Probiertipp: Pepes Ikan Udang – in Bananenblättern gegrillte Garnelen, Fisch und Gemüse mit balinesischen Gewürzen. Mittlere Preislage.
Warung Made 15: Kalibukbuk, Tel. 0362/4 12 38, tgl. 9–24 Uhr. Man sitzt in balinesischem Ambiente und isst chinesisch, indonesisch oder europäisch, Sa ab 19 Uhr spielt ein Bambus-Gamelan. Preiswert.
Warung Nasi Goreng 16: Kalibukbuk, Tel. 081/64 72 45 75, tgl. 8–24 Uhr. Internationales Standard-Traveller-Food in relaxter Atmosphäre. Preiswert.

Nord-Bali

Reiseatlas: S. 234

Die Bucht von Celukanbawang

Poco Bar: Kalibukbuk, Tel. 0362/4 18 47, tgl. 18.30–23.30 Uhr. Gute Mischung aus Dancefloor-Musik von Hip-Hop, TripHop bis Drum & Bass mit ›klassischer‹ Rockmusik. Dazu gibt es kleine balinesische und internationale Gerichte.
Zigiz: Kalibukbuk, Tel. 0362/4 15 37, tgl. 17–24 Uhr. Soundmix von Blues und Jazz über Rock und Reggae bis Techno und Rave, indonesische und europäische Gerichte.

North Bali Bull Race (sampi gerumbungan) Fr 16–17 Uhr in Kaliasem.

Spice Dive: Kalibukbuk, Tel. 0362/4 15 09, Fax 0362/4 11 71/. Tauchkurse für Anfänger und Tauchexpeditionen für Fortgeschrittene.

Zwischen Lovina Beach und Kuta/Legian, Lovina Beach und Ubud, Lovina Beach und Candi Dasa/Padang Bai sowie Lovina Beach und dem Flughafen Ngurah Rai verkehrt ein **shuttle bus** der Agentur Perama Tourist Service, Auskunft: Tel. 0362/4 11 61 u. 4 11 04.
Zwischen Lovina Beach und Singaraja pendeln **Bemos**.

Westlich von Singaraja

Zwischen **Seririt**, nach Singaraja das bedeutendste wirtschaftliche Zentrum in Balis Norden, und Gilimanuk, den Hafen, in dem die Fähren nach Java ablegen, verwandeln von den Holländern

Sangsit

Warung Bambu Pemaron

Auf der Speisekarte des Bambusrestaurants stehen nur balinesische Gerichte. Bei Reisen auf der Insel haben Beate und Nyoman, das deutsch-balinesische Besitzerehepaar, alte Rezepte gesammelt, die sie nach eigenen Vorstellungen kreativ verfeinern. Sehr beliebt sind ihre *special menus*, die man rechtzeitig vorbestellen sollte. In Kochkursen weihen sie Interessierte in einen Teil ihrer Küchengeheimnisse ein (**Warung Bambu Pemaron** 17: Jl. Hotel Puri Bagus, Pemaron, Tel. 0362/2 70 80 für Reservierung und kostenlosen Transport, tgl. 9–23 Uhr. Gehobenes Preisniveau).

gepflanzte Tamarinden die viel befahrene Straße in eine schattige Allee. Leider wird kaum etwas zum Schutz der Bäume getan – immer mehr der Riesen fallen der Straßenerweiterung zum Opfer.

Etwa 45 km westlich des Lovina Beach steht der schmucklose, von einer recht aggressiven Affenhorde bewachte Nationaltempel **Pura Pulaki.** In dessen Nähe soll einst der javanische Hindu-Priester Sanghyang Nirartha erstmals seinen Fuß auf balinesischen Boden gesetzt haben. Auf dem Weg dorthin lohnt sich ein Stopp in Celukanbawang, dem wichtigsten Hafen von Nord-Bali. Hier kann man *pinisi* betrachten; die dickbauchigen Lastensegler sulawesischer Bugis liegen hier vor Anker.

Östlich von Singaraja

Sangsit

Reiseatlas: S. 234, C 1

In Sangsit gibt es im inneren Tempelbezirk des **Pura Beji** anders als in südbalinesischen Tempeln keine Schreine, Altäre und Meru. Dort verehrt man in einem Pavillon die Reis- und Fruchtbarkeitsgöttin Dewi Sri. Am Pura Beji fällt der reiche Skulpturenschmuck auf. ›Buleleng-Barock‹ nennt man die überschwängliche Bauplastik nord-balinesischer Tempel. Am **Pura Dalem Sangsit** einige hundert Meter nordöstlich des Pura Beji bestaunen Besucher frivole bis derb-erotische Reliefs an der Außenmauer des gedeckten Tores.

Nord-Bali

Reiseatlas: S. 235

Der Pura Maduwe Karang in Kubutambahan

Sawan

Reiseatlas: S. 235, D 1
Auch der **Pura Dalem Jagaraga** bei Sawan 8 km südöstlich von Sangsit gibt mit seiner ornamentalen Pracht Anschauungsunterricht in Sachen Steinmetzkunst. Der Unterweltstempel wird von einem wild wuchernden ›Ornamentdschungel‹ aus Reliefs und Steinfiguren mit bedrohlichem Aussehen überzogen. Von westlichen Motiven haben sich die Bildhauer bei der Gestaltung der Reliefs an der Innen- und Außenseite der Umfassungsmauer inspirieren lassen. Dort sieht man unter anderem von Seeungeheuern attackierte Ozeandampfer, ins Meer stürzende ›Flugzeuge‹ mit Menschenköpfen und Fischschwänzen sowie einen Ford Model T, dessen Insassen, langnasige Holländer, von Straßenräubern überfallen werden.

Kubutambahan

Reiseatlas: S. 235, D 1
Ein weiteres Beispiel für den ›Buleleng-Barock‹ ist der **Pura Maduwe Karang** in Kubutambahan 12 km nordöstlich von Singaraja. Die Tempelanlage ist dem ›Herrn der Felder‹ geweiht, dem männlichen Pendant zur Reisgöttin Dewi Sri, der über die Fruchtbarkeit der umliegenden Kaffee- und Maispflanzungen wacht. Um ihn gütig zu stimmen, haben die Gläubigen das Heiligtum mit aufwändigen Steinmetzarbeiten ausgestattet. Genau 34 prächtige Skulpturen, neben Rangda-Hexen und

Dämonen auch Heroen aus dem »Ramayana«-Epos, flankieren die Treppenflucht, die zum Tempeltor führt. Auf Englisch radebrechende Kinder bringen Besucher zum bekanntesten Tempelrelief am Sockel der zentralen Terrasse im Allerheiligsten. Es zeigt einen Radfahrer auf einem Gefährt aus Rankenrädern und Blütenspeichen. Vermutlich stand der Holländer W. O. J. Nieuwenkamp dafür Modell, der im Jahre 1904 die Insel per Fahrrad erkundete.

Air Sanih

Reiseatlas: S. 235, D 1
Von Kubutambahan windet sich die schmale Küstenstraße gen Osten. In Air Sanih sprudeln nahe am Strand warme Quellen, die einen bei einheimischen Ausflüglern beliebten Badepool speisen. Dem Volksglauben zufolge handelt es sich bei dem Quellbecken um einen Jungbrunnen für Verliebte. Knapp 10 km weiter östlich liegt an der Hauptstraße das kleine Meeresheiligtum **Pura Ponjok Batu.**

Sembiran

Reiseatlas: S. 235, E 1
Bei **Pacung** zweigt eine steil ansteigende, 3 km lange Stichstraße südwärts nach **Sembiran** ab. Die Einwohner des Bergorts, der über fast zwei Dutzend Tempel mit geheimnisvollen Megalithskulpturen verfügt, bezeichneten sich bis Mitte des 20. Jh. als Bali Aga, als Alt-Balinesen. Heute haben sich die Dörfer weitgehend an die hindu-balinesische Kultur angepasst.

Tejakula

Reiseatlas: S. 235, E 1
Noch vor wenigen Jahrzehnten diente die öffentliche Badeanstalt von Tejakula einem anderen Zweck – hier wurden die königlichen Rösser der Buleleng-Fürsten von Staub und Schlamm befreit. Auf die frühere Bestimmung weist der heute noch gebräuchliche Name hin – Mandi Kuta (Pferdebad).

Von Tejakula führt die wenig befahrene Küstenstraße durch eine Landschaft mit grauen Sandstränden und schwarzen Lavafeldern, um die Nordflanken der Vulkane Batur und Agung herum bis nach Amlapura (s. S. 163). Die Route durchschneidet dabei die ärmste, trockenste und am dünnsten besiedelte Region von Bali. Viele Dörfer sind kaum mehr als 35 Jahre alt, gegründet von Bauern aus Ost-Bali, deren Land durch den Ausbruch des Gunung Agung 1963 verwüstet wurde.

Alam Anda: Sambirenteng (10 km östl. von Tejakula), Tel./Fax 0362/2 22 22, Auskunft und Buchung: Legian Office, Tel. 0361/75 04 44, Fax 0361/75 22 96; Deutschland-Büro, Tel. 048 81/93 06 66, Fax 04881/93 06 99, www.alamanda.de. Aus Naturmaterialien errichtete Bungalows an einem steinigen Strand. Stilvolle Zimmer mit Veranda. Mit Restaurant, Salzwasser-Pool und Tauchbasis. Für Kleinkinder nicht geeignet. DZ 45–50 $, Bungalow 80–90 $.
Gaia-Oasis Resort: Tel. 081/23 85 33 50, Fax 0362/2 70 80, www.gaia-oasis.com. Inseltypische Bungalows in Hanglage oder am Strand. Hervorragendes Restaurant, schöner Pool, Wellness-Angebote, Meditations- und Yoga-Kurse, hilfsbereite deutsche Managerin. Bungalow 46 $.

Ausflüge nach Java und Lombok

Bei Kuta auf Lombok

Java

DIE NACHBARINSEL JAVA

Nur eine knappe Flugstunde von Bali entfernt erstreckt sich auf Zentral-Java das historische Kernland des indonesischen Archipels. Das Herz des alten Java schlägt in der Sultansstadt Yogyakarta. Mit den Tempelanlagen von Borobudur und Prambanan kann man die bedeutendsten Kulturdenkmäler der buddhistisch-hinduistischen Vergangenheit erkunden.

Yogyakarta

Beste Station für einen Kultururlaub auf Java ist wegen seiner zentralen Lage und hervorragenden touristischen Infrastruktur Yogyakarta. Die 600 000 Einwohner zählende Stadt, das geistige und kulturelle Herz von Java, wurde 1755 gegründet, als sich das islamische Fürstentum Neu-Mataram nach einem Bürgerkrieg in zwei Sultanate spaltete – Yogyakarta und Surakarta. Während die Surakarta-Herrscher den Niederländern stets willfährig waren, gingen von Yogyakarta wesentliche Impulse für den indonesischen Freiheitskampf aus. Hier befand sich in den Jahren vor dem Zweiten Weltkrieg das Zentrum der Unabhängigkeitsbewegung, hier residierte von 1945 bis 1949 die nationalistische Regierung Sukarnos. Unter der Fürstendynastie von Yogyakarta erlebten Kunst und Kunsthandwerk eine beispiellose Blütezeit. Yogya ist nicht nur weithin bekannt für Batikmanufakturen und Silberschmiede, hier sind auch javanische Tanz- und Bühnenkunst ebenso lebendig wie Wayang und Gamelan.

Ein Ausflug in das Java längst vergangener Jahre beginnt dort, wo das Herz des historischen Yogyakarta schlägt, beim königlichen **Kraton** [1]. Der weitläufige Sultanspalast, zwischen 1755 und 1792 erbaut und 1812 von den Engländern geplündert, umfasst etwa 1 km² und ist vollständig von einer hohen weißen Mauer umgeben.

Das Zentrum des sorgsam nach kosmologischen Prinzipien geplanten Palastbezirks besteht aus mehreren verschachtelten Hofanlagen mit zahlreichen prachtvollen Pavillons *(pendopo)*. Im ›Goldenen Pavillon‹, einem Potpourri aus alt-javanischen und europäischen Stilelementen, unterhielten die Sultane einst ihre königlichen Gäste mit höfischen Tänzen. Traditionelle Sultansgewänder und Uniformen der Palastwache sind in zwei Glaspavillons ausgestellt.

Das Palastmuseum präsentiert die Krönungsinsignien des Fürstengeschlechts und andere wertvolle Exponate. Besichtigen darf man den Kraton nur in Begleitung offizieller, englischsprachiger Führer, die gegen ein kleines Trinkgeld ausführlich die Geschichte

Yogyakarta

des Kratons und der Stadt erläutern (Sa–Do 8.30–14, Fr 8.30–13 Uhr, an staatlichen und religiösen Feiertagen geschl., Mo u. Di 10–12 Gamelan-Proben, So 10.30–12 Uhr Tanzproben).

Zum Kraton gehören auch die seit 1761 angelegten, über 10 ha umfassenden königlichen Lustgärten von **Taman Sari** 2, von deren einstiger Pracht seit einem Erdbeben 1867 jedoch nur noch Trümmer zeugen.

Zwischen den moosbedeckten Ruinen erstreckt sich heute Yogyas Künstlerviertel, in dem sich vor allem Batikmaler niedergelassen haben. Auf dem **Vogelmarkt** 3 (Pasar Ngasem) wenige Schritte abseits von Taman Sari wird in Buden und kleinen Geschäften neben der gefiederten Ware auch Zubehör von bunten Käfigen bis zu lebenden Futtermaden feilgeboten. Beste Besuchszeit ist zwischen 8 und 10 Uhr.

Es lohnt sich, einen Blick in das reich bestückte **Museum Sono Budoyo** 4 an der Nordwestflanke des weitläufigen Alun-Alun-Platzes vor dem Kraton zu werfen, das eine erlesene Sammlung javanischer, maduresischer und balinesischer Kunst präsentiert. Im Innenhof steht der Nachbau eines balinesischen Tempels (Di–Do 8–13, Fr 8–11, Sa u. So 8–12 Uhr).

Yogyas Ruf als Einkaufsparadies untermauert die Jalan Malioboro mit zahlreichen Geschäften, die eine bunte Palette indonesischen Kunsthandwerks zu günstigen Preisen anbieten. Interessant ist auch ein Besuch der Betriebe, in denen die kunstgewerbli-

Der Kraton in Yogyakarta

Java

chen Souvenirs hergestellt werden. **Batikmanufakturen** 5 konzentrieren sich im Süden der Stadt in der Jl. Tirtodipuran. Man kann den Handwerkern bei der Arbeit zusehen und danach in einem Verkaufsraum die Stoffe erstehen.

In Werkstätten entlang der Jl. Mataram oder Jl. Taman Sari lässt sich verfolgen, wie Wayang Kulit-Figuren angefertigt werden. Die Tradition des Silberhandwerks wird im Städtchen Kota Gede 6 km südlich von Yogya gepflegt. Unter den geschickten Händen der Silberschmiede entstehen filigraner Silberschmuck, Tafelsilber, Vasen und Leuchter. In den meisten Werkstätten dürfen Besucher den Künstlern über die Schulter gucken.

Tourist Information Centre: Jl. Malioboro 16, Tel. 0274/56 60 00, Mo bis Do 7.30–14, 14.30–19, Fr 7.30–11.30, 13.30–18, Sa 7.30–14, 14.30–18 Uhr.

Arjuna Plaza 6 : Jl. Mangkubumi 44, Tel. 0274/51 30 63, Fax 0274/ 56 18 62. Komfortables Stadthotel mit gutem Restaurant und Pool. DZ 75–125 $.

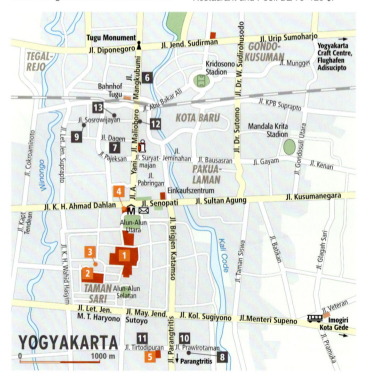

Peti Mas Guest House ⑦: Jl. Dagen 27, Tel. 0274/56 19 38, Fax 0274/56 29 38. Kleine, aber feine Herberge, zentral, mit Restaurant, Pool und Garten, Zimmer mit Ventilator oder Klima-Anlage. DZ 20–40 $.
Duta Guest House ⑧: Jl. Prawirotaman 26, Tel. 0274/37 21 77, Fax 0274/37 20 64. Kleine Pension in javanischem Stil mit teils klimatisierten Zimmern, Restaurant, Pool und hübschem Innenhof. DZ 15–35 $.
Bladok Losmen ⑨: Jl. Sosrowijayan 76, Tel. u. Fax. 0274/56 04 52. Pension unter deutsch-indonesischer Leitung mit Zimmern unterschiedlicher Ausstattung, gutem Restaurant und Pool. DZ 5–15 $.

Sehenswürdigkeiten
1. Kraton
2. Taman Sari
3. Vogelmarkt (Pasar Ngasem)
4. Museum Sono Budoyo
5. Batikmanufakturen

Übernachten
6. Arjuna Plaza
7. Peti Mas Guest House
8. Duta Guest House
9. Bladok Losmen

Essen und Trinken
10. Hanoman's Forest
11. Kedai Kebun
12. Legian Garden
13. Superman

Hanoman's Forest ⑩: Jl. Prawirotaman 9 B, Tel. 024/37 25 28, tgl. 9–23 Uhr. Indonesische und europäische Gerichte, während des Dinner (19–21.30 Uhr) Aufführung von Wayang Kulit und klassischen Tänzen. Mittlere Preislage.
Kedai Kebun ⑪: Jl. Tirtodipuran 3, Tel. 0274/37 61 14, tgl. 11–24 Uhr. Halboffenes Restaurant mit hübschem Garten, vorwiegend indonesische Gerichte. Mittlere Preislage.
Legian Garden ⑫: Jl. Malioboro/Jl. Perwakilan, Tel. 0274/56 46 44, tgl. 9–23 Uhr. Stilvolles Terrassenrestaurant mit internationalen Speisen. Mittlere Preislage.
Superman ⑬: Jl. Sosrowijayan, Gang I, Tel. 0274/51 50 07, tgl. 8–24 Uhr. ›Klassiker‹ mit indonesischen, chinesischen und europäischen Gerichten. Preiswert.

Batik Plentong: Jl. Tirtodipuran 48, Tel. 0274/37 37 77, tgl. 9–19.30 Uhr. Große Batikfabrik, in der man den Handwerkern zusehen kann, mit angeschlossenem Verkaufsraum.
Batik Winotosastro: Jl. Tirtodipuran 54, Tel. 0274/56 22 18, tgl. außer So 8–18 Uhr. Batikmanufaktur mit Verkaufsraum.
Kuswadji K.: Jl. Alun Alun Utara (bei Mesjid Agung), Tel. 0274/37 93 23, tgl. 7–14, 18–24 Uhr. Verkaufsgalerie für Batikbilder.
Tom's Silver: Jl. Ngeski Gondo 60, Kota Gede, Tel. 0274/37 28 18, tgl. 8–18.30 Uhr. Silberschmuck und Tafelsilber, Besichtigung der Werkstatt möglich.
Wisma Batik Margaria: Jl. A. Yani 69, Tel. 02 74/51 26 69. Batikstoffe und -textilien.
Yogyakarta Craft Centre: Jl. Adisucipto Km 5 (gegenüber dem Ambarrukmo Palace Hotel), Tel. 0274/51 71 51, Mo–Sa 8–19 Uhr. Einkaufszentrum für kunsthandwerkliche Produkte.

Busse nach Yogyakarta ab Denpasar/Terminal Ubung. Busse von Yogyakarta in alle Hauptrichtungen ab

Java

Borobudur – das größte buddhistische Heiligtum der Welt

Busbahnhof Umbulharjo (4 km südöstl., Tel. 0274/58 78 34) oder von den Büros der Busgesellschaften in Jl. Sosrowijayan, Jl. Mangkubumi und Jl. Diponegoro.

Flüge: Mehrmals tgl. Flüge der Gesellschaften Garuda, Merpati und Bouraq von Denpasar nach Yogyakarta; Flughafen Adisucipto 10 km östl., Tel. 0274/56 66 66.

Fluglinien: Garuda, Ambarrukmo Palace Hotel, Jl. Adisucipto, Tel. 0274/52 21 49; Bouraq, Jl. Mataram 60, Tel. 0274/56 26 64; Merpati, Jl.Diponegoro 31, Tel. 0274/51 42 72.

Die großen Tempelanlagen

Borobudur

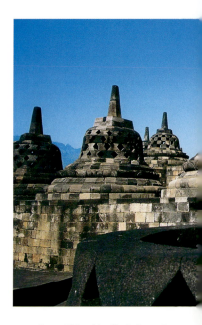

Gut 40 km nordwestlich von Yogyakarta liegt das größte buddhistische Heiligtum der Welt – der Tempelkomplex des Borobudur (tgl. 6–17.30 Uhr). Es empfiehlt sich, frühmorgens aufzubrechen, um den Tempel vor dem großen Besucherandrang besichtigen zu können. Dann ist auch die Luft noch klar und kühl und wer Glück hat, erhascht unterwegs einen Blick auf den Gunung Merapi, Yogyas meist hinter Wolken versteckten ›Hausvulkan‹. Eine dünne, weiße Rauchfahne, die sich ständig aus seinem Krater kräuselt, erinnert daran, dass der Merapi immer noch aktiv und gefährlich ist.

Der zwischen 780 und 850, während der Herrschaft der Shailendra-Dynastie erbaute Borobudur gilt nicht nur als größte Manifestation des Buddhismus, sondern auch als eines der gelungensten Meisterwerke monumentaler Sakralarchitektur. Nur ein knappes Jahrhundert diente das ›Tempelkloster auf dem Berg‹ als Wallfahrtsort für buddhistische Pilger, gegen 930 verlagerte sich das politische, wirtschaftliche und kulturelle Schwergewicht von Zentral- nach Ost-Java. Allmählich überwucherte tropische Vegetation den Borobudur, der nun für fast ein Jahrtausend in Vergessenheit geriet.

Erst 1814 begann die sporadische Restaurierung, die ab 1907 planmäßig, aber ohne dauerhaften Erfolg vorangetrieben wurde. Als der gigantische Bau einzustürzen drohte, führten zwischen

Borobudur

1973 und 1982 unter der Ägide der UNESCO Wissenschaftler aus aller Welt ein Sanierungsprojekt durch, bei dem der Borobudur ein neues Stützkorsett aus Beton und ein kompliziertes Drainagesystem erhielt. Auf dem weichen Untergrund war der Tempel im Laufe der Jahrhunderte von ursprünglich 42 m auf 33,5 m zusammengesackt.

Der als Stufenpyramide konzipierte Borobudur besteht aus sechs sich nach oben verjüngenden quadratischen und drei darüber liegenden kreisförmigen Terrassen. In seiner Architektur spiegelt er das Weltbild, die drei kosmischen Sphären des Mahayana-Buddhismus wider und verkörpert zudem ein Mandala, ein riesiges buddhistisches Meditationsmotiv.

Der meditative Rundgang beginnt in der ›Wunschsphäre‹ *(kamadhatu),* der Ebene der weltlichen Begierden und Leiden. Stets im Uhrzeigersinn geht man auf den beiden untersten Terrassen vorbei an der ersten Reliefgalerie mit Szenen von Krieg und Kampf, von Sünde und Laster. Auf die Niederungen des Lebens folgt die ›Sphäre der Form‹ *(rupadhatu),* die nächste Station des Erlösungswegs, in der die Suche nach dem Sinn menschlicher Existenz beginnt.

Die 1300 Basreliefs der folgenden drei Terrassen schildern das Leben des Gautama Buddha von seiner Geburt über seine Erleuchtung bis zu seinem Eintritt ins Nirvana. Auf der obersten der quadratischen Terrassen beginnt

Java

sich die Seele des Menschen vom irdisch gebundenen Leben zu lösen. Die Reliefs dieser Galerie zeigen Episoden aus dem Leben des Bodhisattva Sudhana. 1212 weitere Bildtafeln haben rein dekorativen Charakter. Die Gesamtlänge der Friese beträgt 2,5 km – Bild für Bild eine faszinierende Galerie aus dem 9. Jh.

Auf den drei Rundterrassen gibt es keine Reliefgalerien mehr. Hier ist die ›Sphäre der Formlosigkeit‹ *(arupadhatu)* erreicht, die Loslösung von der irdischen und materiellen Welt. Über die drei obersten Ebenen verteilen sich 72 Miniatur-Stupas, in denen Buddha-Figuren mit der symbolischen Handhaltung des Lehrens, *dharmacakra mudra*, sitzen. Der Lucky Buddha im Stupa rechts der Haupttreppe wird von den Einheimischen besonders verehrt. Von ihm heißt es, er erfülle bei Berührung einen Wunsch. Als Symbol der völligen Vergeistigung krönt das Heiligtum ein 8 m hoher schmuckloser Stupa.

Zum Borobudur gehören zwei kleinere, in der Nähe gelegene buddhistische Heiligtümer, **Candi Pawon** und **Candi Mendut**, die dem Haupttempel auf einer Ost-West-Achse zugeordnet sind.

Prambanan

Etwa 16 km nordöstlich von Yogyakarta ragt in einer Ebene als hinduistisch-shivaistisches Gegenstück zum buddhistischen Borobudur der **Prambanan-Tempel** auf (tgl. 6–17.30 Uhr). Errichtet wurde er vermutlich Ende des 9. Jh. von der Hindu-Dynastie der Mataram als Manifestation ihres Triumphes über die buddhistischen Shailendra. Die Intention war eindeutig – es sollte etwas geschaffen werden, das imposanter war als alles bisher Erreichte.

Aber auch Prambanan wurde wenige Jahrzehnte nach seiner Fertigstellung ohne ersichtlichen Grund, vielleicht wegen eines Ausbruchs des Merapi-Vulkans, verlassen. Die Rekonstruktion der Hauptheiligtümer des 1549 bei einem Erdbeben fast völlig zerstörten, ursprünglich 232 Bauten umfassenden Tempelkomplexes begann 1937 und war 1953 abgeschlossen. An den Nebentempeln wird heute noch gearbeitet.

Im zentralen Hof der Sakralanlage, die sich in drei Bereiche gliedert, stehen auf einer Terrasse acht Tempel. Als Haupttempel ist der 47 m hohe Lara Jonggrang dem Gott Shiva geweiht. Flankiert wird er von einem Brahma- und einem Vishnu-Tempel. Die drei Heiligtümer gegenüber der Dreiergruppe beherbergten einst die mythischen Reittiere der Hindu-Trinität, von denen aber nur Nandi, Shivas Stier, erhalten blieb. Das nördliche und südliche Eingangstor des Allerheiligsten bewachen zwei kleinere Tempelbauten.

Jenseits der Umfriedungsmauer standen im mittleren Tempelbezirk einst 224 identische Votivtempel, von denen heute nur noch Trümmer zeugen. Von den aus Holz erbauten Behausungen im äußersten Bereich der Anlage, in denen früher Mönche und Pilger Unterkunft fanden, ist heute nichts mehr zu sehen.

Die drei Haupttempel werden von einem Mantel aus steinernen Schmuckornamenten umhüllt. In den figurenreichen

Prambanan

Der Prambanan-Tempel aus dem 9. Jh.

Bildtafeln wiederholt sich das ›Prambanan-Motiv‹: ein Löwe flankiert von Himmelbäumen, an deren Stämme sich jeweils zwei Kinnara schmiegen, mythologische Vögel mit Frauenkopf und -brüsten.

Weitere Tempel in der Prambanan-Ebene

Die weitläufige Ebene von Prambanan ist mit hinduistischen Altertümern geradezu übersät. Zu den bedeutendsten gehören **Candi Sewu,** die größte aller Tempelgruppen auf Java (2 km nördl. von Prambanan), der Mitte des 9. Jh. errichtete **Candi Plaosan** (3,5 km nordöstl. von Prambanan), **Candi Sari,** der im Gegensatz zu den anderen Heiligtümern kein Grabmonument, sondern ein buddhistisches Kloster war (3 km westl. von Prambanan), **Candi Kalasan,** der älteste, zweifelsfrei datierte Tempel von Zentral-Java (4 km westl. von Prambanan), sowie **Candi Sambisari,** ein kleines, erst 1966 unter Lavamassen entdecktes Heiligtum (12 km östl. von Yogyakarta).

Lombok

DIE NACHBARINSEL LOMBOK

Über die Straßen der zusammengewachsenen Städte Ampenan-Mataram-Cakranegara rumpeln Pferdekutschen. Ruhige Strandtage verbringen Urlauber in Senggigi oder Kuta. Für Schnorchler und Taucher sind die Gewässer um die drei Gilis beliebte Reviere. Eine Bergwanderung führt auf den Gipfel des Vulkans Gunung Rinjani.

Inselerkundung

Lombok genießt seit Jahren den Ruf, eine Art Bali vor dem Sündenfall des Massentourismus zu sein. Das stimmt jedoch nur bedingt. Zwar verläuft das Leben hier ruhiger als auf Bali, aber Lombok unterscheidet sich auch sonst von der Nachbarinsel, von der es durch eine 35 km breite, sehr tiefe Meerenge getrennt wird.

Reisende betreten auf Lombok einen anderen Kulturkreis. Obwohl die Insel einst von Bali unterworfen war, sind heute nur knapp 10 % der Einwohner Hindus, während sich die Mehrheit, Sasak genannt, zum Islam bekennt. Die dortige Glaubensvariante ist jedoch stark durchsetzt mit Elementen der alt-malaiischen Volksreligion, etwa dem Glauben an die Beseeltheit der Natur sowie der Verehrung der Ahnen. Dies gilt vor allem für die Wetu-Telu-Religion, der etwa 30 % der Insulaner anhängen.

Auf Lombok ist das Klima wesentlich trockener als auf Bali. Vor allem im Süden und im Osten kommt es zu ausgedehnten Dürreperioden, die oft monatelang anhalten können. Um dem kargen Boden Reis und andere Feldfrüchte abzuringen, müssen sich die Sasak stärker plagen als ihre von einem regenreichen Klima verwöhnten Nachbarn. Ähnelt der Westen von Lombok noch Bali, so erinnern die Landschaft und Fauna der Ostregion eher an Australien und bekräftigen so die Theorie, der zufolge die Inseln östlich von Bali vor der letzten Eiszeit zum australischen Kontinent gehörten, während Bali und Java mit Asien verbunden waren.

Zwei Gebirgszüge bestimmen das Bild der Insel, die etwa 75 km von Ost nach West und Nord nach Süd misst: Im Süden sind es nichtvulkanische, kaum 700 m hohe Gipfel, im Norden ein tropisch überwuchertes Vulkanmassiv, das vom heiligen Berg der Sasak, dem 3726 m hohen Gunung Rinjani, überragt wird. Die meisten Insulaner leben in dem etwa 25 km breiten fruchtbaren Tiefland zwischen diesen beiden Gebirgsketten. Das große Plus der Insel sind ihre Bilderbuchstrände, vor allem an der West- und Südküste von Lombok.

Ampenan-Mataram-Cakranegara

Ampenan-Mataram-Cakranegara

Auch wenn die drei Hauptorte von Lombok – Ampenan, Mataram und Cakranegara – mittlerweile zu einer Großstadt zusammengewachsen sind, verläuft das Leben dort noch in ruhigem Rhythmus. Während **Ampenan,** einst ein wichtiger Handelshafen, mit verfallenden Häuserzeilen heute den morbiden Charme des Vergänglichen ausstrahlt, floriert **Mataram** als moderne Verwaltungszentrale der Provinz West-Nusa Tenggara. Bei einem Besuch des **Ethnologischen Museums Negeri Nusa Tenggara Barat** in der Jl. Panji Tilarnegara lassen sich die während einer Lombok-Reise gewonnenen Eindrücke vertiefen (Di–Do 8–13.30, Fr 8 bis 10.30, Sa u. So 8–12 Uhr).

In **Cakranegara** sind die Spuren balinesischen Einflusses deutlich erkennbar. Dort steht mit dem 1720 erbauten Pura Meru das größte hindu-balinesische Heiligtum von Lombok. Gegenüber bieten sich die 1744 angelegten königlichen Lustgärten Taman Mayura zu einer Pause nach dem Sightseeing an. Auf dem größten Markt der Insel in **Sweta** 1 km östlich von ›Cakra‹ gibt es nichts, was es nicht gäbe.

Lombok

Fischer bei Ampenan auf Lombok

West Nusa Tenggara Provencial Tourism Office: Jl. Langko 70, Mataram, Tel. 0370/63 17 30.

Dua Em: Jl. Transito 99, Cakranegara, Tel. 0370/62 29 14, tgl. 17–23 Uhr. Sasak-Spezialitäten. Mittlere Preislage.

Mehrmals täglich **Flüge** der Gesellschaften Garuda und Merpati von Denpasar (Bali) nach Mataram (Lombok).

Fluglinien: Garuda/Merpati, Jl. Pejanggik 69, Mataram, Tel. 0370/63 22 26; Bouraq, c/o Hotel Selaparang, Jl. Pejanggik 40-42, Mataram, Tel. 0370/62 73 33.

Fähren: Zwischen Padang Bai (Bali) und Labuhan Lembar (Lombok) verkehren tgl. im 1,5-Stunden-Rhythmus Passagier- und Autofähren, Fahrzeit 4–7 Std.

Überlandbusse: Vom Busterminal Sweta, 1 km östl. von Cakranegara, verkehren Busse in alle Richtungen. Zwischen Mataram und Bangsal (Hafen für Gili Air u.a.) so-

Narmada

wie zwischen Mataram und Labuhan Lembar (Fähren nach Bali) verkehrt ein *shuttle bus* der Agentur Perama Tourist Service, Auskunft: Tel. 0370/62 73 33.

Lingsar

Im Tempel von Lingsar 12 km nordöstlich von Mataram beten Hindus und Muslime Seite an Seite. Zu Beginn der Regenzeit bitten dort Gläubige beider Religionen die Götter um ihren Segen für die bevorstehende Reisernte.

Narmada

In Narmada 15 km östlich von Mataram ließ Anfang des 19. Jh. der balinesische Raja von Lombok einen Sommerpalast mit Park und Badebecken errichten. Die Anlage ist als Modell des Rinjani-Massivs konzipiert, denn der Herrscher schaffte es im hohen Alter nicht mehr, den Götterberg selbst zu besteigen, um dort Opfergaben darzubringen. Als Symbol des Rinjani-Gip-

Lombok

fels thront auf der obersten Ebene des terrassenförmig angelegten Parks der **Pura Kalasen.** Der Pool rechts davon symbolisiert den Kratersee Segara Anak. An Wochenenden suchen viele Städter Abkühlung im königlichen Wasserpalast, der zu einem öffentlichen Freibad umgestaltet wurde. Architektonische Spuren haben die Balinesen auch am Quelltempel von **Suranadi** mit heiligen Aalen 15 km nordöstlich von Mataram hinterlassen.

Tetebatu

Der Bergort Tetebatu liegt inmitten von Reisfeldern und Reisterrassen an der Südostflanke des Rinjani. Wanderungen führen zu Wasserfällen und zu Dörfern, in denen noch heute das traditionelle Kunsthandwerk gepflegt wird.

Soedjono Hotel: Fax 0376/2 21 59. Kolonialvilla und Gästehäuser im Sasak-Stil, Restaurant und Pool. DZ 35 000–45 000 Rp., Bungalow 55 000–75 000 Rp.
Green Orry Inn: Bungalowanlage mit familiärer Atmosphäre, gutes Restaurant. DZ 35 000–50 000 Rp.

Kuta

Bis vor kurzem galt die Südküste von Lombok noch als Geheimtipp. Dort erstrecken sich um das Fischerdorf Kuta, das außer dem Namen nichts gemeinsam hat mit dem glamourösen Ferienort auf Bali, kilometerlange weiße Sandstrände. Fischerdörfer, Korallengärten und Inselchen runden das Bild vom Südsee-Arkadien ab.

Ausflüge führen von Kuta zur Bucht von Tanjung Aan 7 km östlich und zum Brandungsstrand von Mawun 8 km weiter westlich. Mittlerweile haben die Späher der Tourismusindustrie Kuta ins Visier genommen. Geplant sind exklusive Hotelkomplexe und ein Flughafen. Fertiggestellt ist bislang ein Luxushotel. Alle anderen Projekte hat man wegen der Wirtschaftskrise auf Eis gelegt.

Es lohnt sich, die Fahrt nach Kuta im Weberdorf **Sukarara** sowie im Töpferdorf **Penunjak** zu unterbrechen. In beiden Orten kann man kunsthandwerkliche Souvenirs günstig kaufen.

In museal gepflegtem Zustand präsentieren sich die traditionellen Sasak-Dörfer **Rambitan** und **Sade.** Die Bewohner leben in einer Art Freilichtmuseum. Sie verzichten auf Wellblechdächer und andere Errungenschaften der modernen Zivilisation, um das Erscheinungsbild der Dörfer, das viele Touristen anlockt, nicht zu zerstören.

Novotel Coralia: Pantai Putri Nyale, Pujut, Tel. 0370/65 33 33, Fax 0370/65 31 76, www.novotel-lombok.com. Luxuriöses Bungalowhotel aus Naturmaterialien im Sasak-Stil, mit Restaurant und Pool. DZ 140 $, Bungalow 250-450 $.
Matahari Inn: Tel. 0370/65 48 32, Fax 0370/65 49 09, www.matahariinn.com. Zimmer und Bungalows mit Ventilator oder Klima-Anlage, Garten, Pool, gutes Restaurant. DZ 150 000–300 000 Rp., Bungalow 550 000 Rp.

Senggigi

An der Küstenstraße, die von Ampenan Richtung Senggigi führt, liegt das Heiligtum **Batu Layar,** in dem Anhänger des Wetu Telu-Glaubens beten und Opfer darbringen.

Senggigi

Übernachten
1. Senggigi Beach Hotel
2. Puri Mas
3. Mascott Cottages
4. Bukit Senggigi
5. Windy Beach Cottages

Essen und Trinken
6. Asmara
7. Malibu
8. Taman Senggigi

Batu Bolong, einer der ältesten Hindu-Tempel auf Lombok, thront einige Kilometer weiter nördlich auf einer Klippe hoch über dem Meer. **Senggigi,** an einer Bucht mit weitem Sandstrand gelegen, hat sich in den letzten Jahren vom Fischerdorf zum wichtigsten Ferienzentrum von Lombok entwickelt.

Entlang der Küste mit atemberaubend schönen Buchten windet sich von Senggigi eine sehr kurvenreiche Panoramastraße zum 15 km entfernten Städtchen **Pemenang.** Auch von Mataram erreicht man Pemenang auf einer Bergstraße über den Pusuk Pass durch die wild zerklüfteten westlichen Ausläufer des Rinjani-Massivs.

Senggigi Beach Hotel 1: Tel. 0370/69 32 10, Fax 0370/69 32 00, www.lombok-network.com/senggigi. Bungalowhotel in einem weitläufigen Strandareal, mit zwei Restaurants und Pool. DZ 60–75 $, Bungalow 75–90 $.
Puri Mas 2: Mangsit, Tel./Fax 0370/69 30 23. Komfortable Bungalows im Sasak-Stil an einem ruhigen Strandabschnitt 3 km nordwestl., mit Restaurant und Pool. Bungalow 60–75 $.

Lombok

Cityplan Senggigi S. 207

Mascott Cottages 3: Tel. 0370/69 33 65, Fax 0370/69 32 36. Geräumige Bungalows mit Klima-Anlage und Restaurant am Strand. Bungalow 40–70 $.
Bukit Senggigi 4: Tel. 0370/69 31 73, Fax 0370/69 32 26, www.lombok-network.com/senggigi. Inseltypische Bungalows in herrlicher Hanglage, mit Restaurant und Pool. DZ 35–40 $.
Windy Beach Cottages 5: Mangsit, Tel. 0370/69 31 91, Fax 0370/69 31 93. Einfache, gemütliche Bungalows im Sasak-Stil an einem ruhigen Strand 4 km nordwestl., mit Restaurant. Bungalow 125 000–175 000 Rp.

Asmara 6: Tel. 0370/69 36 19, tgl. 11–24 Uhr. Steaks und regionale Spezialitäten. Mittlere Preislage.
Malibu 7: Tel. 0370/69 37 69, tgl. 9–23 Uhr. Indonesische und thailändische Gerichte, ausgezeichnetes Seafood. Mittlere Preislage.
Taman Senggigi 8: Tel. 0370/69 38 42, tgl. 10–23 Uhr. Terrassenrestaurant mit Seafood und internationalen Gerichten. Mittlere Preislage.

Zweimal tgl. ein **shuttle boat** von Padang Bai (Bali) nach Senggigi (Lombok) sowie zu den Inseln Gili Air, Gili Meno und Gili Terawangan, Auskunft und Buchung: Perama Tourist Service, Tel. 0363/4 14 19 (Padang Bai) u. 0370/69 30 07 (Senggigi).

Die Gilis

Von Bangsal 2 km westlich von Pemenang verkehren Auslegerboote zu den Inseln **Gili Air, Gili Meno** und **Gili Terawangan**. Auf den Eilanden, die noch ohne große Hotels vor sich hin träumen, kann man erholsame Urlaubstage verbringen, jedoch darf man keine ›Südsee-Traumstrände‹ erwarten. Dagegen sind die Tauchreviere um die Inselchen vom Feinsten.

Taucher zieht es vor allem zu den Korallenriffen vor Gili Meno in deren Nähe die seltene ›blaue Koralle‹ im türkisfarbenen Meer wächst. Als ›Party-Insel‹ ist Gili Terawangan bei Rucksackreisenden wie Jetsettern sehr populär. Dort bieten Korallengärten ideale Bedingungen zum Schnorcheln.

... auf Gili Air
Hotel Gili Air: Tel. u. Fax 0370/63 44 35, www.hotelgiliair.com. Strandbungalows mit Ventilator oder Klima-Anlage, mit Restaurant. Bungalow 70–80 $.

... auf Gili Meno
Bounty Beach Bungalows: Tel. 0370/64 90 90, Fax 0370/64 11 77. Ferienanlage mit klimatisierten Bungalows sowie Restaurant, Salzwasser-Pool und Privatstrand. Bungalow 40–60 $.

... auf Gili Terawangan
Vila Ombak: Tel. 0370/64 23 36, Fax 0370/64 23 37, www.novotel-lombok.com. Komfortables Strandhotel im Sasak-Stil mit Restaurant. DZ 65–85 $.

Ein- bis zweimal tgl. verkehren der **Katamaran** Gili Cat der Gesellschaft Island Xpress (Auskunft und Buchung: Tel. 0361/27 16 80, info@gilicat.com) und eine **Motorjacht** von Blue Water Safaris (Auskunft und Buchung: Tel. 081/338 41 89 88, www.bwsbali.com) von Benoa Port (Bali) nach Gili Terawangan (Lombok), Fahrzeit 2–2,5 Std.

Der Rinjani-Vulkan

Den gebirgigen Norden von Lombok dominiert der 3726 m hohe **Gunung**

Rinjani-Vulkan

Das Sasak-Dorf Sade

Rinjani. Aus der Entfernung betrachtet wirkt das mächtige Massiv wie ein Gebirge. Bei den vermeintlichen Gipfeln handelt es sich jedoch um die Zacken auf dem zerklüfteten Rand eines urzeitlichen Kraters. Die höchste dieser Erhebungen ist der Gipfel des Rinjani. Die Caldera, die einen Durchmesser von 5 km besitzt, wird zum Teil von dem smaragdgrünen Kratersee Segara Anak ausgefüllt. Aus dessen Mitte erwuchs ein neuer, aktiver Vulkan, der Gunung Baru.

Die von den meisten Bergwanderern bevorzugte Aufstiegsroute zum Gunung Rinjani beginnt bei den Dörfern **Batu Koq** und **Senaro**. Dort kann man *guides* und Träger sowie die für die Besteigung notwendige Ausrüstung (Zelt, Schlafsack u. a.) mieten. Konditionsstarke Wanderer schaffen den Aufstieg zum Kraterrand, von dem sich ein überwältigendes Panorama bietet, und den Rückmarsch nach Batu Koq an einem Tag.

Wer vom Kraterrand den steilen, nicht ganz ungefährlichen Abstieg zum Segara Anak einplanen möchte, sollte für diese Trekking-Tour wenigstens zwei Tage ansetzen. Nur mit bergsteigerischer Erfahrung sollte man sich an die Besteigung des Rinjani-Gipfels wagen, für die man hin und zurück vom Kratersee etwa zwölf Stunden veranschlagen muss.

... in Batu Koq/Senaro

Bukit Senaro Cottage: Einfache, geschmackvolle Bungalows im Sasak-Stil. DZ 25 000-30 000 Rp.

Pondok Senaro: Schlichte Zimmer, gutes Restaurant, Blick auf den Wasserfall. DZ 20 000–25 000 Rp.

REISEINFOS VON A BIS Z

Alle wichtigen Informationen rund ums Reisen auf einen Blick – von A wie Anreise bis Z wie Zeitungen

Extra: Ein Sprachführer mit Hinweisen zur Aussprache, wichtigen Redewendungen, Zahlen und einem Überblick über die balinesische Speisekarte

Inhalt

REISEINFOS VON A BIS Z

Anreise 213
... mit dem Flugzeug 213
... mit dem Schiff 213
Apotheken 213
Ärztliche Versorgung 213
Autofahren 214
Behinderte auf Reisen 214
Diebstahl 214
Diplomatische Vertretungen
   der Republik Indonesien 214
Diplomatische Vertretungen
   in Indonesien 214
Drogen 214
Einreise-, Ausreise- und
   Zollbestimmungen 215
Elektrizität 215
Feiertage und Feste 215
Frauen unterwegs 215
Geld 216
Gesundheitsvorsorge 216
Informationsstellen 216
Informationen im Internet 216
Karten und Pläne 217
Literaturtipps 217
Märkte 217
Notruf 217
Öffnungszeiten 217
Post 217
Reisekasse und Preise 218
Sicherheit 218
Souvenirs 218
Telefonieren 219
Toiletten 219

Trinkgeld 219
Trinkwasser 220
Umgangsformen 220
Unterkunft 220
   Hotels 220
   Pensionen 221
Verkehrsmittel 221
   Busse 221
   Taxi 221
   Leihwagen 221
   Motorrad 221
Zeit 221
Zeitungen und Zeitschriften 221

Kleiner Sprachführer 222
   Begrüßung und wichtige
   Redewendungen 222
   Reise und Verkehr 222
   Unterkunft 223
   Essen und Trinken 223
   Einkauf 224
   Im Krankheitsfall 224
   Zeitangaben und
   Wochentage 224
   Zahlen 224
   Auszug aus der Speisekarte . . .225

Register .226

Reiseatlas 231

**Abildungsnachweis/
Impressum** 240

Reiseinfos von A bis Z

Anreise

... mit dem Flugzeug

Die Flugzeit Europa–Bali (Entfernung 13 000 km) beträgt 14–16 Stunden. Direktverbindungen unterhalten ab Frankfurt, Berlin, München, Wien und Zürich Cathay Pacific, China Airlines, Malaysia Airlines, Qantas, Qatar Airways, Royal Brunei Airlines, Singapore Airlines und Thai Airways. Stopover-Programme, etwa in Bangkok, Hongkong, Kuala Lumpur oder Singapur offerieren Thai Airways, Cathay Pacific, Malaysia Airlines und Singapore Airlines. Offiziell kosten Tickets je nach Saison 1000–1500 €, auf dem ›Graumarkt‹ ab 650–800 €. Von Java fliegen die indonesischen Linien Garuda, Merpati und Bouraq nach Bali, Garuda und Merpati auch von Bali nach Lombok. Zudem gibt es Flüge der Singapore Airlines/Silk Air von Singapur nach Lombok.

Balis Flughafen Ngurah Rai liegt 13 km südlich von Denpasar. Beim Terminal befindet sich ein Schalter des Koperasi Taxi Service mit den ablesbaren Tarifen. Man bezahlt am Schalter und übergibt dem Fahrer den Coupon.

... mit dem Schiff

Autofähren und **Passagierschiffe** verbinden Bali mit Java und Lombok. Fähren von und nach Java verkehren zwischen Ketapang (bei Banyuwangi auf Ost-Java) und Gilimanuk (West-Bali) vom frühen Morgen bis zum späten Abend etwa stündlich (Fahrzeit 45 Min.).

Fähren von und nach Lombok zwischen Labuhan Lembar (Lombok) und Padang Bai (Bali) täglich im 1,5-Stunden-Rhythmus (Fahrzeit 4–7 Std.).

Ein- bis zweimal täglich verkehren der **Katamaran** Gili Cat der Gesellschaft Island Xpress (Auskunft und Buchung: Tel. 0361/27 16 80, info@gilicat.com) und eine **Motorjacht** der Gesellschaft Blue Water Safaris (Auskunft und Buchung: Tel. 081/338 41 89 88, www.bwsbali.com) zwischen Gili Terawangan (Lombok) und Benoa Port (Bali), Fahrzeit 2–2,5 Std.).

Zweimal täglich fährt ein **shuttle boat** von Senggigi (Lombok) sowie den Inseln Gili Air, Gili Meno und Gili Terawangan nach Padang Bai (Bali), Auskunft und Buchung: Perama Tourist Service, Tel. 0370/69 30 07 (Senggigi) und 0363/4 14 19 (Padang Bai).

Apotheken

Apotheken heißen Apotik oder Toko Obat (Drogerie). Viele der in Europa gebräuchlichen Medikamente sind meist rezeptfrei und billiger als bei uns.

Ärztliche Versorgung

Die öffentlichen Krankenhäuser (Rumah Sakit Umum) entsprechen in Ausstattung und Hygiene meist nicht europäischem Standard. Wer im Urlaub auf Bali erkrankt, sollte eine der Privatkliniken aufsuchen oder in schwereren Fällen nach Singapur fliegen.

Englisch sprechende Ärzte gibt es in den Ferienzentren im Süden der Insel. **Bali International Medical Centre**, Jl. By Pass Ngurah Rai 100 X, Kuta, Tel. 0361/76 12 63, Fax 0361/76 43 45, www.bimcbali.com.

Reiseinfos von A bis Z

Autofahren

Wer in Bali ein Auto mieten möchte, benötigt einen internationalen Führerschein. Die Straßenverkehrsordnung, die Linksverkehr vorschreibt, hat meist nur theoretische Bedeutung. Das Autofahren auf den schmalen, oft von Schlaglöchern übersäten Landstraßen birgt Risiken, etwa Mopedfahrer, die links und rechts überholen, oder Autofahrer, die rote Ampeln ignorieren. Für Gefahr sorgen nachts Fahrzeuge ohne Licht sowie Menschen, die auf der Fahrbahn laufen.

Behinderte auf Reisen

Rollstuhlfahrern und Gehbehinderten wird das Leben durch fehlende oder schlecht angelegte Fußgängerwege schwer gemacht. Schwierig für Behinderte ist die Besichtigung von Tempeln mit vielen Treppen. Am besten geeignet für Rollstuhlfahrer ist das ebene Nusa Dua, am wenigsten Ubud, das sich über Hügel ausbreitet.

Diplomatische Vertretungen der Republik Indonesien

… in Deutschland
Indonesische Botschaft: Lehrter Str. 16–17, 10557 Berlin, Tel. 030/47 80 70, Fax 030/44 73 71 42, www.kbri-berlin.org/

… in Österreich
Indonesische Botschaft: Gustav-Tszhermak-Gasse 5–7, 1180 Wien, Tel. 01/476 23-0, Fax 01/479 05 57, www.kbriwina.at

… in der Schweiz
Indonesische Botschaft: Elfenauweg 51, 3006 Bern, Tel. 031/3 52 09 83, Fax 031/3 51 67 65, www.indonesia-bern.org

Diplomatische Vertretungen in Indonesien

… von Deutschland
Botschaft: Jl. M. H. Thamrin 1, Jakarta Pusat, Tel. 021/39 85 50 00, Fax 021/3 90 17 57, www.jakarta.diplo.de
Konsulat: Jl. Pantai Karang 17, Sanur, Bali, Tel. 0361/28 85 35, Fax 0361/28 88 26, germanconsul@bali-ntb.com

… von Österreich
Botschaft: Jl. Diponegoro 44, Jakarta Pusat, Tel. 021/33 80 90, Fax 021/3 90 49 27

… der Schweiz
Botschaft: Jl. Rasuna Said, Blok X 3/2, Kuningan, Jakarta Selatan, Tel. 021/5 25 60 61, Fax 021/5 20 22 89, vertretung@jak.rep.admin.ch

Konsulat der Schweiz und von Österreich
Jl. Patih Jelantik, Komplek Istana Kuta Galeri, Blok Valet 2 #12, Kuta, Bali, Tel. 0361/75 17 35, Fax 0361/75 44 57, swisscon@telkom.net

Drogen

Strenge Gesetze verbieten in Indonesien den Besitz, Verkauf und Konsum von Drogen. Selbst bei kleinsten Mengen drohen drakonische Urteile bis hin zur Todesstrafe.

Reiseinfos von A bis Z

Einreise-, Ausreise- und Zollbestimmungen

Touristen aus Deutschland, Österreich und der Schweiz benötigen ein Visum, das bei der Einreise auf den Flughäfen von Jakarta und Bali gegen Vorlage eines Reisepasses mit einer Mindestgültigkeit von weiteren sechs Monaten erteilt wird. Es berechtigt zu einem Aufenthalt von bis zu 30 Tagen und kostet 25 $. Eine Verlängerung vor Ort ist nicht möglich. Wer länger bleiben möchte, muss das Visum vor der Einreise bei der zuständigen Botschaft besorgen. Kinder benötigen einen eigenen Pass; Kinderausweise werden nicht anerkannt. Einzelreisende müssen manchmal ein Rück- oder grenzüberschreitendes Weiterreiseticket und genügend Geldmittel vorweisen (etwa 1000 $, auch in Form von Reiseschecks oder Kreditkarten).

Ein- und Ausfuhr von Devisen ist in unbegrenzter Höhe möglich, die von indonesischer Währung auf 50 000 Rupiah beschränkt. Zollfrei einführen darf man 200 Zigaretten oder 50 Zigarren oder 100 g Tabak, 1 l Spirituosen, Geschenke im Wert bis 100 $ sowie zwei Fotoapparate und Filmmaterial, zwei Videokameras und ein Fernglas. Im Flugzeug füllt man die Zoll- und Devisenerklärung sowie eine Einreisekarte aus.

Je nach Fluglinie ist spätestens 72 Stunden vor Abreise der Rückflug zu bestätigen. Bei der Ausreise fällt eine Flughafensteuer von 100 000 Rupien an.

Elektrizität

In den größeren Städten und Touristenzentren beträgt die Stromspannung meist 220 Volt, in kleineren Orten 110 Volt Wechselstrom. Für Steckdosen benötigt man einen Adapter.

Feiertage und Feste

Balinesische Fest- und Feiertage folgen unterschiedlichen Kalendersystemen, so dass sich die Termine von Jahr zu Jahr verschieben. Daher sollte man sich den jährlich erscheinenden »Calendar of Events« besorgen (s. S. 216).
Staatsfeiertage
Neujahrsfest (1.1.)
Karfreitag, Ostersonntag
Christi Himmelfahrt
Unabhängigkeitstag (17.8.)
Erster Weihnachtstag (25.12.)
Halboffiziellen Charakter haben der Kartini-Tag, eine Art indonesischer Muttertag (21.4.) der Pancasila-Tag (1.10.) und der Tag der Streitkräfte (5.10.)

Frauen unterwegs

Kulturell interessierte Frauen, die auf lokale Bekleidungssitten Rücksicht nehmen, haben in der Regel keine Belästigungen von einheimischen Männern zu befürchten. Einheimische Beach Boys flanieren in den Touristenzentren auf der Suche nach Frauen, denen sie gegen Bezahlung mit diversen Dienstleistungen die Zeit vertreiben.

Frauen, die nicht angemacht werden wollen, sollten auf Miniröcke und tiefe Dekolletés sowie auf ›oben ohne‹ beim Sonnenbaden verzichten. Frauen, die sich abgrenzen wollen, sollten Blickkontakt mit einheimischen Männern vermeiden. Auf nächtliche Spaziergänge an einsamen Stränden und

Reiseinfos von A bis Z

in dunklen Straßen sollten Frauen verzichten.

Geld

Wechselkurse (Stand Oktober 2007):
1 $ = 9 060 Rupiah
1 € = 12 810 Rupiah
1 sFr = 7690 Rupiah

Landeswährung ist die Indonesische Rupiah (Rp.). Im Umlauf sind Münzen zu 50, 100, 500 und 1000 Rp. sowie Scheine zu 100, 500, 1000, 5000, 10 000, 20 000, 50 000 und 100 000 Rp. Für Taxi- und Busfahrten sollte man Kleingeld bei sich haben, denn kein Wechselgeld zu haben, ist eine Ausrede, um dieses zu sparen.

In Indonesien sind die Kurse deutlich besser als zu Hause. Am günstigsten tauscht man Bargeld (US-$, € oder SFr) und auf US-$, € oder SFr ausgestellte Reiseschecks bei lizenzierten Wechselstuben *(Money Changers)*. Man sollte den Betrag selbst ausrechnen, da die Rechenmaschinen manipuliert sein könnten, und immer nachzählen.

Mit MasterCard, Visa, American Express und anderen gebräuchlichen Kreditkarten kann man in den meisten Hotels und besseren Restaurants sowie in vielen Geschäften und Reiseagenturen bezahlen.

Einige Banken zahlen gegen Vorlage einer Kreditkarte Bargeld aus. In Verbindung mit dem PIN-Code kann man mit Kreditkarten sowie mit der ec/Maestro-Karte an vielen Geldautomaten (Automated Teller Machines – ATM) Bargeld abheben. Öffnungszeiten: Banken Mo–Do 9–16, Fr 9–14, Sa 9–12 Uhr; Wechselstuben meist tgl. 8–20 Uhr.

Rupiah kann man in ausländische Währungen zurücktauschen. Dafür benötigt man die offiziellen Umtauschquittungen der Banken oder Wechselstuben. Es dürfen maximal 50 000 Rp. ein- bzw. ausgeführt werden.

Gesundheitsvorsorge

Impfungen sind für Reisende aus infektionsfreien Gebieten nicht vorgeschrieben. Wichtig sind Polio- und Tetanusauffrischungen. Vor der Abreise sollte man eine Reisekrankenversicherung abschließen, die einen Krankenrücktransport im Flugzeug einschließt.

Informationsstellen

Das Indonesische Fremdenverkehrsamt und das Büro von Garuda Indonesia sind bis auf weiteres geschlossen. Fragen zur Reiseplanung beantwortet: **Indonesien Tourist Information Centre,** c/o mk Advertising-Travel, Goethestr. 66, 80336 München, Tel. 089/59 04 39 06, Fax 089/51 65 68 94, indonesien@mkadvertising.de

Büros der staatlichen Fremdenverkehrsbehörde gibt es in Denpasar (s. S. 103), Kuta (s. S. 81) und Ubud (s. S. 135).

Informationen im Internet

www.dumontreise.de: Nützliche Reise-Links
www.bali-tourism-board.com: Offizielle, englischsprachige Website der balinesischen Fremdenverkehrsbehörde, Infos zu Unterkunft, Essen und Trinken, lokalen Veranstaltern sowie Veranstaltungshinweise

Reiseinfos von A bis Z

www.my-indonesia.info: Offizielle, englischsprachige Website des Ministry of Culture and Tourism mit News und Infos zu Hotels und Restaurants sowie aktuellem Veranstaltungs-Kalender
www.bali-paradise.com: Tipps zu Hotels, Restaurants, Nightlife und Urlaubsaktivitäten
www.balihotels.com: Hotels, auch preiswerte Häuser
www.baliresorts.com: Hotels der mittleren und gehobenen Kategorien, nach Orten sortiert
www.balieats.com: Vollständiger Bali-Restaurant-Guide
www.baliblog.com: Aktueller und lebendiger Blog mit vielen Tipps, die Lust aufs Reisen machen.

Karten und Pläne

»Bali« im Maßstab 1:200 000 aus der Reihe Periplus Travel Maps ist auf Bali erhältlich.

Literaturtipps

Baum, Vicki: Liebe und Tod auf Bali, Köln (Kiepenheuer & Witsch). Als fesselndes Porträt der Insel gehört dieser Roman aus den 1930er Jahren unbedingt ins Reisegepäck.
Siebert, Rüdiger: 5-mal Indonesien, München (Piper Verlag). Hintergrundinformationen zum Alltag, zur Politik, Wirtschaft und Kultur.
Stern, Laura: Bali kaputt, München (Droemer-Knaur). Eine Geschichte über Liebe und Hoffnung, Drogen und Mord.
Vickers, Adrian: Ein Paradies wird erfunden, Bielefeld (Reise Know-How). Darstellung der historischen und kulturellen Entwicklung Balis.
Eiseman, Fred B. jr.: Bali. Sekala & Niskala, Singapur (Periplus Editions). Zweibändiges Standardwerk in Englisch über Geschichte und Kultur, Religion und Alltag.

Märkte

Jeder bedeutende Ort hat einen großen Markt, in dessen Zentrum meist eine Markthalle steht. Hier finden vom frühen Morgen bis in die Mittagszeit die Morgenmärkte statt, auf denen die Einheimischen wegen fehlender Kühlschränke ihre Lebensmittel täglich frisch einkaufen. Auf Nachtmärkten weisen Gerüche den Weg zu Imbissständen. Dort kann man sich auch mit Kleidung und Haushaltswaren eindecken. Auf den Märkten wird gehandelt (s. S. 218). Lebensmittelläden und Supermärkte in den Touristenzentren haben Fixpreise.

Notruf

Polizei: Tel. 110
Feuerwehr: Tel. 113
Krankenwagen: Tel. 118
Rettungsdienst *search and rescue* Tel. 111, 115, 151.

Öffnungszeiten

s. vordere Klappe

Post

Die Postämter (Kantor Pos oder Postal Agent) sind Mo–Do 8–16, Fr 8–11, Sa

Reiseinfos von A bis Z

8–12.30 Uhr geöffnet. Luftpostbriefe nach Mitteleuropa brauchen von Denpasar fünf bis sieben Tage, von Provinzpostämtern oft erheblich länger. Bei kleineren Postämtern sollte man darauf achten, dass die Briefmarken sofort abgestempelt werden. Pakete werden nur bis zu einem Gewicht von 10 kg befördert und müssen in braunem Papier verpackt sowie verschnürt sein. Luftpostpakete brauchen bis Mitteleuropa zwei bis drei Wochen; auf dem Seeweg dauert es mindestens zwei bis drei Monate.

Reisekasse und Preise

Im Vergleich zu Mitteleuropa kann Indonesien als preiswertes Reiseland gelten. Vor allem die Kosten für Mietwagen und Benzin, für Übernachtungen, Restaurantbesuche und Dienstleistungen sind niedriger. Öffentliche Verkehrsmittel sind billig. Preiswert einkaufen kann man auf Bali vor allem Textilien und Lederartikel.

Unterkunftspreise schwanken sehr stark, je nach Saison und Ort. Im Buch sind folgende Kategorien angegeben:

Familienpension (losmen oder homestay)	5–10 $ pro DZ
Preisgünstiges Hotel	10–25 $ pro DZ
Mittelklassehotel	25–50 $ pro DZ
Oberklassehotel	50–100 $ im DZ
Luxushotel	über 100 $ im DZ

Preiskategorien der **Restaurants** in diesem Buch (Angaben jeweils für ein Menü mit drei Gängen, ohne Getränke):

preiswert	bis 5 $
mittlere Preislage	5–10 $
gehobenes Preisniveau	10–20 $
teuer	über 20 $

Sicherheit

Bali gilt als sehr sicher. Einbrüche in Hotelzimmer, Diebstähle in öffentlichen Verkehrsmitteln sowie im Gedränge von Märkten und Festen, Entreißen von Umhängetaschen vom Motorrad konzentrieren sich auf die Touristenzentren im Süden der Insel. An der Tagesordnung sind kleinere Betrügereien von Kellnern (Verrechnen), Taxifahrern (manipulierte Taxameter), Geldwechslern (manipulierte Rechner), Tankwarten (Tankuhr nicht zurückstellen) sowie Kassierern in Bussen und Bemos.

Souvenirs

In den Herstellungsorten sind die Preise günstiger als in den süd-balinesischen Ferienzentren.

Außer in Geschäften der gehobenen Kategorie ist es üblich zu handeln. In der Regel nennt der Verkäufer zunächst den doppelten Preis. Ein guter Zeitpunkt für einen Einkauf ist der Vormittag. Viele Händler locken mit *morning prices,* denn für sie gilt der Abschluss des ersten Geschäftes als Omen für den Tag. Sparen kann man auch, wenn man einen Laden ohne *guide* aufsucht, dann fällt dessen Provision weg. Abstand nehmen sollte man vom Kauf von Souvenirs, die von geschützten Tierarten stammen. Die Einfuhr solcher Produkte nach Europa ist verboten.

Die Preise für Sommerkleidung sind niedriger als in Europa, die Qualität lässt aber oft zu wünschen übrig. Hochwertige im Verfahren des Doppel-Ikat (s. S. 160) hergestellte **Handweb-**

arbeiten kommen aus dem Bali-Aga-Dorf Tenganan. Auch die handgewebten Endek-Stoffe aus Gianyar sowie die mit Goldfäden durchwirkten Songket-Handwebstoffe aus Blayu besitzen gute Qualität. Teuer sind handgemalte **Batiken,** billiger hingegen Stempelbatiken. Ein ›Muss‹ sind ein *sarong* und eine *Selendang*-Tempelschärpe.

Hochwertige **Holzmasken** findet man in Mas. Billigere Holzarbeiten kommen aus den kleinen Orten Tegalalang und Pujung.

Als Zentren der **Silberschmiedekunst** gelten Celuk und Kamasan. Bei vielen Silberschmieden kann man Schmuck in Auftrag geben.

Weitere Bali-Souvenirs sind handgeschnitzte Schattenspielfiguren aus Büffelleder, Schnitzereien aus Büffelhorn, Lontar-Manuskripte (s. S. 63), Gemälde, Lederwaren, Gewürznelken-Zigaretten (Kretek) sowie CDs und Kassetten mit Gamelan-Musik.

Nur mit Glück entdeckt man noch Antiquitäten, etwa chinesische Exportkeramik oder Stücke aus der holländischen Kolonialzeit. Für Gegenstände, die älter als 50 Jahre sind, ist eine Exportgenehmigung erforderlich und eine Ausfuhrsteuer zu zahlen.

Telefonieren

Es gibt immer mehr Kartentelefone, von denen bisweilen sogar Auslandsgespräche möglich sind. Ansonsten führt man Telefongespräche ins Ausland am billigsten von Telefonzentralen (Wartel), die oft auch mit Fax ausgestattet sind und manchmal rund um die Uhr geöffnet haben. Teurer sind (Auslands-)Ferngespräche in Hotels. Nach 21 Uhr gelten günstigere Tarife.

Die Vorwahl für Indonesien ist 0062. Von Indonesien nach Deutschland wählt man 00149, nach Österreich 00143 und in die Schweiz 00141, danach die Ortskennzahl ohne die erste Null. Die Rufnummern der Auskunft sind Tel. 101 (international) und Tel. 108 (national).

Toiletten

Toiletten heißen *kamar kecil*, kleines Zimmer. Auf den Toilettentüren findet man die Bezeichnungen *Wanita* (Damen) und *Laki-Laki* oder *Pria* (Herren). Balinesen halten das Hockklo, ein Loch im Boden, für hygienischer als Sitztoiletten.

Balinesen verlassen sich bei der Körperhygiene auf Wasser und ihre linke Hand. In den Toiletten von Touristenhotels und -pensionen stehen Eimer für das Toilettenpapier. So soll eine Verstopfung der Abflussrohre verhindert werden.

In einfachen Herbergen gibt es an Stelle von Badezimmern häufig ein *kamar mandi* mit Wasserbecken, einer Schöpfkelle und einem Abflussrohr. Um zu duschen, schöpft man das Wasser aus dem Behälter und schüttet es über den Körper.

Trinkgeld

Trinkgelder sind in Indonesien nicht obligatorisch, aber man sollte bedenken, dass für viele Einheimische kleinere Dienstleistungen die einzige Einnahmequelle sind. In besseren Restaurants und größeren Hotels sind im Rechnungsbetrag meist 10 % Bedienungszuschlag enthalten, trotzdem ist es üblich, 5–10 % Trinkgeld zu geben.

Trinkwasser

Leitungswasser und mit Eiswürfeln gekühlte Getränke sollte man nicht trinken. Bedenkenlos trinken kann man das in Flaschen abgefüllte Mineralwasser. Kauft man Flaschenwasser von ›fliegenden Händlern‹ auf der Straße, sollte man darauf achten, dass der Plastikverschluss unversehrt ist.

Umgangsformen

Als Verstöße gelten laute Auseinandersetzungen in der Öffentlichkeit. Selten ist ein *tidak* (nein) zu hören; viel lieber wird *belum* (noch nicht) oder *mungkin* (vielleicht) gesagt. Um Misstöne zu vermeiden, sagt man häufig auch Ja, wenn man mit Nein antworten müsste. Balinesische Ohren können Zustimmung oder Ablehnung heraushören, ausländische Besucher verwirrt dieses ›Reden um den heißen Brei‹ dagegen oft.

Pünktlichkeit bedeutet bei privaten Terminen eine 15–30minütige Verspätung. Man nennt dies *waktu karet* – Gummizeit. Vor Betreten eines Hauses zieht man die Schuhe aus. Zur Begrüßung reicht man die rechte Hand zu einer leichten Berührung und legt sie dann an seine Brust, um die Herzlichkeit des Grußes zu unterstreichen. Geschenke werden verpackt überreicht – mit der rechten Hand. Der Gastgeber wird das Päckchen scheinbar achtlos zur Seite legen, da ein sofortiges Öffnen ihn als gierigen Menschen entlarven würde.

Gibt es keine Stühle, lässt man sich auf Kissen oder Matten nieder – Männer im Schneidersitz, Frauen mit seitwärts untergeschlagenen Beinen –, wobei jeder darauf achtet, seine Fußsohlen nicht auf eine andere Person zu richten.

Beim Essen ruht die linke Hand. Sie ist nur auf der Toilette nützlich! Speisen empfängt und isst man mit der rechten Hand. Die Höflichkeit gebietet, von allem ein Häppchen zu probieren. Man lässt einen Rest auf dem Teller zurück, um nicht den Eindruck zu erwecken, der Gastgeber hätte zu wenig angeboten. Bei Gesprächen trägt das Thema Politik nicht unbedingt zur Stimmung bei.

Schmutzige und zerrissene Kleidung oder legere Urlaubsbekleidung abseits von Strand und Pool empfinden Balinesen als Zeichen der Nichtachtung, die Berührung durch einen Fremden als Respektlosigkeit. Vor allem der Kopf ist tabu, er gilt als Wohnsitz von Geist und Seele. Er ist auch bei Kindern nicht nur unantastbar, sondern sollte von einem Jüngeren oder Rangniedrigeren nach Möglichkeit auch nicht überragt werden.

Weitere Fauxpas sind der Austausch von Zärtlichkeiten in der Öffentlichkeit und mit ausgestrecktem Finger auf einen Menschen zu deuten. Es gilt als Beleidigung, beim Gespräch die Hände in die Hüfte zu stützen oder die Arme vor der Brust zu verschränken. Wichtig ist das Einhalten der Regeln bei Tempelfesten

Unterkunft

Hotels

Typisch für Bali sind Bungalow-Anlagen mit Gärten. Auch unterhalb der 100-Dollar-Grenze findet man auf Bali sehr gute Unterkünfte. Häuser der unteren

Reiseinfos von A bis Z

Mittelklasse haben Klima-Anlage, Kühlschrank, Telefon, Fernseher und Pool.

Pensionen

Preiswert sind *losmen* oder *homestays*, die von Familien auf ihren Anwesen betrieben werden. Ein oder zwei Betten, ein Tisch, zwei Stühle und ein Ventilator, Dusche und WC im Zimmer sind auch dort selbstverständlich, allerdings ersetzt häufig ein *kamar mandi* mit Schöpfkelle oder Kokosschale die Dusche.

In den preiswerten Unterkünften ist das Frühstück inbegriffen, in teuren Hotels wird dafür oft ein Aufschlag berechnet. In Hotels der oberen Kategorien werden zu allen Preisen 21 % für Service und Steuern addiert.

Verkehrsmittel

Busse

Tagsüber kann man mit (Mini-)Bussen fast jeden Winkel der Insel erreichen. Im Stadtverkehr und auf Kurzstrecken fahren Bemos, ausgebaute Kleinlaster. Busse und Bemos kann man auf der Straße per Handzeichen anhalten. Fahrpläne gibt es nicht, die Wagen fahren los, wenn genügend Passagiere da sind.

Etwa dreimal so teuer, aber komfortabler und schneller sind die Shuttle-Busse privater Firmen, die Non-Stop-Transfers zwischen den Touristenorten bieten. Tickets gibt es in allen Reisebüros sowie in Hotels und Pensionen.

Taxi

Taxis mit Taxameter gibt es nur in Denpasar und den Ferienzentren im Süden. Fahrzeuge mit Chauffeur kann man an der Hotelrezeption oder bei Reise-Agenturen mieten. In den Ferienzentren warten selbst ernannte Taxifahrer; vor Fahrtantritt unbedingt den Preis aushandeln.

Leihwagen

In den süd-balinesischen Urlaubsorten gibt es internationale Leihwagenfirmen, einheimische Vermieter sind oft günstiger. Geländewagen kosten je nach Saison und Mietdauer ab 15 $ am Tag, Minibusse für vier bis fünf Personen um 30 $. Meist sind unbegrenzte Freikilometer enthalten. Darauf achten, dass eine Kfz-Versicherung inbegriffen ist. Benötigt wird ein internationaler Führerschein.

Motorrad

Bali auf einem Motorrad zu erkunden, erscheint preiswert (Tagesmiete unter 10 $), ist aber nicht zu empfehlen. Es besteht enorme Unfallgefahr. Verlangt wird ein internationaler Führerschein Klasse Eins bzw. A oder eine nur für Bali gültige temporäre Fahrberechtigung, die man vor Ort erwerben kann.

Zeit

Bali zählt zur zentral-indonesischen Zeitzone, für die mitteleuropäische Zeit (MEZ) plus sieben Stunden gilt, für Java MEZ plus sechs Stunden. Während unserer Sommerzeit verringert sich der Unterschied um eine Stunde.

Zeitungen und Zeitschriften

Täglich erscheinen drei überregionale englischsprachige Zeitungen. Internationale Zeitungen auf Englisch erhält man – mitunter zensiert – in den Touristenzentren.

KLEINER SPRACHFÜHRER

Bei Bahasa Indonesia muss man sich weder mit Zeitformen der Verben plagen, noch mit der Beugung der Hauptwörter. Es wird das lateinische Alphabet benutzt, die Aussprache entspricht mit wenigen Ausnahmen der deutschen.

Obwohl man mit Englisch auf Bali kaum Verständigungsschwierigkeiten haben wird, sollte man einige Wörter Bahasa Indonesia lernen. Sehr zu empfehlen: Indonesisch – Wort für Wort von Gunda Urban, Kauderwelsch-Sprachführer, Peter-Rump-Verlag, Bielefeld.

Begrüßung und wichtige Redewendungen

Willkommen	selamat datang
Guten Morgen	selamat pagi
Guten Tag (mittags)	selamat siang
Guten Tag (nachmittags)	selamat sore
Guten Abend	selamat malam
Gute Nacht	selamat tidur
Auf Wiedersehen (allgemein)	sampai bertemu lagi
Danke	terima kasih
Ich bitte um Entschuldigung.	Saya (minta) mohon maaf.
Gestatten Sie?	permisi
Wie geht es Ihnen/dir?	Apa khabar?
Danke, gut	khabar baik
Keine Ursache	tidak apa-apa
Ja	ya
Nein	tidak (mit Adjektiv oder Verb) bukan (mit Substantiv)
Was ist dies/das?	Apa ini/itu?
Sprechen Sie Englisch Deutsch?	Apakah anda berbicara Bahasa Inggris/Jerman?
Ich verstehe (nicht)	saya (tidak) mengerti
Ich weiß (nicht)	saya (tidak) tahu
Wie heißen Sie?	Siapa nama(nya) anda?
Mein Name ist …	Nama saya …
Woher kommen Sie?	Darimana anda?
Ich komme aus Deutschland/ Österreich/ der Schweiz	Saya (datang) dari Jerman/ Austria/ Swiss
Wohin gehen Sie?	Mau kemana?
Darf man hier fotografieren/ rauchen?	Bolekah memotret/merokok disini?
Kann man hier gefahrlos schwimmen?	Aman berenang disini?
Achtung!	Awas!
Vorsicht!	Hati-hati!

Reise und Verkehr

Wo/wohin?	dimana/kemana
Woher?	darimana?
Links/nach links	kiri/kekiri
Rechts/nach rechts	kanan/kekanan
Geradeaus	terus
Nah/fern	dekat/jauh
Norden/Süden	utara/selatan
Osten/Westen	timur/barat
Bus/Nachtbus	bis/bis malam
Busbahnhof	setasiun bis
Auto/Motorrad	mobil/sepeda
Fahrrad	motor/sepeda

Kleiner Sprachführer

Sitzplatz	tempat duduk
Wie komme ich nach …?	Bagaimana saya sampai ke …?
Wie weit ist es nach …?	Berapa jauh ke …?
Wo ist der Busbahnhof?	Dimana ada setasiun bis?
Welcher Bus fährt nach …?	Bis yang mana pergi ke …?
Wann fährt der Bus ab?	Jam berapa bis berangkat?
Wo muss ich aussteigen?	Dimana saya harus turun?
Ich möchte hier aussteigen.	Saya mau turun disini.
Halten Sie hier!	Kiri disini!
Wo ist eine Toilette?	Dimana ada kamar kecil?
Wann ist … geöffnet?	Kapan … dibuka?

Unterkunft

Wo gibt es ein Losmen/Hotel?	Dimana ada losmen/hotel?
Haben Sie noch freie Zimmer?	Masih ada kamar kosong disini?
Kann ich das Zimmer erst ansehen?	Bolekah saya melihat kamar dulu?
Wie teuer ist dieses Zimmer?	Berapa harga untuk kamar ini?
Gibt es ein Moskitonetz?	Ada kelambu?
Bitte waschen Sie diese Kleider.	Tolong mencuci pakaian ini.
Ich reise morgen früh ab.	Saya akan berangkat besok pagi.

Essen und Trinken

Ich möchte essen/trinken.	saya ingin makan/minum
Essen, Gericht	makanan
Trinken, Getränk	minuman
Frühstück	makan pagi
Mittagessen	makan siang
Abendessen	makan malam
Imbiss	warung
Restaurant	rumah makan
Speisekarte	daftar
Rechnung	bon
Teller/Glas	piring/gelas
Löffel/Gabel	sendok/garpu
Messer/Tasse	pisau/cangkir
Reis	nasi (gekocht)
Brot	roti
Kuchen	kue
Nudeln	mie, bakmie, bihun
Fleisch	daging
Rind/Schwein	daging sapi/babi
Hammel/Ziege	domba/kambing
Huhn/Ente	ayam/bebek
Leber/Herz	hati/jantung
Fisch/Krabben	ikan/udang
Hummer	udang karang
Gemüse	sayur-sayuran
Kartoffel/Zwiebel	kentang/bawang
Erdnüsse	kacang
Ei/gekochtes Ei	telur/telur rebus
Spiegelei	telur mata sapi
Salz	garam
Pfeffer	merica
Chili	lombok
Zucker	gula
Süßigkeiten	gula-gula
Apfelsine	jeruk manis
Banane	pisang
Kokosnuss	kelapa
Ananas/Mango	nanas/mangga
Wasser/ Trinkwasser / abgekochtes Wasser	air air minum/ air matang
Kaffee/Tee	kopi/teh
Milch/Bier	susu/bir

Kleiner Sprachführer

Einkauf

Normaler Preis	harga biasa
Fester Preis	harga pas
Wie viel kostet dies?	Berapa harga (nya) ini?
Das ist zu teuer.	Itu terlalu mahal.
Haben Sie etwas Billigeres?	Ada yang lebih murah?
Können Sie den Preis reduzieren?	Harap turun sedikit?
Wo kann ich … kaufen?	Dimana saya dapat membeli …?
Gibt es hier …?	Apakah disini ada?
Was ist das?	Apa itu?
Ich nehme es.	Saya akan ambil ini.
Ich möchte nur gucken.	Saya mau lihat saja.
Ich komme später wieder.	Saya akan kembali lagi.

Im Krankheitsfall

Arzt	dokter
Krankenhaus	rumah sakit
Apotheke	apotik
Medikament	obat
Kopfschmerzen	pusing
Zahnschmerzen	sakit gigi
Durchfall	berak-berak
Fieber	demam
Ich bin krank.	saya sakit.
Wo gibt es ein gutes Krankenhaus?	dimana ada rumah sakit yang paling baik?
Bitte holen Sie einen Arzt!	tolong panggil dokter!

Zeitangaben und Wochentage

Minute/Stunde	menit/jam
Tag/Woche	hari/minggu
Monat/Jahr	bulan/tahun
Heute/gestern	hari ini/kemarin
Morgen	besok
Wie spät ist es?	jam berapa?
Wann?	kapan?
Jetzt/bald, gleich	sekarang/sebentar
Montag	hari senen
Dienstag	hari selasa
Mittwoch	hari rabu
Donnerstag	hari kamis
Freitag	hari jumat
Samstag	hari sabtu
Sonntag	hari minggu

Zahlen

0	nol
1	satu
2	dua
3	tiga
4	empat
5	lima
6	enam
7	tujuh
8	delapan
9	sembilan
10	sepuluh
11	sebelas
12	duabelas
13	tigabelas
20	duapuluh
21	dua puluh satu
30	tiga puluh
100	seratus
110	seratus sepuluh
200	dua ratus
1000	seribu
1100	seribu seratus
2000	dua ribu
10 000	sepuluh ribu
50 000	lima puluh ribu
100 000	seratus ribu
500 000	lima ratus ribu
1 000 000	sejuta
1/2	setengah

Kleiner Sprachführer

Auszug aus der Speisekarte

Ayam Bumbu Betutu   in Kräutersud gekochtes Huhn

Ayam Tutu   in Bananenblättern gedünstetes Huhn

Babi Guling   knuspriges Spanferkel, das über offenem Feuer zubereitet wird

Bakmi Goreng   gebratene Nudeln

Bakmi Kuah   Nudeln mit Brühe

Bebek Betutu   Ente mit Koriander, Zitronengras, Kurkuma und Chili gefüllt und in Bananenblättern gegart

Bebek Panggang   geröstete Ente

Bubuh Injin   Reispudding mit Kokosmilch und Früchten

Bubur Ayam   dicke Reissuppe mit Hühnerfleisch

Cap Cai   kurz angebratenes Gemüse mit Fleisch

Gado Gado   blanchiertes kaltes oder lauwarmes Gemüse mit Erdnusssauce

Ikan Bakar Bumbu Bali   gebratener Fisch mit Sambal-Gewürzmischung

Ikan Pepes   pikantes Fischfilet, im Bananenblatt gedämpft

Kangkung   Wasserspinat/-kresse

Ketan   Klebreis

Krupuk   in Öl gebackene Cracker aus Tapiokamehl und gemahlenen Krabben oder Fisch

Lontong   in Bananenblätter gewickelter Klebreiskuchen

Martabak   Pfannkuchen mit Lammfleisch, Zwiebeln und Gewürzen

Mie Kuah   Nudeln mit Brühe

Nasi Campur, Nasi Rames   Reis mit verschiedenen Beilagen

Nasi Goreng   gebratener Reis

Mie Goreng   gebratene Nudeln mit Gemüse und Fleisch oder Krabben

Nasi Putih   weißer gedünsteter Reis

Opor Ayam   in frischer Kokosmilch gekochtes Huhn

Pisang Goreng   panierte und frittierte Bananen, eine beliebte Zwischenmahlzeit

Rujak Manis   scharfer Obstsalat aus Ananas, grünen Mangos, Papaya, Gurken und Jambu (ähnlich Kohlrabi) mit pikanter Sauce aus braunem Palmzucker und Chili

Sambal   scharfe Paste aus zerriebenen roten Pfefferschoten, Salz, Tomaten, Knoblauch, Zwiebeln und Öl

Sate (oder Satay)   marinierte, über Holzkohle gegrillte Fleischspieße mit Erdnusssauce

Soto   mit Kokosmilch eingedickte Suppen, z. B. Soto Ayam (kräftige Hühnersuppe) und Soto Madura (Kuttelsuppe)

Tahu Goreng   gebackene Würfel aus Sojabohnenquark

Tempe Goreng   gebackene Stückchen aus zusammengepressten Sojabohnen

REGISTER

Abang 165
Affenwald von Sangeh 107f.
Affenwald von Ubud 128f.
Agung Rai Museum of Art 129
Air Sanih 191
Air Terjun Gitgit 183
Air Terjun Munduk 180
Airlangga, König 24, 141
Amed 72, 73, **166**
Amlapura 151, 153, **163ff.**
Ampenan-Mataram-Cakranegara 203f.
Asah 158
Asah Munduk 180
Asahduren 113

Bale Kembang 147
Bali Aga 63, **158ff.**, 174f., 191
Bali-Barat-Nationalpark 16, **112f.**
Bali Butterfly Park 109
Bali Zoo Park 75
Balina Beach 156
Bangkiang Sidem 132
Bangli 142, **143**, 151
Baris, Tanz 53
Barong, Tanz 54, 75, 119
Batu Bolong 207
Batu Koq 209
Batu Layar 206
Batuan 120
Batuan, Dewa Nyoman 120
Batubulan 54, **118f.**
Batulumpang 130
Batur 175
Batur-See 151, 173
Baturiti 109
Batuyung 132
Baum, Vicki 25, 88, 124
Bebandem 153
Bedugul 178

Bedulu 131
Belimbingsari 114
Benoa 93
Blayu 108
Bondalem 176
Bonnet, Rudolf 64
Borobudur 24, **198ff.**
Brahma 39, 44, 143, 151, 200
Brahma Vihara-Arama 186
Bratan-See 71, 74, 177
Budakling 153
Buddhismus 12, 24, 130, 134, 178, 186, 198
Bukit Badung 16, 73, 90, **95ff.**
Bukit Bangli 143
Bukit Mungsu 178
Buleleng-Dynastie 183
Bungaya 158
Buyan-See 74, 177, **180**

Cakranegara 203
Campuan 124, 129, 132
Candi Dasa 70, 72, **156f.**
Candi Kalasan 201
Candi Kuning 178
Candi Mendut 200
Candi Plaosan 201
Candi Sambisari 201
Candi Sari 201
Candi Sewu 201
Canggu 49, 73, **81**
Celuk 119
Celukanbawang 189
Chaplin, Charlie 124
Cokorda Gede Agung Sukawati 126
Culik 167

Danau Bratan s. Bratan-See
Danau Buyan s. Buyan-See

Register

Danau Tamblingan s. Tamblingan-See
Dausa 176
Denpasar 47, 49, 54, **98ff.,** 118, 125, 140, 183
Dewa Ratu Gede Pancering Jagat 174
Dewi Danu 97, 175, 177, 178
Dewi Durga 39, 44, 129, 141
Dewi Lakshmi 39
Dewi Saraswati 39, 49, 126
Dewi Sri 19, 39, 49, 127, 189
Dewi Uma 39
Dukuh 95

Elephant Safari Park 75
Empu Kuturan, Brahmane 96, 110
Environmental Bamboo Foundation 129

Gambuh, Tanz 120
Gamelan-Orchester 59
Ganesha 130
Garland, Linda 129
Garuda Wisnu Kencana Cultural Park 95
Garuda 52, 95, 108, 143
Gelgel 148
Gelgel-Dynastie 24, 143, 146, 149, 163
Gianyar 141f.
Gianyar-Dynastie 142
Gili Air 70, 73, 208
Gili Meno 70, 73, 208
Gili Terawangan 70, 73, 208
Gilimanuk 12, 114, 188
Gitgit 183
Goa Gajah **129f.,** 131, 133
Goa Karangsari 168
Goa Lawah 154
Gunung Abang 172
Gunung Agung 15, 32, 39, 44, 72, 74, 132, 148, **150,** 152, 191
Gunung Batukau 72, 109, 132
Gunung Batur 72, 132, **172f.,** 177, 191
Gunung Kawi 131, **133f.**

Gunung Patas 112
Gunung Penulisan 176
Gunung Raung 132
Gunung Rinjani 72, 176, 202, **208f.**
Gunung Seraya 166

Habibie, Bacharuddin Jusuf 27
Hanuman 56, 108, 129
Hindu-Dharma-Religion 37, 149
Hinduismus 12, 24, 130, 134, 151, 178, 200, 202, 205
Holländer 24, 25, 26, 98, 108, 142, 147, 163, 180, 182, 183, 188, 194
Hutton, Barbara 124

Indra 134, 162
Iseh 152
Islam 12, 24, 37, 96, 111, 194, 202

Jatiluih 74, 110
Jauk, Tanz 54
Java 18, 20, 24, 53, **194ff.**
Jayaprana, Grabmal des 114
Jemeluk Sea Garden 166
Jimbaran **81,** 95
Joged Bumbung, Tanz 54
Jungutbatu 169

Kamasan 148
Kapal 106
Kebyar Duduk, Tanz 54
Kebyar, Tanz 53
Kecak, Tanz **40,** 53, 55, 119, 125
Kedisan 174
Keliki 132
Kelusa 132
Kemenuh 140
Ketapang 12
Kintamani 175
Klungkung 140, **146ff.,** 152
Krambitan 109
Krause, Gregor 124

Register

Kubutambahan 190f.
Kusamba 154
Kuta (Bali) 49, 70, 71, 73, 75, **80ff.**
Kuta (Lombok) 206

Le Mayeur, Adrien Jean 25, 88
Legian 70, 71, 73, 75, **80ff.**
Legong, Tanz 57
Lempad, I Gusti Nyoman 64, 126
Lingsar **205**
Lombok 20, 70, 93, 163, **202ff.**
Lontar-Malerei 63
Lovina Beach 70, 72, 73, 75, **184ff.**
Lukluk **106**

Mahabharata 54, **56,** 58, 61, 151
Mahadewa 110
Mahendradatta, Königin 141
Majapahit-Dynastie 24, 106, 109, 133, 140, 146
Manggis 153
Manukaya 134
Marga 108
Mario, I Nyoman 108
Mas 120
Mataram 203
Mataram-Dynastie 200
Maya Danawa 135
Mayong 181
Mead, Margaret 88, 124
Medewi Beach 113
Meier, Theo 152
Menanga 151
Mendira Beach 156
Mengwi 107, 177
Mengwi-Dynastie 106, 108
Mertasari 114
Muncan 152
Munduk 71, **180f.**
Murnau, Fritz 124
Museum Neka 128
Museum Purbakala Gedung Arca 131

Museum Puri Lukisan 126
Muslime 12, 27, 92, 113, 168, 205

Narmada 205f.
Negara 113
Ngurah Rai, I Gusti 108
Nieuwenkamp, W. O. J. 191
Nusa Ceningan 168
Nusa Dua 70, 72, 73, 75, 90, **92ff.**
Nusa Kambing 155
Nusa Lembongan 72, 73, 93, **168f.**
Nusa Penida 72, 73, 93, 154, **168**
Nyang Nyang Beach 97
Nyuh Kuning 129

Pacung 191
Padang Bai 73, **154f.**
Padang Beach 97
Pantai Kelating 109
Pantai Yeh Gangga 109
Parvati 39
Pejeng 131, 133
Pejeng Kawan 133
Pejeng-Bedulu-Dynastie 140
Pejeng-Dynastie 131, 176
Pekutatan 112
Pelasari 114
Peliatan 120
Pemenang 207
Pendet, Tanz 57
Penelokan **172f.,** 175
Penestanan 64, 129
Pengambengan 113
Pengosekan **120,** 129
Penulisan 176
Penunjak 206
Petulu 135
Pita Maha, Künstlervereinigung 64, 125, 126
Prambanan 24, **200f.**
Pujung 132, 135
Pulau Menjangan 16, 73, **114f.**

Register

Pulau Serangan 94f.
Pulukan 112
Pupuan 74, 112
Pura Bale Agung s.
Pura Batu Bolong 111
Pura Batu Madeg 151
Pura Batu Medau 168
Pura Beji 129, 189
Pura Belancong 88
Pura Besakih 44, 49, 73, **148ff.,** 150
Pura Dalem Agung Padang Tegal 129
Pura Dalem Jagaraga 190
Pura Dalem Penataran Ped 168
Pura Dalem Sangsit 189
Pura Dalem Sidan 142
Pura Durga Kutri 141
Pura Galuh 111
Pura Gelap 150
Pura Gubug Tamblingan 180
Pura Gunung Kawi 135
Pura Gunung Lebah 127, 132
Pura Gunung Raung 132
Pura Jagatnatha 49, 102
Pura Kalasen 206
Pura Kebo Edan 131
Pura Kehen 143
Pura Kiduling Kreteg 151
Pura Luhur Batukau 74, **109f.**
Pura Luhur Lempuyang 165f.
Pura Luhur Pekendungan 111
Pura Luhur Ulu Watu 74, **95f.**
Pura Maduwe Karang 190
Pura Maospahit 99
Pura Pamerajan Sari Cokorda Agung 126
Pura Panataran Agung 150
Pura Panataran Agung Besakih 151
Pura Pangubengan 150
Pura Pasar Agung 150, 152
Pura Penataran Sasih 131f.
Pura Ponjok Batu 191
Pura Pulaki 189
Pura Puseh Blahbatuh 140
Pura Puser Jagat 174
Pura Pusering Jagat 131
Pura Rambut Siwi 113
Pura Sadha 106
Pura Sakenan 95, 96
Pura Samuan Tiga 131
Pura Taman Ayun 107
Pura Taman Kemude Saraswati 126
Pura Taman Pule 120
Pura Tanah Lot 49, 74, **110f.**
Pura Tegeh Koripan 176
Pura Tirta Empul 134f.
Pura Ulun Danu 177
Pura Ulun Danu Batur 175
Puri Agung Kanginan 163
Puri Anyar 109
Puri Gianyar 142
Puri Pemecutan 99
Puri Saren 126
Puri Semarapura 147
Putung 153

Ramayana 55, **56,** 58, 61, 108, 163, 191
Rambitan 206
Ratna Warta, Künstlervereinigung 64
Rendang 151
Rimba Reptil, Reptilienzoo 75, 119
Rinjani-Massiv 205, 206, 207

Sade 206
Sakah 140
Sakti 132
Sampalan 168
Sanggingan 128
Sanghyang Jaran, Tanz 40
Sanghyang Markandeya, Hindu-Priester 132, 149
Sanghyang Nirartha, Hindu-Priester 95, 96, 110, 113, 120, 189
Sanghyang Widhi Wasa 39, 43, 49, 102, 151

Register

Sangsit 189
Sanur 70, 72, 73, 75, **88ff.**
Sawan 190
Sebali 132
Sebatu 135
Selat 150, **152**
Semarapura s. Klungkung
Sembiran 191
Seminyak 71, **81**
Sempidi 106
Senaro 209
Senggigi **206f.**
Sengkidu Beach 156
Serangan s. Pulau Serangan
Seririt 188
Seseh 49, **81**
Shailendra-Dynastie 198
Shiva 39, 43, 127, 130, 143, 151, 173, 176, 178, 200
Sibetan 153
Sidan 142
Sidemen 72, 74, **152f.**
Sing-Sing-Wasserfall 186
Singaraja 24, 63, 114, 177, **183f.**
Singhasari-Dynastie 133
Smit, Arie 64, 127
Spies, Walter 25, 55, 64, 120, **124f.**, 127, 152
Suana 168
Subagan 151, 153
Suharto, General und Staatspräsident 22, 27
Sukarara 206
Sukarno, Ahmed 25, 27, 134, 194
Sukarnoputri, Megawati 27
Sukawati 119
Suluban Beach 97
Surakarta 53
Suranadi, Quelltempel von 206
Surya, Sonnengott 43
Sweta 203

Tabanan 75, 102, **108f.**
Taman Burung, Vogelpark 75, 119
Taman Gili 147
Tamblingan 180
Tamblingan-See 74, 177, **180**
Tampaksiring 133, 134
Tanah Lot 72
Tanjung Benoa 92
Taro 75, 132
Tatiapi 133
Tegalalang 132, 135
Tejakula 191
Tenganan 63, **158ff.**
Tenganan Pegeringsingan 158
Tetebatu 206
Timbrah 159
Tirtagangga 71, 72, **164**
Tista 74, 165
Topeng Tua, Tanz 57
Toya Bungkah 173, 174
Trunyan 174
Tulamben 73, **167**

Ubud 64, 70f., **121ff.**, 129, 132, 135
Udayana, König 133, 141
Ujung 164
Ulu Watu 73

Vishnu 39, 44, 95, 130, 143, 151, 200
Vyasa, Dichter 56

Wahid, Abdurrahman 27
Wallace, Alfred Russel 17
Wanagiri 180
Wanasari 109
Warmadewa-Dynastie 131
Wasserpalast von Ujung 166
Wayang Kulit, Schattenspiel 57, 63, 75
Werdhi Budaya Art Centre 102

Yeh Pulu 130
Yogyakarta 53, **194ff.**

REISEATLAS

LEGENDE

1 : 270.000

0   10 km

═══	Schnellstraße	─ ─ ─	Provinzgrenze	⛵	Windsurfing
═══	Fernstraße	▨	Nationalpark	●	Bus-Station
═══	Hauptstraße	✈	Flughafen	⛳	Golfplatz
───	Nebenstraße	⛵	Hafen	🏞	Wasserfall
─ ─ ─	Straße in Bau/Planung	⛩	Balinesischer Tempel	∩	Höhle
───	Straße ungeteert	🏯	Chinesischer Tempel	🌳	Naturpark
───	Fahrweg	🗼	Buddha-Tempel	▲ ·	Berggipfel; Höhenpunkt
- - -	Fußweg	Ⓜ	Museum	∿∿∿	Riff
- - -	Fähre	★	Sehenswürdigkeit	⛱	Badestrand

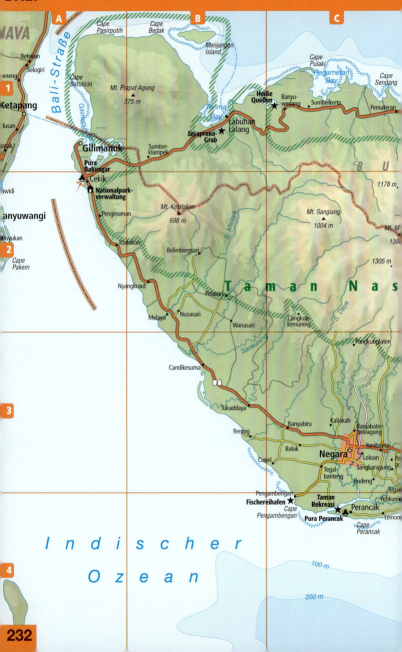

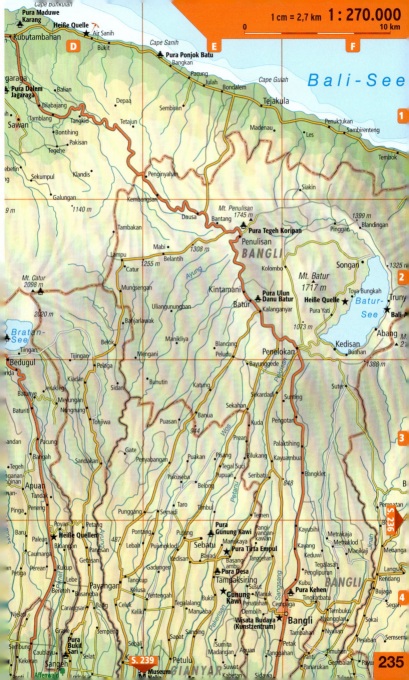

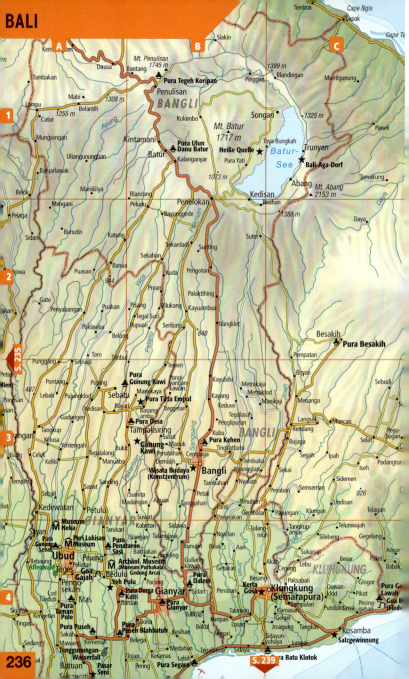

BALI

Abbildungsnachweis/Impressum

Abbildungsnachweis
Roland Dusik, Lauf: Umschlagklappe hinten, S. 1, 20/21, 42, 47, 55, 60, 104, 110/11, 136, 147, 152, 158/59, 166, 192, 195, 198/99, 201, 204/05, 209

C. Emmler, laif, Köln: Titelbild, S. 2/3, 14, 17, 23, 28, 34, 38, 58/59, 63, 68, 71, 74, 87, 90/91, 96/97, 115, 127, 134, 142/43, 144, 148, 155, 162, 164/65, 173, 176, 181, 210

Andreas Fechner, laif, Köln: S. 128

G.P. Reichelt, White Star, Hamburg: 31, 186

Otto Stadler, Geisenhausen: S. 10, 85

Martin Thomas, Aachen: S. 25, 52, 67, 76, 78, 102, 107, 130, 139, 170, 179, 188/89, 190

Abbildungen
Titelbild: Tempelfest im Pura Besakih
Umschlagklappe hinten: Reisfelder bei Tista
Vignette: Skulptur in Ubud
S. 2/3: Am Strand von Sanur

Zitat S. 9 aus Liebe und Tod auf Bali von Vicki Baum, mit freundlicher Genehmingung © 1965/1984 Verlag Kiepenheuer & Witsch, Köln

Kartografie
DuMont Reisekartografie, Puchheim
© MAIRDUMONT, Ostfildern

3., aktualisierte Auflage 2008
© DuMont Reiseverlag, Ostfildern
Alle Rechte vorbehalten
Grafisches Konzept: Groschwitz, Hamburg
Druck: Rasch, Bramsche
Buchbinderische Verarbeitung: Bramscher Buchbinder Betriebe